社科文库

北京中华优秀传统文化传承与传播创新研究

傅秋爽　著

中国社会科学出版社

图书在版编目（CIP）数据

北京中华优秀传统文化传承与传播创新研究／傅秋爽著．—北京：
中国社会科学出版社，2019.8
ISBN 978 - 7 - 5203 - 1499 - 2

Ⅰ.①北…　Ⅱ.①傅…　Ⅲ.①地方文化—文化传播—研究—北京
Ⅳ.①K291

中国版本图书馆 CIP 数据核字 (2017) 第 279284 号

出 版 人	赵剑英
责任编辑	刘　艳
责任校对	陈　晨
责任印制	戴　宽

出　　版	中国社会科学出版社
社　　址	北京鼓楼西大街甲 158 号
邮　　编	100720
网　　址	http://www.csspw.cn
发 行 部	010 - 84083685
门 市 部	010 - 84029450
经　　销	新华书店及其他书店

印刷装订	北京市十月印刷有限公司
版　　次	2019 年 8 月第 1 版
印　　次	2019 年 8 月第 1 次印刷

开　　本	710×1000　1/16
印　　张	19.75
插　　页	2
字　　数	275 千字
定　　价	99.00 元

凡购买中国社会科学出版社图书，如有质量问题请与本社营销中心联系调换
电话:010 - 84083683

目　　录

导　论

　　博大精深的中华优秀传统文化是凝聚中华民族的魂魄，是中华民族大家庭共同的精神家园，是国家统一的思想支柱，是中华民族能够屹立于世界文明之林生存、振兴的重要根基。它历经沧桑，从远古走向今天和未来，始终为中华民族生生不息、发展壮大提供着丰厚滋养。在社会主义社会蓬勃发展的今天，同样也是国家强盛、民族复兴、实现伟大"中国梦"的基础。正如习近平总书记所指出的那样，"一个国家、一个民族的强盛，总是以文化兴盛为支撑的，中华民族伟大复兴需要以中华文化发展繁荣为条件"。发展繁荣中华文化，必须重视优秀传统文化的继承与发扬，这已经成为全国各族人民乃至全球华人的共识。

　　什么是中华优秀传统文化？2017年1月25日，国家通讯社新华社发布了《关于实施中华优秀传统文化传承发展工程的意见》（简称《意见》）。《意见》认为：中华优秀传统文化，主要分为三大类：核心思想理念、中华传统美德、中华人文精神。那么传承发展中华优秀传统文化具体应该怎么做？《意见》列出了七大重点任务，包括深入阐发文化精髓、贯穿国民教育始终、保护传承文化遗产、滋养文艺创作、融入生产生活、加大宣传教育力度、推动中外文化交流互鉴等内容。

　　毋庸讳言，中华优秀传统文化的传承与传播在当代中国遇到了现实瓶颈，成为摆在政府决策部门、思想界、学术界以及普通民众面前共同的难题。如何全面有力地推动中华优秀传统文化在当代中国的传承与传播，使之从文献走入现实，从思想领域走入实践领域，让历史过往的辉煌照进当下社会生活的天空，使之重新焕发出历史的光辉，彰显出积极的作用，在当代社会生活中发挥应有的影响和能量，全面改善整个国家民众的精神面貌和行为状态，成为全社会共同关注的焦点。

在中华优秀传统文化与现实生活的关系方面，习近平总书记给出了准确的定位："培育和弘扬社会主义核心价值观必须立足中华优秀传统文化。"在传承与传播路径以及社会实践方面，习近平总书记高瞻远瞩地指明了大方向："在五千多年文明发展进程中，中华民族创造了博大精深的灿烂文化，要使中华民族最基本的文化基因与当代文化相适应、与现代社会相协调，以人们喜闻乐见、具有广泛参与性的方式推广开来，把跨越时空、超越国度、富有永恒魅力、具有当代价值的文化精神弘扬起来，把继承传统优秀文化又弘扬时代精神、立足本国又面向世界的当代中国文化创新成果传播出去。"① 中华优秀传统文化在传承传播中必须走创新之路，才能在传承方式和传播渠道等方面有所突破，才能使之与现实生活紧密结合，在新的历史时期发挥凝聚民族团结、统一民族理想、焕发民族精神、提升民族力量的巨大作用。

一　研究背景

传承与传播民族的优秀传统文化，是历史一次次选择的结果，也是文化强大生命力的表现。但是，这种传承与传播，在新的时代背景之下，却面临诸多挑战。

全球化的时代背景。在经济全球化、政治多极化、文化多元化和信息传播方式网络化、多样化的时代背景下，中华优秀传统文化的传承传播面临着前所未有的各种挑战。如何正确应对，使之能够适应新的时代发展，充分发挥积极作用，是国家和民族在生存和发展过程中

---

① 习近平：《在中共中央政治局第十二次集体学习时的讲话》，《人民日报》2014 年 1月 1 日。

必须进行的战略布局。

随着改革开放以来国家经济实力的不断增强、中国全面融入全球化进程步伐的加快，随着党的十八大以来"一带一路"倡议的实施，中国与世界的接触必将更加频繁。国际交往中，除了军事与经济、科技实力的较量外，文化作为软实力在相互较量和制衡中所发挥的作用和产生的能量也日益彰显。"文化软实力"的概念，是由美国著名政治学家、哈佛大学教授约瑟夫·奈在他的《软实力——国际政治的制胜之道》一书中提出的。文化软实力集中体现了基于文化而具有的凝聚力、吸引力、生命力、创造力、影响力和传播力，是一个系统完备的文化发展体系。这个体系具有三个层面的基本含义：一是指文化传统、价值观念和制度体系；二是指建立在公共文化服务体系基础上的民众精神和品格培育、继承和发展；三是指可以产业化运营的文化产业。事实上，这三个层面的含义，都离不开对民族优秀传统文化的传承、传播和创新。因而，习近平总书记提出的要"努力实现传统文化的创造性转化、创新性发展"① 是我们努力的方向，也是本课题立项的出发点。

二 研究现状及其评价

有关中国优秀传统文化传承与传播的研究文章这些年有很多，研究者主要集中在国内。内容上也主要集中在以下几个方面：发扬和传承优秀传统文化的重大意义、目前文化危机与传统文化断裂之间的紧密联系和因果关系、传统文化在学校教育中的缺失。这些方面的探讨广泛而深入，但是基本都停留在理论层面，至于应用对策的提出和与之相关的理论探讨却存在明显不足；对地域传统文化的研究则基本上集中在少数民族地区。具体而言，这些不足表现在以下几个方面：

① 习近平：《在纪念孔子诞辰 2565 周年国际学术研讨会暨国际儒学联合会第五届会员大会开幕会上的讲话》，《人民日报》2014 年 9 月 25 日。

1. 首先是传承什么的问题——中华传统文化的核心是什么，需要传承的基本内容有哪些，哪些是必须继承的，哪些是应该摒弃的，哪些是需要改造的，理论性的概括和系统性的厘清做得都不够。正如李宗桂在《试论中国优秀传统文化的内涵》中所指出的那样："从上个世纪80年代以来这么多年的中国传统文化研究过程中，问世的论著可谓汗牛充栋，但对于'中国优秀传统文化'的内涵却缺少充分的揭示。近年虽有若干著作专门探讨'中国优秀传统文化'，有的洋洋洒洒数十万言，大谈方法论、价值观、范围、内容、特征等，但就是不正面谈何谓'中国优秀传统文化'。"以目前的情形看，这依然是中国优秀传统文化研究中的软肋。

2. 中华优秀传统文化应该具备怎样的时代表现，即优秀传统文化在当下应如何体现和怎样体现的问题。这实际上涉及的是中华优秀传统文化的内容创新问题。目前，这方面的研究同样薄弱。对这个问题进行深入系统研究的重要性和必要性，随着实践的广泛开展和深入进行，日益凸显，虽然已经受到有识之士的关注，但是对此的探讨始终停留在具体现象揭示的层面，停留在零散的、就事论事的层面。这样，就使身处时代变化中的人们，在面对传统文化时，具体的每个个体始终要处于辨析、甄别、选择、揣度的游移状态之中，难以形成文化的习惯和文化的合力，难以充分发挥传统文化应有的集群的、惯性的力量。陈骏在《传承孝德文化精髓　弘扬社会主义核心价值观》一文所展现的正是这样一种状态："新孝道强调，一方面要继承传统道德中善事父母、仁爱孝悌、忧国忧民等超越时代的精华要义，坚守和发扬其中永不褪色的核心价值。另一方面要批判、改造传统孝道中过时、消极、保守的内容，坚决摒弃其中迂腐甚至反人性的三纲五常、愚忠愚孝，它着重代际平等、相互尊重，既传承传统孝道中闪耀人性和文明光芒的部分，又推陈出新，呈现出高度的文化自信与文化自觉。"①只有对中华优秀传统文化的时代表现进行全面的、上升为理论高度的、

① 陈骏：《传承孝德文化精髓　弘扬社会主义核心价值观》，《中国高等教育》2014年第20期。

系统性的专题研究和大众化的呈现，才能消除中华优秀传统文化传承与传播过程中普通民众的认知障碍，使中华优秀传统文化传承与传播的主体——广大民众在对传统文化理解、认知、接受、践行的过程中，有效地避免碎片化、表象化、肤浅化、游移化倾向，使中华优秀传统文化发挥更为强大、持久、深入人心的力量，更好地发挥文化惯性的巨大势能。

3. 怎样传承的问题。对优秀传统文化传承的路径和方法关注太少。有些研究虽然也涉及这个问题，但是整体思路比较狭窄，就事论事，不具有广泛的普遍性和可推广性。例如国内外很有些人将"国学热"中书院教育等同于优秀传统文化传承的途径，将儒学复兴等同于中国优秀传统文化的全面传承。刘凌、王立刚的《读经、国学与传统文化教育的区别》和蒋国保的《儒学三次复兴的当代启示》等文章，对这类现象提出质疑，试图探讨学校教育的途径和方法。研究中也有一些文章以肯定的态度认为，在中小学教育中，设立与传统文化相关的课程，例如，诗词诵读、书法、围棋等，培养提高青少年对传统文化的兴趣和技艺，就是传承与传播中华优秀传统文化比较可行的途径。当然，也有一些研究意识到现在教育体制下这种传承与传播途径存在的问题和不尽如人意的方面，例如，学生课业压力大，积极主动的学习热情不够，教师对于传统文化的教学能力不足等。

4. 传承传播手段创新问题。这是一个提倡创新的时代，迎合这一方针，学术界也反复倡导创新。但是如何创新，以往旧有的做法存在什么问题，有什么经验教训，却鲜有人进行系统的总结和深刻反思。事实上，不知何谓旧，就难以知道什么是真正的新，就更谈不上创新——创新体系、创新渠道、创新方式等。即使是有人关注到创新的方式方法问题，也仅仅是停留在个别案例分析上。如纪忠慧的《中国汉字听写大会的文化传承与形态创新》，看到了创新的个案，但是并未能提升到规律性的可操作的实践指导层面，这对于开辟全新的局面难以从根本上产生强大助力。

5. 北京作为中华人民共和国首都，作为全国政治文化中心，作为具有文化影响力的世界城市，作为具有文化引领作用的首善之区，如何整合自己优质的文化资源，进行中华优秀传统文化传承与传播方面创新的实践性探讨，在这个方面的尝试更是少之又少。仅有何明敏的《"北京怀旧"与认同危机：对近年"京味话剧"的深层解读》等论文。对北京优秀文化传承方面的资源、优势、能量等家底缺乏全面的梳理和系统的研究，这就阻碍了北京在传承与传播优秀传统文化方面更好地发挥示范、引领、带动作用。

6. 研究视角和方法有待改进。目前大多数有关中华优秀传统文化的研究普遍存在视角陈旧的缺陷。具体表现为：立足本国的多，缺乏文化发展的国际视角；立足传统的多，缺少现代立场和视野；立足理论探讨的多，对操作层面建言献策的少；罗列问题的多，提供解决方案的少。我们认为应该充分认识到，中华优秀传统文化，不仅是中华民族的宝贵财富，更是世界文明的思想宝库。多年以来，世界各国对于中华传统文化的研究始终保持着持续的热度。只是在旗号和名称上略有差异。例如，有的打着儒学研究的旗号、道学研究的旗号、东方文化研究的旗号。而国内的各类名称则更多，而尤以"国学"最为普遍。学会组织、研究院、研究中心、书院等组织形式众多。各种名目的书院、讲堂、论坛如雨后春笋一般。我们应该敞开胸怀，立足国际，立足现代，整合资源，广泛借鉴全世界先进国家和地区对传统文化传承保护和传播的有效方法，广泛吸纳已经取得的研究成果，使之成为我们服务于社会主义文化建设的财富。找出切实可行、便于实践、可以操作的方式和方法，把中华优秀传统文化从思想的理论层面，尽快变为全社会的民众行为。

三　研究思路、方法以及主要内容

（一）研究思路

本课题研究坚持以问题为导向，着眼于中华优秀传统文化传承与传播，围绕着现阶段优秀传统继承发扬过程中存在的突出问题，从传播内容、渠道、途径、方式的创新入手，多维度地展开深入分析研究，提出中华优秀传统文化的发展历史就是继往开来不断创新的历史，就是与时俱进不断融入新内容、借鉴新方式、开辟新渠道的历史。党的十八届六中全会以来，以习近平为首的党中央，将弘扬中华优秀传统文化提高到了国家发展战略的高度，为全面弘扬中华优秀传统文化提供了千载难逢全面发展的机遇。我们必须看到，依靠传播内容、传播渠道、传播形式不断创新既是历史的规律，也是新时期弘扬中华优秀传统文化的必然选择。

鉴于本课题是对社会实践问题的对策研究，总体的思路是按照"提出问题—分析问题—解决问题"的步骤，总的研究思路和写作结构层次是：

（1）社会现实研究。对当前社会存在的与文化相关的主要问题进行总结、归纳、梳理，找出问题症结。

（2）重点问题分析。在多重的对比中——历史与现实的对比、中外文化发展的对比、成功经验与失败教训的对比中——开拓思路，从而发现规律。

（3）政策措施研究。在前二者研究的基础上，发现规律，搞清楚怎样充分利用新的变化、新的发展、新的优势，将其转化为实践的优势、现实的优势，向政府部门建言献策，提供中华优秀传统文化传承与传播的新思路和相关的政策建议。

（二）研究方法

为确保研究的准确性、全面性、科学性以及增强对策策略的前瞻性、针对性和可操作性，在研究过程中，综合使用了文化历史研究、文化学者个体描述、儒学文化圈成功案例剖析、欧美传统文化保护措施介绍、当代传统文化浪潮分析，运用比较研究的方法，对中华传统文化传承与传播遇到的新问题、新挑战进行多维度综合定位，结合对具体案例的深入解剖、对文化人物成长要点总结、对不同文化圈传承与传播民族传统文化做法的概括，在对比中归纳总结，揭示文化传承传播的规律，分析新挑战带来的新机遇，寻找新渠道、新途径、新方法，通过创新解决新问题。

（三）主要内容

立足现实，发掘优势资源，寻求中华优秀传统文化在当今社会生活中传承与传播的最佳途径以及方式、方法。

本课题主体共分为 10 个部分，分别以 10 个章节来论述。

第一章《传统文化传承与传播的现状及其成因》。主要是说明本课题研究的意义所在。具体分为六个部分阐述。第一部分，明确什么是中华优秀传统文化。只有从理论上界定清楚到底什么是中华优秀传统文化，整个课题的讨论才有基础。这个定义非常重要，只有明确地确认了讨论主体，讨论才能确保在同一层面上，关于传承与传播的研究才有根基。第二部分，是对我国优秀传统文化传承断裂的成因进行分析。从内因和外因、表层和深层两个方面进行了分析。从内因看，教育系统的静态和动态影响都缺乏传统文化的养分；从外因看，是现代性的全球扩张的必然结果。从表层原因看，国家实力的衰弱导致教育目的和价值取向上对传统文化传承的决策忽视；从深层次的社会原因看，在于传统文化本身具有缺陷以及他者思想在中国的结构性内化。第三部分，讨论了传承和传播优秀传统文化的必要性。我们认为：优秀传统文化有利于增强中华民族的凝聚力，有利于建设和谐社会，有利于为市场经济提供文化价值观念支撑，优秀的传统文化是国家软实力的资源之一。第四部分，强调了传承与传播优秀传统文化的紧迫性。第五部分，探讨了传统文化的传承与法治社会建设的关系。第六部分，指明了中国在发展特殊历史关口传统文化传承的重要意义。

第二章《中华优秀传统文化的内涵和外延》。概念清晰是展开研究的基本前提。由于中华传统文化的涵盖极为广泛，内容极为丰富，所以这方面的论述尽管非常多，但是历来都是角度不同，各有偏重，很难全面总结。有的强调传统文化中"优秀精神成果"；有的强调"检验"，认为那些经过了实践检验、时间检验和社会择优继承检验而保留下来并能传之久远的文化才能算是中华优秀传统文化；有的强调其"特性"，认为只有那些具有科学性和进步性的传统才是优秀传统；也有的从"核心本质"内容上来判定中华优秀传统文化，认为优秀传统文化的核心是关于人生意义、人生价值、人生理想的基本观点。在具体内容上有的认为可以将中华优秀传统文化分成三大类：物质文化、精神文化和社会生活文化。物质文化类型包括所有以物质形式出现的传统文化，例如，服饰文化、饮食文化、建筑文化、交通文化等；精神文化类型包括价值观念、伦理道德、典章制度、哲学思想、文学艺术、宗教信仰等；社会生活文化类型包括日常生活、民风民俗、社会实践、行为方式等。中华传统文化既以物化的经典文献、文化物品等形式存在和延续，又以民族思维方式、价值观念、伦理道德、性格特征、审美趣味、知识结构、行为规范、风俗习惯等形式存在和延续。①《关于实施中华优秀传统文化传承发展工程的意见》将中华优秀传统文化的内容总结为核心思想理念、中华传统美德和中华人文精神。

　　本课题按照自己的论述逻辑，对此问题进行了全面的梳理。第一部分关于中华优秀传统文化是什么。首先从概念上进行理论探讨，指出其基本特征，阐述了其作用和地位，指出中华优秀传统文化是中华民族的巨大精神财富和文化软实力的内在支撑，是中华民族发展壮大的强大精神动力和源泉，是中华民族日益强盛的根基和根脉，是中华民族的灵魂所依和精神依托，是中华民族无法替代的底色、无比深厚的底蕴和无比强大的底气。第二部分对中华优秀传统文化的主要内容进行了极为详尽的论述。包括天人关系、人文精神、人与社会关系、个人与国家关系、忧患意识、民本思想等内容。对仁、义、礼、智、信进行了全面阐释。

　　第三章《历史上，中华文化传承与传播的特点、途径》。这一章由四部分组成。第一部分是中华优秀传统文化传承与传播的体系架构。第二部分是以元代为例，看中华优秀传统文化传承与传播的内

---

① 段超：《中华优秀传统文化当代传承体系建构研究》，《中南民族大学学报》（人文社会科学版）2012 年第 3 期。

容以及渠道、方式、方法创新。第三部分对历史上中华优秀传统文化传承与传播的成功范例及其规律进行了总结。第四部分以陶渊明的元代影响为例，说明时代文化的繁荣，必是对优秀传统文化的发掘与创新。

第四章《中华传统文化在世界成功的传承传播经验》。这一章共分为五个部分。第一部分讲中华优秀传统文化的基因决定它有强大的生命力，旨在说明其广泛传播海外的文化特性和历史根由。第二部分谈新加坡的"文化再生运动"，介绍了其具体做法以及与经济发展的关系。第三部分介绍中国台湾的"中华文化复兴运动"，这是迄今为止较为系统且效果显著的中华优秀传统文化传承运动，有顶层设计和完备的组织结构以及行动纲领，很有借鉴意义。第四部分是从文化产业发展与文化关系的角度，谈儒学为主的东方文化在日本和韩国的保留和传播。第五部分从立法保护的角度，介绍西方国家对本国传统文化遗产保护的做法。结尾总结归纳为 12 条规律。

第五章《传统文化历史性失落及当代传播三次创新》。这一章共分三个部分。第一部分回顾了中华优秀传统文化百年来的境遇。第二部分回顾总结了当代中华优秀传统文化复兴的新气象。这是整个课题的核心部分，首次全面介绍并提出了中华优秀传统文化普及的"三次高潮"，探讨了其发生的社会、科技、文化根源。比较了三次高潮之间的异同。第三部分通过前边具体实例分析，得出了中华优秀传统文化的出路在于传承与传播形式不断创新的论点，并进行了具体阐释。

第六章《历史之北京——传统文化之集大成者》。这一章的第一部分谈北京文化与中华文化之关系。指出北京文化既是中华优秀传统文化的重要组成部分，又集中华优秀传统文化之大成。第二部分，谈北京传统文化特色，包括文化多元、城市文化层次丰富以及历来名家辈出，各方面的文化人才会聚等内容。第三部分回顾并总结北京传统文化优势的历史积累，以元明清为重点。

第七章《当今北京传承传播中华优秀传统文化优势》。第一部分从首都地位、城市定位、文化实力几个方面论证了北京是中华优秀传统文化传承与传播的引领者。第二部分从法治环境、人才优势、文化产品生产、品质优势以及首都吸纳优势、辐射优势、创新优势具体分析了北京文化政策与文化环境优势。第三部分认为北京发挥弘扬中华优秀传统文化优势还有极大现实空间，并进行了分析论证。

第八章《当下传统文化传承与传播面临的主要问题》。从六个方面总结了存在的问题。第一，内容认识方面存在的问题；第二，传承方面存在的问题；第三，传播方面存在的问题；第四，借鉴方面存在的问题；第五，政策方面存在的问题；第六，规划方面存在的问题。

第九章《创新是中华优秀传统文化传承与传播的必由之路》。是为了寻求解决问题的方法，这一章从六个方面进行了论述。第一，认为创新是时代发展变化的需要；第二，认为创新是世界文化相互交流的必然和需要；第三，认为创新是科技进步的需要；第四，认为创新是顺应世界新的文化消费潮流的需要；第五，强调创新而不舍旧；第六，提出了优秀传统文化传承与传播创新的基本思路。

第十章《建言献策》。这一章是对整个项目研究成果的总结，全面梳理了中华优秀传统文化传承与传播工作进程的思路。提出了如下建议：第一，把中华优秀传统文化传承与传播提升到国家发展战略的高度来规划，包括这样做的意义以及顶层设计、机构设置、建立完整架构等具体要求；第二，成败的关键在于获得民众高度认同与广泛参与；第三，认为解读和阐释内容依然是传承与传播基础；第四，认为重点是要构建完善的传承新渠道；第五，目标的实现需要传承与传播手段创新；第六，中华优秀传统文化传承与传播必须从青少年抓起。

四　创新之处

如果把北京比喻成一个储藏着丰富中华优秀传统文化千年佳酿的宝库，本课题的研究重心就是如何选新瓶、用新瓶盛装这些千年佳酿，并将其以各种世人乐于接纳、受众普遍欢迎的形态展示出来，最终达到真正以文化滋养民心、启迪民智、焕发社会面貌的目的。

1. 研究角度创新

好的内容，需要适宜的形式表现和表达。适宜的途径、方式、方法，决定着优秀传统文化传承与传播的成效。本课题探讨的重点是：优秀传统文化传承必须通过全新的传播形式来承担。没有形式、方法的变革与创新，就没有优秀传统文化的顺畅传播。传统的旧有方法可以通过改造变革，继续充分利用。同时开辟新思路、研究新措施，以破解当前传统优秀文化传承不顺畅、效果不好的难题。

在优秀传统文化传承与传播领域，永恒不变的就是与时俱进的变革与创新。传统的传承与传播途径和形式、方法已经不能满足和适应现代社会生活需求，面对现代社会生活以及青少年教育的新情况、新特点，应该充分运用最新科技成果、全新传播媒介，在传统文化传播方面抓住新机遇、开辟新路径；建立相关的制度，出台相关的扶持和激励政策，全面调动全社会各方面积极性，进行优秀传统文化传播与传承形式创新的探索、研究和实验。

传统的方式方法如学校教育、广播、电视、图书等方面的潜力要继续挖掘，通过植入现代教育理念、运用新的营销手段、融入时尚包装等新元素，改造传统的传播模式。但是更广阔的发展空间，在于一定要充分利用现代科技以及最新的传播手段，一定要研究现代传媒的特点，借助时尚文化流行的羽翼，帮助传统优秀文化传播开辟更广阔的空间和可能。

文化的构成，包括符号、语言、价值观、规范和物质文化。许多时候，价值观是通过符号系统传递的。例如，传统习俗、艺术、娱乐等。文化的认同离不开传播，教育则是文化传播与传承最重要的方式。

2. 研究观点创新

中华优秀传统文化既是一个历史的稳固构成，又是一个随着生产力水平提高、科技进步、社会发展，不断更新、不断丰富、不断深化的现实阐释。

在某种情况下，形式大于内容。好的内容，需要全新的形式包装、全新的推广策略。

历史上任何时代文化的发展，都离不开对传统文化的继承和全新阐释，同时也离不开对文化传播形式的不断创新。每一个时代文化的发展繁荣，都是传统文化传承与传播形式创新的必然，同时也以传统文化通过全新阐释得以复兴为结果。

3. 研究方法创新

从规范式研究，转向描述式研究；从概念式研究，转向经典案例剖析；从理论性论述，转向与实际调查研究密切结合。

本课题负责人由于有着较为丰富的文化研究和文化产业从业经历，因此在本课题研究上具有极大的优势。本课题负责人亲自并全程地参与了中华人民共和国成立之后中华优秀传统文化普及的三波高潮，从《阅读与欣赏》（任撰稿人，作品多次在中央电台《阅读与欣赏》栏目播出）开始，到《唐诗鉴赏辞典》（任撰稿人，参与多部鉴赏辞典写作编纂），再到后来的《中国成语大会》（任顾问以及文化点评嘉宾）、《见字如面》（顾问团成员，参与题库建设），所以其对文化普及有着相当深厚的理解和认识。

同时本课题负责人长期关注中华优秀传统文化，不仅坚持对中国古代文学的历史发展、北京地域文化的变迁进行长期研究，有多年专业研究积累，而且有十几年的文化产业从业经历（在国家级新闻出版机构担任过记者、编辑，从事过策划、出版、发行等工作），还曾担任过首都文化发展蓝皮书的主编，多次参与首都文化蓝皮书的撰稿，对文化的历史发展规律和现实的文化事业、文化产业发展现状都有相当程度的掌握和了解。课题负责人的职业经历，决定了本课题理论研究与实际调查并重、宏观把握和具体着手结合的特色。

4. 研究目标创新

主张制定中华优秀传统文化传承发展工程的目标、发展纲要、实施步骤、检验评估标准等，以明确工作的进度要求以及促进工作的落实。

提出必须将中国海外留学生纳入中华优秀传统文化传承工程计划，他们是华夏子民，要让他们的根脉永远系牢中华文化。

以启动优秀传统文化传承与传播的社会内在动因为目标，变中央鞭策、政府引导，为民众的主动寻求、自觉遵守，使之真正成为国家软实力发展的重要部分。

5. 提出并论证了中华优秀传统文化内容和形式创新的策略和方法

总结新加坡、中国台湾中华优秀传统文化传承与传播渠道、途径、方法上的做法；借鉴法国、意大利等传统文化遗产丰厚的国家进行传统文化保护的经验；以陶渊明在元代影响力为例，提出中华传统文化在传统社会传承内容的更新与传播方式的变革乃历史常态；针对青少年进行分析，提出遵循孔子因材施教的方针依然有非常重要的现实意义。所以根据中华优秀传统文化的传承传播对象的不同，在内容和形式上也要有所区别。

6. 把制度创新提到新高度

着眼于加强中华优秀传统文化传承传播的顶层设计和制度创新，提出宏观管理的政策建议。

五 研究价值

本课题是一项跨领域、跨学科的综合研究。吸收了史学、文学、文化管理学、传播学、经济学、社会学、心理学等学科的研究成果。课题对中华优秀传统文化的内容与形式、过去与现状、国外经验和历史规律、传播主体与传播受众、传承渠道与传播途径、文化传播与科技发展、传统方式与方式创新、北京首善之区与全国文化发展等关系进行了全面梳理和深入探讨，针对当前文化传承与传播中存在的问题和挑战，从理论和实践两个层面提出了传承传播渠道、途径、方式创新的具体对策，还对相关政策支撑体系的构建提出了建议。对于促进中华优秀传统文化的传承与传播，对于提高国家文化软实力加强国际文化影响，对于提升整个中华民族的文明水平打造新的国际形象，对于国家和北京制定中华优秀传统文化发展规划推进文化建设等方面都具有一定的参考价值。

第一，该选题具有理论价值。从未有人将文化传承与传播的形式创新提升到如此重要的地位。本课题通过分析、总结、归纳古今中外的具有示范意义的典型文化现象，发掘文化传承与传播的内在规律，将形式与内容的关联提升到文艺理论的高度。

第二，该选题具有社会实践意义。优秀传统文化的传承与传播，说到底其意义和价值最后要在社会日常生活中体现出来。本课题不拘于理论的讨论，更注重实践的探索，提出系列可操作性的政策、措施、建议。

第三，该选题具有效果的可检验性。

第一章

传统文化传承与传播的
现状及其成因

一 我国优秀传统文化的缺失
与断裂及其社会后果

（一）何谓中华优秀传统文化

传统是个历史范畴。传统文化是一个民族在漫长的历史进程中积淀下来的具有价值和特色的文化元素。从纵向上看有不同时代文化类型，从横向上看有不同民族文化色彩。中华传统文化是指古代（公元1840年之前）的以"汉文化"为主流的百家齐放的多元思想集汇。能够称为"优秀的传统文化"，是因为这些文化元素具有长久性和稳定性，它能长久地滋养民族心灵，建构民族正向行为的价值审美，并能够随着时代的脚步而发展完善。它是一个民族历史实践的思想积淀，也是一个民族长期守望的精神家园。

中华优秀的传统文化的形成和发展，经历了中国先秦诸子百家争鸣、两汉经学兴盛、魏晋南北朝玄学流行、隋唐儒释道并立、宋明理学发展等几个重要的历史发展阶段。正如习近平总书记所讲的，传统文化中的优秀成分，是顺应着中国社会发展的脚步，与时迁移、应物变化的。都坚持经世致用原则，注重发挥文以化人的教化功能，把对个人、社会的教化同对国家的治理结合起来，达到相辅相成、相互促进的目的。因而具有长久的生命力①。

习近平总书记在纪念孔子诞辰 2565 周年国际学术研讨会暨国际儒学联合会第五届会员大会开幕会上的讲话中，曾对我国传统文化作了精辟的概括："中国优秀传统文化中蕴藏着解决当代人类面临的难题的重要启示。比如，关于道法自然、天人合一的思想，关于天下为公、大同世界的思想，关于自强不息、厚德载物的思想，关于以民为本、安民富民乐民的思想，关于为政以德、政者正也的思想，关于苟日新日日新又日新、革故鼎新、与时俱进的思想，关于脚踏实地、实事求是的思想，关于经世致用、知行合一、躬行实践的思想，关于集思广益、博施众利、群策群力的思想，关于仁者爱人、以德立人的思想，关于以诚待人、讲信修睦的思想，关于清廉从政、勤勉奉公的思想，关于俭约自守、力戒奢华的思想，关于中和、泰和、求同存异、和而不同、和谐相处的思想，关于安不忘危、存不忘亡、治不忘乱、居安思危的思想，等等。""春秋战国时期，儒家和法家、道家、墨家、农家、兵家等各个思想流派相互切磋、相互激荡，形成了百家争鸣的文化大观，丰富了当时中国人的精神世界。虽然后来儒家思想在中国思想文化领域长期占据着主导地位，但中国思想文化依然是多向多元发展的。这些思想文化体现着中华民族世世代代在生产生活中形成和传承的世界观、人生观、价值观、审美观等，其中最核心的内容已经成为中华民族最基本的文化基因。这些最基本的文化基因，是中华民族和中国人民在修齐治平、尊时守位、知常达变、开物成务、建功立业过程中逐渐形成的有别于其他民族的独特标识。"② 中国优秀传统文化的丰富哲学思想、人文精神、教化思想、道德理念等，可以为人们认识和改造世界提供有益启迪，可以为治国理政提供有益启示，也可以为道德建设提供有益启发。应当守望这份精神家园，继承和弘扬它的优秀部分，并赋予其时代的含义。

---

① 习近平：《在纪念孔子诞辰 2565 周年国际学术研讨会暨国际儒学联合会第五届会员大会开幕会上的讲话》，《人民日报》2014 年 9 月 24 日。

② 同上。

（二）我国优秀传统文化的传承断裂

近现代以来，我国传统文化经历着逐渐断裂的危机。探究其原因，有人认为历史的现代化推进必然摧毁传统，他们以世界几大文明早已中断或衰落为例来论证自己的观点。这种把现代与传统对立起来的说法，显然是站不住脚的。但随着我国社会近现代的变革与发展，我国传统文化的传承陷入现代性危机的境遇，确实是个不争的事实。表现如下：

首先，民族传统的失落。大量的民族文化和民俗传统正在加速退出人们的日常生活，日益成为文化标本，失去了本身具有的文化意义；音乐舞蹈、民族手工艺、民风习俗等传统文化生存的空间日渐萎缩；随着民间艺人的渐渐老去，带走了世代积累、流传千年的珍贵民间艺术和非物质文化遗产；尽管国家搜集、整理、抢救和保护了一大批规模宏大、"气势磅礴"、价值珍贵的文化遗产，但由于没有系统持续的计划和各种原因而保护不力；用录音录像也只是保护其"形"而不能保护其"神"；带有商业化标签的"民族文化村""文化古镇"里的各种民族的建筑、服饰、礼仪、器乐和文艺等，丧失了原生态的自我文化教育的有机完整性，不能发挥民族文化在人类社会中蕴藏的真正活力与震撼力，甚至只是借助民族的文化符号，攫取更大的商业价值而已。语言是文化的载体和民族认同的重要媒介，我国少数民族语言文字原有的教育功能不断衰退，在青年一代身上丧失。一个民族如果不能保持其母语的独立性和生命力，其哲学思想、价值观、宗教、习俗等都会随着语言的变迁而流失。

其次，精神失去了载体、文明或成标本。文化传承的主要载体是人，传播的渠道是教育和传媒。1949 年之后的几十年中，在很长的时期内，我们的教育缺少甚至没有传统文化的内容；大众传媒多为吸引眼球、追求经济效益，早已放弃教化的责任和功能；我们的国民多为生计奔波并崇尚金钱、不屑智慧，即使阅读也不会追寻先哲的足迹；年青一代主动西化，甚至热衷于洋节日，读过《圣经》的却不知《大学》《中庸》；民众的内心里不再敬畏先贤们遵循的仁义道德和"礼""义""廉""耻"。即使有浩如烟海的经典，不过躺在图书馆里成为文明的标本。整个民族普遍无暇守望自己的精神传统。

（三） 优秀传统文化缺失的现实及其社会后果

时下的中国，在忙于追求物质财富的路上出现了民族精神的坍塌，表现为前所未有的道德危机和价值观危机。正如民众所普遍感受的那样："贫富差距持续扩大，物欲追求奢华无度，个人主义恶性膨胀，社会诚信不断消减，伦理道德每况愈下，人与自然关系日趋紧张。"① 少数党员干部理想信念失落，贪腐成风违法乱纪；公众人物行为失范，缺乏起码的社会责任感；医德师德下滑，为了经济利益不择手段；民众是非不辨，刁民无赖横行；假冒伪劣遍地，坑蒙拐骗成风；青年人美丑不分，卖淫嫖娼吸毒屡禁不止；老人倒地无人敢扶，幼儿遇难无人愿管，见义勇为被耻笑，救死扶伤无人理解；漠视历史文化价值，古建文物拆除损毁；嘲笑赤诚的爱国者，赤裸裸地崇拜权势和金钱，鄙夷理想、贞操和骨气；假货假药不良食品充斥市场，毒烟毒气毒水污染大地、空气和海洋。社会到处充斥着歪风邪气、暴戾之气、庸俗之气和媚外之气。一个有几千年文明史的泱泱大国，被物欲横流的阴霾笼罩，施害者本身也是受害者，在环环相扣的施害与受害中，无人能够幸免；一个已经成为世界第二大经济体国家的民众，如果彻底丧失了做人做事的准则，失去了信仰和道德底线，就会成为乌合之众，具有强大的社会破坏力，彻底摧毁延续了几千年的文明；曾经被万国朝敬的礼仪之邦，如果道德诚信缺失，就会遭人唾弃，沦为令人耻笑的话柄。中国人丢弃传统、蔑视文化必将自食恶果。事实上，国人近年来已经屡屡地品尝到并将继续吞下自己播种的串串苦果。为期4天的第28届韩国"首尔国际食品产业大展"于2015年4月15日在韩国高阳市落下帷幕。共有700多家韩国厂商以及来自32个国家的400多

---

① 习近平：《在纪念孔子诞辰2565周年国际学术研讨会暨国际儒学联合会第五届会员大会开幕会上的讲话》，《人民日报》2014年9月24日。

家厂商参展。与周围的中国台湾地区和日本、美国展区形成鲜明对比的是，占据60多个展位的中国展区连日来几乎无人问津。众多排列整齐的"CHINA"展台之下，是一片空旷的无人区。而周边的他国展位却吸引着如云的客商。显然，个别不法厂家为了蝇头小利，制造的三聚氰胺、苏丹红等食品安全事件，经过持续发酵，已经严重地影响到了整个国家产品质量的信誉。事实证明，当社会思想基础发生了问题，必将在现实生活中以一种非常方式显现出来。一个没有安全的国家，人们不会获得幸福，经济也不可能持续发展，每个人的利益最终必然受到彻底的损害。一个案例恰好说明了这一点。2015年7月，网上刚刚报道了一则消息：一位男子骑摩托从学校接儿子放学回家，路边撞倒了两位老太，儿子要下来扶起老人，男子不让，并且趁着四下无人，一溜烟跑掉了。结果两位老人一位重伤，一位当场死亡。后来骑摩托的男子得知，他撞死的那位老人，竟然正是自己的亲生母亲。这是一个特例，但是很能说明中华优秀传统文化的丧失，没有人能够成为受益者，害人者终究也会成为受害者。

二 我国优秀传统文化传承断裂的成因分析

历史是人类活动的集合，这个进程中建构着自己的思想和文化。然而，人类的某些活动也会折断自己的文化之翼。近现代以来，我国传统文化经历着逐渐断裂的危机。究其原因，众说纷纭，但有代表性的说法为："现代性变革必然抛弃传统"；还有一种说法是：1840年以来，古老的中国经历着前所未有的血与火的社会变革和思想领域的革命性颠覆，加之改革开放以来现代化建设中的西化思潮，也是造成危机的客观因素。不论何种原因，结果是华夏优秀的传统文化渐趋衰落，似乎中华民族在追求重生的变革之风中，丢弃了古老的文化传统。

我国传统文化断裂的危机主要表现在：一是家庭的养成教育、学校的知识教育和德育教育、社会传媒和大众教育都严重缺失传统文化内容和价值；二是受教育者对传统文化的知识系统、行为系统、价值系统内化严重不足。究其成因非常复杂，但容中逵先生的观点更具全面性，他从内因和外因、表层和深层做了多维探究。[①]

（一）从内因看，教育系统的静态和动态影响都缺乏传统文化的养分

广义的教育系统包括家庭、学校、大众传媒教育、国家教育宏观决策等。从家庭教育看：当今的国人早已丢弃了家庭文化传统。家庭作为社会细胞和子代的第一课堂，子女难以吸收到传统文化的养分。突出表现为教养、礼数、道德、尊严和责任上的文化欠缺。逻辑上是父辈们的文化残缺。中国古代甚至民国，强调"家风""家训""家教"，其内涵，皆以传统文化为思想基础。家风在古代体现一个家族的精神风貌和精神品格；家训是倡导修养的宗旨；家教是道德文章礼数修养的具体表现。不论"家风""家训""家教"，这一切都取决于"家长"的文化内涵和精神品质。作为吴越王后代的江南钱家，为什么能够涌现出钱学森、钱三强、钱伟长、钱钟书等众多卓越人才？因为这个家族有千年家训，并能给家训不断注入新的时代价值。1925 年他们对家训作了重大修改，既集纳了传统文化，又融入了时代内涵。家训的第一句"心术不可得罪于天地，言行皆当无愧于圣贤"。在国家层面上家训提出"利在一身勿谋也，利在天下者必谋之"，意思是说，如果一件事情只对个人一己私利有益就不要去做，若是对国家和民族有利就要全力以赴。在家训中倡导社会责任，正是钱家的人对国家作出了巨大贡献的原因。家风、家训、家教这一切正是体现着文化与传承。家长是子女教育的第一责任人和文化传承的第一任老师，没有文化的家长，怎能在家庭中传承文化？2015 年 5 月 8 日，北京西城区教育工会举办的一个话家风的沙龙，所涉问题正是家庭文化及其传承。"问题孩子背后是问题家长"，呼吁"中国最应该教育的是家长而不是孩子"。这揭示的正是中国的"教育问题"。

---

① 容中逵：《当代中国传统文化传承不力之社会学成因》（上），《教育理论与实践》2011 年第 9 期。

从学校教育看：文化传承是教育的基本功能，但我们的校园传承传统文化的功能不断弱化。一是学校教育价值取向单一化，以强势的"主流文化"作为学校和学生发展的价值取向；二是传统文化不是现代学校教育所要求的内容。这不仅违背了多元文化教育宗旨，制约了文化的多样性，更不能完整体现传统文化所蕴含的民族精神价值，从而使传统文化失去了最基本的传承主体。

文化是教育发展之源，教育是文化传承之流。文化通过教育的传播，得以选择、传承和创新；教育通过吸收文化的精粹，获得生存与发展的养分。现代知识传授和民族文化传承是一个不可分割的文化"生态链"。①

著名文化学者鲍鹏山在一次演讲中说，"今天，我们从中小学到大学的教育，更多的是在教知识、技术、专业，唯独缺少文化。我们培养了很多精致的利己主义者，很多高学历的野蛮人，他们是冷冰冰的"②，一针见血地直指当今学校教育对优秀传统文化传承宗旨的背离。今天年轻人的知识总量（计算机、物理、英语、数学之类的知识）都已超过了孔子，但这就能说明今人比先哲精神境界高吗？现代教育的本质，仍然是人文精神的培养。因为"没有良知是不可容忍的""价值判断比事实判断更重要"③。

教育决策和教育过程要坚持文化自觉，培养国民对历史与文化的认同和人文素质，回归文化传统的道德教育本质"以文化人"，传统文化才能代代传承。

从传媒与大众教育看：随着传播技术的进步，传媒对民众的影响与日俱增，电视、电影、网络等已经成为人民大众生活的一部分。然而，目前我国传媒存在管理疏漏，各种庸俗文化和不良信息泛滥，更有一些文化垃圾颠倒是非混淆美丑，误导了人们的价值观。影视界一

① 杨明宏、王德清：《断裂与链接：少数民族地区学校教育与少数民族传统文化传承之联动共生》，《民族教育研究》2011 年第 4 期。

② 鲍鹏山：《知识就是力量，良知才是方向》，《精神文明导刊》2015 年第 5 期。

③ 黄纪针：《多元文化背景下文化认同危机与对策》，《江西社会科学》2013 年第 5 期。

味追求票房、收视率，节目内容注重吸引眼球，传媒内容过于注重娱乐功能。因此说，中国传媒的文化理性主义欠缺，在价值选择上，淡化了自己的社会责任和大众教育功能，更忘记了民族的文化之根。因此，很多文化作品缺乏理性的、民族的、传统的文化意蕴，反而是以迎合大众口味为主、以商业目的为主的庸俗化、低俗化和非理性化作品泛滥。所以，曾经有一个时期中老年人喜欢看充满传统文化内涵和人性意韵的韩剧，这正是对国内影视文化作品严重缺乏传统和理性的心理批判。作为文化平台的大众传媒，最应该明白文化软实力对民族的价值。当今中华民族整体上（政治、经济、军事、外交、文化）正处于一个特殊的历史时期，是一个伟大转折的十字路口——"现代化"和"民族复兴"。我国的传媒界更应具备民族责任的大思维，义无反顾地摒弃低俗化和商业化，担负起传承文化和培育国民理性的教育功能；应有强烈的文化自觉，立足于民族的土壤，发掘和传承本民族优秀的文化遗产，防止民族文化断裂和某些外来文化糟粕的入侵。

（二）从外因看，是现代性的全球扩张的必然结果

在现代性的扩张中，他者意识形态渗透、现代文化占主体教育内容和西方文化冲击，会引发传统文化客观性的衰退。在现代化的全球拓展中，人们必然追求现代科技、现代文化元素和新的价值观念。鸦片战争，扯下了大清帝国最后的遮羞布，将国力日渐衰退的现实无情地摆在了世人面前。封闭的国民，把落后挨打归因于中国传统文化的落后性上，从而对传统文化产生自卑心理，促进了对现代西方文化的逐渐认同。更有甚者号召国家"全盘西化"（胡适著有《全盘西化》）。在此全球化潮流的大背景之下，西方文化的冲击似乎不可避免。西方文化输入途径，一是文化帝国主义的扩张；二是文化的主体性诉求对于文化的功利性需要，即主体主动接受西方文化。

随着经济全球化和信息化革命，国际间交流日益频繁，西方文化的影响和渗入从可能变为必然。因而，西方的各种文化和思潮（价值观念、行为方式等）对中国人原有的价值观和生活方式产生了巨大的冲击和影响。个体的价值观、信念等处于激烈的碰撞中，并出现了文化信仰和价值观念多元化的趋势。

意识形态渗透的确是个事实。当今世界确实存在"强势文化"对"弱势文化"的侵略，也的确存在暗藏的"文化颠覆"活动。外来意识形态通过摧毁国民对原有信念和价值的认同，破坏整个民族的内在凝聚力，达到阻碍中国复兴的目的。西方热衷并在某些领域已经实现了的"颜色革命"，往往都是从文化渗透开始的。

总之，在经济全球化的今天，伴着外来文化的渗入和现代化的进程，出现了全民族传统精神的淡化趋势。尤其是中国青少年的传统文化精神严重缺失，他们对西方文化有高度认同感，学外语比学汉语的热情高，过洋节比过传统节日的情绪高，吃西餐喝洋饮，崇尚西方生活方式和价值观、道德观、伦理观，等等。

（三）从表层原因看，国家实力的衰弱导致教育目的和价值取向对传统文化传承的决策忽视

一个国家的教育目的归根结底取决于该国统治阶级在教育决策时的思想认识，国家实力是其认识依据。也就是说，一种文化的衰弱或兴盛与它所处地域和所属群体的实力（经济的和军事的实力）密切相关。虽然文化本身具有其发展的特性，通过自身的构成元素使其在多元竞争中谋得一席之地。但一种文化的地位和影响是凸显还是式微，关键取决于所属群体的总体实力［爱尔乌德（Charles Ellwood）"文化进化论"、布劳特（J. M Blaut）"关于殖民者的世界模式"观点］①。容中逵在他的《当代中国传统文化传承不力之社会学成因》中论述了"国家实力衰弱对文化及教育中的文化传承带来的负面影响有三：一是易使该民族国家产生'唯软实力不足'的归因倾向；二是由此导致反传统主义倾向，认为自身的传统阻滞了自己的发展；三是在上述两种认识下又易导致该民族国家在发展观上一叶障目，出现片面致力于

---

① 容中逵：《当代中国传统文化传承不力之社会学成因》（下），《教育理论与实践》2011 年第 10 期。

经济、军事有形因素的发展，忽视文化、教育等无形因素的发展，进而在宏观教育决策上也忽略本民族传统文化的传承"。正是在此逻辑和规律之下，"我国自鸦片战争以来国力的衰落，教育的目的和价值取向不得不由原来单纯传授孔孟圣贤之道，转为兼采经世致用之学"，在教育功能选择上不注重人文素质、偏重技术效用，正是这种典型的认识偏差所导致的发展战略偏差的表现①。

（四）从深层次的社会原因看，在于传统文化本身具有缺陷以及他者思想在中国的结构性内化②

不可否认，传统文化本身具有历史的局限性。在近现代由工业革命和科技的巨大进步所塑造的新时代面前，我国几千年来积淀的传统文化显现出历史局限性，某些观念甚至成为"落后""糟粕"的代名词。如忠君思想、特权思想、等级观念、官本位思想、重德轻刑思想、重义轻利的义务本位思想、男女不平等观念、愚民政策等，都是维护君权和封建统治秩序的思想和观念，都是落后于时代必须抖落的文化包袱。也正因此，有了五四新文化运动。

传统文化中包含着不适应新时代的局限性是必然的，因为它是时代的产物，必然携带着历史的印记。那些不合时宜的理论和观念必然在历史的某个节点上失去其价值和意义。

然而，博大精深的中华文化并不因为它携带着部分历史陈渣而丧失其固有的生命活力。其中有些带有永恒普世价值，有些经过现代性转换后仍然会放射其智慧之光，成为民族走向复兴的理性支撑。不幸的是，我们用形而上学的态度对待先哲创立的伟大文化，就如马克思批判的那位缺乏辩证精神的唯物主义者费尔巴哈对待黑格尔哲学的态度一样，在倒洗澡水时连澡盆里的孩子一起倒掉了。所以，经过历次社会变革和文化革命，中国传统文化的精神体系遭到彻底颠覆。

---

① 容中逵：《当代中国传统文化传承不力之社会学成因》（下），《教育理论与实践》2011 年第 10 期。

② 同上。

现代化是每个民族繁荣昌盛的必由之路，是历史的必然趋势。如果一种博大精深和历史悠久的文化，能在短短百年的变革中断裂，一定有严重的历史风沙湮没它的文化脚印。

三 传承和传播优秀传统文化的必要性

传统文化的优秀成分是中华民族生存与发展中积淀的丰厚的精神价值。它体现在国家层面上注重"统一融合"；体现在社会层面上追求"和谐包容"；体现在群体层面上注重"伦理道德"。在我国的复兴之路上，传统文化对增强中华民族的凝聚力，促进社会和谐，提高国民道德修养和精神素质，推动市场经济健康发展等方面都有着重要的作用。传承和弘扬我国的传统文化有着充分的必要性和现实价值。

（一）优秀传统文化有利于增强中华民族的凝聚力

当今世界，一个没有强大凝聚力和向心力的民族难以屹立于世界民族之林。近代以来，中华民族灾难深重，但各族人民团结起来反抗侵略维护主权的斗争始终没有停止过。如今，我们仍然肩负有外拒强敌保卫国家和内求民族复兴人民富足的伟大使命，华夏民族需要强大的文化凝聚力。传统文化的"大一统"思想包含着爱国主义和民族融合精神，这两种精神可以增进各民族的团结和融合，增强中华民族强大的凝聚力和向心力，推动各族人民投身于祖国建设和发展中，使民族命运和国家命运紧密连在一起，成为维护祖国统一的强大纽带。

（二）优秀传统文化有利于建设和谐社会

我国传统的"和谐文化"对于目前我国构建"社会主义和谐社会"具有现实意义。我国正处在社会转型期，经济虽然高速发展，但社会矛盾凸显。一些矛盾激化会影响社会安定和经济发展。除了解决好公平正义的社会问题和建设法治社会外，弘扬传统文化对和谐社会的生成具有强大的软实力作用。

和谐社会也包括人与自然的和谐。工业时代强调发展人征服自然的能力，科技的进步推动着工业社会加速发展正是这一力量的展现。但在追求科技发展和经济增长的过程中，人与自然的关系走向失衡。在创造了前所未有的物质财富的同时，带来了环境污染、资源浪费、能源枯竭等事关生存与发展的问题。征服自然的力量如盲目使用，很可能造成自然力与生物圈无法挽回的破坏，从而威胁人类的生存。这里的悲剧性矛盾在于：人的目的是使自然界人化，创造出符合自身需要的对象性世界，其结果却成了自身生存的威胁。因此，发展必须内含人与自然和谐的价值取向。传统文化注重的是"天人合一"，强调人与自然是统一和谐的整体。弘扬这一文化精神，有利于强化人与自然和谐共生、经济增长和环境保护双向可持续性的科学发展观念，把国家建成人民安居和世代传承的美好家园。

（三）　为市场经济提供文化价值观念支撑的必要

我国传统文化中的精神养分可以成为市场经济的文化支撑。从根本上说"市场经济是法制经济"，没有健全法制的市场是混乱无序不可持续的，这一点毫无疑问。然而，法制的光辉不可能照到复杂而广泛的市场所有角落，再多的法律条文也不可能覆盖所有的经济行为。整个市场的健康发展还要取决于参与市场活动的人是文明的还是野蛮的，需要建立起理性和良知的精神"道德"价值。理性主义的"义利观"，强调以审慎的理性态度对待利益，在获取利益的行为上，强调要有充分的自律并符合社会公认的准则。强调"君子喻于义，小人喻于利"，在义利取舍上区别君子与小人。强调"君子爱财取之有道"。这里说的"义"和"道"指获取利益的手段和方式的行为准则。孔子认为"不义而富且贵，于我如浮云"。传统文化里对于获取财富的手段是否符合社会理性准则极为重视，这其实是古今中外都存在的普世价值。当下我国毒食品、毒奶粉以及假冒伪劣充斥市场的背后，是大量的无良商人唯利是图、见利忘义的无良德行所致。市场是有其公认法则的，所有市场行为主体都必须具有理智、审慎、自律的行为特征。

用传统文化中理性的利益观服务于今天的市场经济有其重要的调节作用。

在利益驱动多元化的市场经济运行中，容易产生各种冲突与矛盾。虽然主要以法制来调节利益主体的权益，但传统文化中的"和合观念"是法制的人文补充。现实生活中，大量的不和谐甚至一些经济纷争，用"礼之用，和为贵"原则进行法外的理性调节是非常必要的。

儒家的"整体观"主张整体利益至上。抛开其局限性看，强调个体和群体与国家的关系，强调短期和长远利益的关系。传统文化中同样把整体利益作为道德准则，这对我们的经济建设和社会发展具有指导意义。

（四）优秀的传统文化是国家软实力的资源之一

传统文化中"自强不息"的精神激励人们自强自立、精进努力、顽强拼搏、勇于开拓，对于我们赶超先进并跻身世界强国之林，实现民族复兴，有着重要的激励作用。

一个强国的实力不仅仅是物质的，文化对国家的政治、经济、民风道德、军事和外交等的作用力，恰恰是国家的软实力，它对经济发展和社会繁荣具有不可替代的促进作用。因此，综合国力中的文化作用力，是我们谋求民族复兴不可或缺的。2008 年胡锦涛在全国宣传思想工作会议上的报告强调："加强国家文化软实力建设，对内增强民族凝聚力和向心力，对外增强国家亲和力和影响力，是全面增强我国综合国力的必然要求，也是实现我国和平发展的战略之举。"利用中国传统文化中具有的"强内"和"化外"功能的文化资源，正确处理内政外交事务，对实现我们的"中国梦"将大有裨益。

四　传承与传播优秀传统文化的紧迫性

传统是一个民族的个性，文化是一个民族的灵魂。近百年来，中国的传统文化几近走向断裂。因此，传承和弘扬民族传统文化迫在眉睫。

　　首先，这是提升国民文化自豪感和自信心，实现民族复兴的迫切需要。人类历史上所产生的几大文明，在历史发展的长河中有的湮灭有的停滞，唯中华文明源远流长。然而，近现代的国人把富含精神养分的传统文化搁置在一百多年前的历史节点上，早已淡化甚至丢弃了自己民族优秀的传统，教育早已丧失了传承传统文化的应有责任，甚至传媒领域也陷入了价值失衡和文化失守的文化泥潭。在实现民族复兴的历史关口，我们必须肩负起拯救、传播和弘扬我国传统文化的历史使命，提升全民尤其是青年一代的国学底蕴。只有了解了传统文化的精华，国民对民族文化才会产生自豪感和自信心。在多元文化和跨文化的时代背景下，才能认同和坚守民族传统文化，在受到外来文化冲击时才能对其价值作出科学的判断而避免盲从。弘扬传统文化需要现代转换，赋予其时代意蕴，才能用以培养当代国民的人文素养。只有提升国民的文化自觉性，才能真正实现传统文化的传承与复兴。

　　其次，传承传播中华优秀传统文化，是化解国民文化认同危机的迫切需要。文化认同是一个民族存在和发展的基础，是一个国家文化软实力的组成部分。在多元文化的碰撞下，使人们思域拓展、眼界开阔的同时，引发了当代中国文化认同危机。尤其是年青一代，盲目崇拜西方文化，羡慕西方社会的物质文明和生活方式，主动接受西方文化，模糊了对自身的文化认同，对民族文化和现有道德伦理规范产生怀疑，对主流意识形态产生动摇。在行为表现上，热衷于过洋节吃西餐，加入基督教，过礼拜读《圣经》，却没多少人看过《大学》《中庸》，产生了对民族文化的自卑与自弃。

　　国民的文化认同危机是一个国家文化安全甚至是国家安全的主要威胁，是主流文化价值体系坍塌的主要内力，也是外来文化侵略的土壤。在我国社会和文化转型的历史时期，解决文化认同危机，是实现民族复兴目标的大计。大力弘扬传统文化，强化国民的文化自觉，是我国当前文化建设的迫切要求。

　　传承与传播中华优秀传统文化，是确立科学价值观、化解精神危机的迫切需要。随着我国三十多年来市场经济的发展、物质的丰富，极大地提高了国民的生活水平，解决了以前难以解决的问题，但也产生了前所未有的精神危机。国人的价值观普遍重视物质需求，忽视精神需要，将人类的意义和生命的价值降低在无尽的物质欲望追求中，却失落了追求崇高的精神世界。对此，人们寻找各种归因："西方文化""市场经济""现代化"等，都被人们牵出来作为"替罪羊"。那么到底是谁惹的祸？实际上，教育和传媒多年来的功利性导向、传统缺失和文化衰落都难辞其咎。如果一国人民的精神荒颓、人文素质低下，仅有经济增长和科技进步，民族复兴绝无希望，精神的健全一定是民族复兴的应有内涵。用优秀传统文化的价值滋养国人的心灵，完善主体精神，确立科学的人生价值观念，重塑中华民族的精神风貌，是当前的一个紧迫要务。

传承与传播中华优秀传统文化，更是拯救国民道德滑坡、建立良好道德风尚的迫切需要。改革开放使我国的综合国力大幅提高，人民生活得到了很大改善。但伴随而来的是世风日下，在物质利益面前扭曲了良知、堕落了道德、失却了诚信。假冒伪劣遍地，坑蒙拐骗横行，假药和有毒食品损害着消费者利益，国人被拖进了相互残害的深坑。这诸多问题摆在每一个中国人面前，令人深思：一个国家如果没有较高的国民素质和良好的道德风尚，仅有 GDP 高企，怎能称其拥有"强大的综合国力"？

道德素养是国民素质的重要组成，提高道德素养是提高国民素质的重要途径。中国古先哲非常注重德行修养，中国文化是道德哲学占主导地位的文化，提高人的道德修养和道德价值是中国哲学的传统，也是中国文化的传统。主张精神价值高于物质价值，合乎道德的生活才是有价值的生活。用优秀传统文化培育国民的社会公德、职业道德、家庭美德、个人品德，营造讲诚信、勇担当的社会道德环境。唯有高素质的国民才能担当实现"中国梦"和民族复兴之大任。

五 传统文化的传承与法治社会建设的关系

目前，流传着两种错误认识：一是把社会上出现的所有丑恶现象都归结为文化缺失和道德失落，忽视了造成这种状况的制度根源；二是把传统文化的传承与现代法治社会的建设当作相悖不容的事情，把"现代"与"传统"置于二元对立的状态下，一提传统即被归入旧世界、旧秩序的谱系中，认为传统文化会阻碍现代法治的建设，并对其予以批判和摒弃。这两种思维，既有碍于对现实问题的认知，也有碍于文化建设和制度建设。因此，需要廓清两个问题：一是我国很多现实问题其实是制度问题；二是我国传统文化仍然是现代法治的文化底蕴。"法家"具有丰富的法制思想，即使"儒家"的"德治"文化也并非与现代法治文化水火不容。因为法治社会也需要道德型人格来维护，道德的底线同样要靠法治去坚守。如果把现代法治文化与传统德治文化有机结合，更会创建出依法治统领的秩序型社会。因此，需要摆正以下几个关系：

（一）弘扬传统文化与制度建设的关系

传统文化对培育人的道德和价值观有着不可替代的作用，但绝对不能包治百病。很多社会现实问题实质上是制度和法治问题。例如，贫富差距过大的问题、腐败严重的问题、环境污染问题、利益集团与普通民众之间矛盾冲突等。即使是一些社会丑恶现象，表面看是由于优秀传统文化缺失造成的，实际上也有其深刻的社会基础，例如，助人为乐反被讹诈、医患关系紧张问题等，既反映的是道德缺失的问题，同样也反映了养老保障、医疗保障、医院管理和考核制度等制度设置存在严重缺陷或者不公平的问题。制度设计缺陷造成的社会矛盾，动摇着社会和谐的基础，仅靠文化建设是无济于事的。文化问题，由文化解决，其他法制问题和制度问题，要由制度改革和法制建设来解决，文化建设和制度完善不可相互代替。

（二）弘扬传统文化和加强现代法治建设的关系

对待传统文化，要去其糟粕取其精华，使其成为我国现代法治的本土资源。

首先，旧时代的文化体系中必然携带着不适合当下时代的陈旧元素，由于文化积淀的厚重和历史的惯性和张力，它对我们的影响依然根深蒂固。这些落后于时代的价值体系已成为建设法治国家的阻碍。例如：宗法制度压抑个人独立，阻碍权利意识发育；夸大道德教化的伦理价值，轻视法治作用，造成的社会后果便是"德治"最终演变成封建统治者的"人治"，进而演变成"专制"，使中国社会"人治"和"专制"坚固化并经久不衰；缺乏"民治"思想的政治观念；官本位和等级特权思想的社会土壤深厚。这种极端不平等的特权观念，源远流长、根深蒂固，其影响力并未因为封建旧王朝的远去而消失，因此，在弘扬传统文化时必须摒弃这些丧失时代价值的文化垃圾。

其次，吸收传统法治文化资源并完成现代法治的文化改造。在探寻文化历史轨迹中发现，中国传统治理方式与现代法治的价值取向具有一致之处，并包含着丰富的法治资源。尤其法家的法治文化资源较为丰富。它强调"以法为本"，树立法律的绝对权威；它具有"不法古，不循今"的进化史观；它认为"好利恶害""趋利避害"是人的固有本性，从人性论角度说明了法治的可行性和必要性，进而强调治理国家不能靠道德说教，需要使用赏罚制度；它坚持"法不阿贵""刑无等级"的平等精神，代表了春秋战国时期先进的时代精神。这些与现代法治社会理性平等观的精神实质是相一致的。总之，先秦法家的法治思想十分接近现代西方的法律实证主义理论和形式主义法治观，是我国现实法治建设的文化资源。但历史上法家的法治几乎成为暴政的代名词，甚至有人认为秦朝的迅速覆亡都与法家的治国理念有关。此实属谬论，早在唐代，思想家柳宗元就有着独到的真知灼见，他认为，秦之覆亡"失在于政，而不在于制"，认识甚至比现代的某些人还要理性而深刻。

古代中国为何未能自发走向现代法治的路径？先秦的法律思想和文化，建立在高度的中央集权封建主义体制和宗法制度之上，而现代法治呼唤的是平等、自由民主。因此，旧时代的文化体系要成为现代法治建设的文化养分，必须使其完成现代性转换。

最后，传统"德治"与现代"法治"的关系。儒家的确是重德轻法，但它的礼德为本，法刑为末，说的是礼德为长久之术，而法刑为一时之用。重德必重教化，教化可以"防患于未然"，可以起到严刑峻法所无法起到的作用。以孔子为代表的儒家已经认识到法律和刑罚不能从根本上达到维护社会秩序的目的。在维护社会秩序中起着根本作用的，还是民众的道德素质。因而，提出了"以德配天""明德慎刑""德主刑辅""为国以礼""以刑弼教"的礼治思想。儒家礼、法、德、刑的关系是"德主刑辅"。

通过梳理"法治"与"德治"的关系不难发现：儒家的德治文化并非与现代法治文化水火不容。因为现代社会也不完全由法来规范，相反，大量的社会生活同样要靠道德来坚守。在任何时代的社会里，"道德教化"都具有其现实价值。即便当今，"法治"与"德治"的关系是，法治的实现靠道德型人格的信仰，道德的底线靠法治来坚守。如果能把现代社会的法治文化与传统社会的德治文化有机结合，就会创建出真正和谐的秩序型社会。二者有机结合的最终目的是走向高度的政治文明和高度的精神文明。在培养我国公民良好法治素质的同时，培养公民良好的道德素质，才能真正打造扶正祛邪、扬善惩恶、追求高尚、激励先进的健康社会，实现民族素质的整体提高，实现真正的长治久安，从而为现代化的发展提供良好的社会环境。

六 中国发展特殊历史关口中华优秀传统文化传承的意义

传统文化造就了中国辉煌的历史，也将深刻地影响中国的未来。几千年来，中华文明曾经使外族臣服、外来文化被同化，这源于中国传统文化强大的聚合力。文化积淀是构建国家软实力的根基，它决定着一个国家未来的盛衰成败，对整体实力的提升具有重要意义。即使需要法治建设，传播与传承优秀传统文化依然刻不容缓，因为精神价值和道德的重建是制度建设和落实的基础。同样，也不能在政改和经改之后，再进行文化建设，文化的滞后将会影响改革的效果。因为修身、齐家、治国、平天下，修齐正是治平的基础。

孔子认为"有国有家者，不患寡而患不均，不患贫而患不安。盖均无贫，和无寡，安无倾"。国家的不安和倾覆，就是由这众寡富贫的不均所致。解决的办法，就是为政之人应设法"均之""和之"。"和之"即和谐社会的构建就是要重道德教化，建构一个仁爱而有礼有节的社会，以人为本、宽容有序，展现出泱泱大国的风范，这也充分体现了传统文化为构建和谐社会的政治理念提供了坚实的文化资源；"均之"即缩小贫富差距，这需要政治改革和经济改革。中国尚待建设一个成熟的社会主义民主、法治的政治体制，更有待形成民主、法治的政治文化环境，努力塑造公正、民主的国家形象，充分显示机制创新能力，在完成开放的公民社会建设的同时完成政治文明的塑造。因此说，优秀传统文化的传承传播与重建，依然是中国走向全面复兴的必不可少的步骤和基础，是不能跨越和忽视的强国战略。

七 总 结

弘扬和传承中华民族文化精神，要有宽广的视野、宽阔的胸怀、开放的心态和对自己民族文化的自信，去认识西方文明，尊重文化的多样性，了解世界各国文明和文化的个性和共性，比较各种文化的价值意义，将那些具有共性的文明成果（如现代人文精神、创造精神、民主法制精神等）进行批判吸收，以实现传统文化的现代转换和增强中华民族精神的生命力。

文化是一个民族发展的历史积淀，它形成了一个民族的精神气质。在现代化的进程中，"现代性"渐渐渗入这个"精神气质"中，使民族精神完成现代性转换，而不是彻底打断这个文化精神的传承，直接移植外来文化去实现民族精神的现代性转换。文化与历史是同构的，也是一个自然的过程并有其发展规律，因而，文化也是一个生态系统。如果把今天的文化称为"现代文化"，那么过去的文化就是前"现代文化"。前"现代文化"是今天"现代文化"的前身和源头，而今天的"现代文化"是前"现代文化"发展的结果。因此，文化不能断裂。文化的断裂表面上看是文化的悲剧，实质上是民族的悲剧，当今中国的许多社会问题正是我们蔑视传统文化和文化失落的恶果。

我国应从"家庭""学校""社会"的三维大众教育视角，进行传统文化的复兴建设。如今，中国社会该有一个中国特色的"文艺复兴"（传统文化复兴）运动，从浩瀚的民族文化中发掘智慧瑰宝，实现民族优秀传统文化的现代化转换，用民族文化中的优秀特质培育国民精神品格。同时，唤醒当代国人民族文化的认同感，增强辨别和抵御西方文化中垃圾元素的能力。正如中华文化伴随着中华民族几千年的发展史，也应使现代化了的传统文化继续作为中华民族伟大复兴的理性支撑。

第 二 章

中华优秀传统文化的
内涵和外延

我国近代著名思想家龚自珍在研究春秋战国历史的时候从中得出了一个深刻的结论："欲灭人之国，必先灭其史。"由此可见，"灭其史"乃釜底抽薪之举也。一个国家和民族丧失了自己的历史和文化记忆，那这样的国家和民族还能存在和延续吗？作为世界四大文明古国之一的中国，五千多年连绵不断的文明之所以能够延续至今长盛不衰，根基在哪里？博大精深的中华优秀传统文化精神便是中华民族的根和魂。习近平总书记在出席纪念孔子诞辰 2565 周年国际学术研讨会时强调："文明特别是思想文化是一个国家、一个民族的灵魂。无论哪一个国家、哪一个民族，如果不珍惜自己的思想文化，丢掉了思想文化这个灵魂，这个国家、这个民族是立不起来的。本国本民族一定要珍惜和维护自己的思想文化。"习近平总书记在诸多场合反复强调："一个国家综合实力最核心的还是文化软实力，这事关精气神的凝聚，我们要坚定理论自信、道路自信、制度自信，最根本的还要加一个文化自信。"

一　中华优秀传统文化是什么

习近平总书记在全国宣传思想工作会议上明确提出："讲清楚中华优秀传统文化是中华民族的突出优势，是我们最深厚的文化软实力。"

（一）中华优秀传统文化的概念

对中华传统文化的概念界定，学界众说纷纭、莫衷一是，一般认为中华传统文化是中华文明成果根本的创造力，是民族历史上道德传承、各种文化观念、各种精神观念形态的总体。中华传统文化是指中国几千年文化发展中在特定的自然环境、经济形式、政治结构、意识形态的作用下形成积累和流传下来，并且至今仍在影响着当下社会文化生活的"活"的中国古代文化，包括价值观念、思维方式、生活方式和信仰习俗等。

对于优秀传统文化的概念，有的学者认为是指传统文化中所包含的能够提高人的思维能力，促进社会主义物质文明和精神文明的发展，推动社会进步的一切有重大价值的优秀精神成果的总和[①]。有学者认为，优秀传统文化是指那些经过了实践检验、时间检验和社会择优继承检验而保留下来并能传之久远的文化。张岱年先生认为，具有科学性和进步性的传统是优秀传统。科学性指正确反映客观实际，与实际相符合；进步性指促进社会的发展，或在社会生活中有促进社会发展的作用。这两个方面是统一的，只有正确反映客观实际，才能促进社会的发展。[②] 优秀传统的核心是关于人生意义、人生价值、人生理想的基本观点[③]。

有学者认为，"传统文化"是过去几千年历史进程中的历史性文化，包含的内容方方面面，从传统艺术、传统思想到传统武术无所不包。还有学者认为"传统文化"指的是以儒、释、道三家为核心，各家学术学说为补充的传统文化思想体系。也有学者认为"传统文化"是指在现代生活中依然传承着的、打在人身上的传统文化烙印。上述

---

① 谢青松：《"马魂、中体、西用"说研究综述》，《云南行政学院学报》2014 年第 5 期。
② 张岱年：《分析中国传统文化的优缺》，转引自谢龙主编《平凡的真理　非凡的求索——纪念冯定百年诞辰研究文集》，北京大学出版社 2002 年版，第 424 页。
③ 王学伟：《中国优秀传统文化研究 30 年》，《中州学刊》2014 年第 4 期。

种种观点，从各个方面和角度对中国传统文化的内涵作了有益的探讨，具有一定的启发性。我们这里所说的中华优秀传统文化是指 1840 年鸦片战争以前的，经过了实践检验择优继承而保留下来的具有鲜明特色和稳定结构的、在社会生活中有促进作用并能传之久远的中国古典文化。其核心是代表中华民族精神的价值取向和思维方式。

首先，传统是一个动态的、历史的、涵盖面很广的范畴。从来没有什么一成不变的传统文化或文化传统。其次，从来没有单一的传统文化。传统是多元化的综合体，又是多个时代不断淘汰、选择、附会积淀而成的，传统文化除了要区分时代差异外，还要区分民族、地域、学派的差异。比如，除了汉文化外，还有少数民族文化外，除了上层精英文化外，还有民间文化。总之，无论是从纵向还是从横向考察，传统文化总是具体的、历史的、丰富的、多元的、多层次的立体架构。把中国传统文化等同于"儒家文化"过于片面、褊狭，何况"儒家文化"本身也是多元的、发展变化的。①

习近平总书记 2012 年 11 月 15 日在新一届中央政治局常委同中外记者见面时的讲话中指出：中国优秀传统思想文化，是指在中华民族五千多年的悠久历史中，融汇了众多民族的文化、思想和智慧，所形成的儒、道、法、墨等诸子百家思想体系，概括出由基本理念、核心价值、行为规范、理想信念等构成的文化经典，形成中华民族特有的信仰追求、价值取向、高尚品质、文明准则、思维方式和生活方式，经过千百年的锤炼，世代相传，汇集成博大精深、底蕴深厚的中华文化传统，构成中华民族的脊梁、血脉和灵魂。

何为优秀？不同时代，不同的人，会有不同的解读。我们认为，所谓中华优秀传统文化，应该指的是那些"经过了实践检验、时间检验和社会择优继承检验而保留下来并能传之久远的文化"。② 其具有三个基本特性。"首先，能够超越时代的文化，即在不同的历史时期仍

---

① 郭齐勇：《文化学概论》，湖北人民出版社 1990 年版，第 310 页。

② 李申申等：《传承的使命：中华优秀文化传统教育问题研究》，人民出版社 2011 年版，第 92 页。

能凸显其文化建设的价值；其次，能够超越社会性质的文化，即在不同性质的社会仍能发挥其文化建设的作用；最后，能够超越民族的文化，即在不同国家、民族仍能发挥其文化建设的功能。功能性标准要注意以下几点：首先，有利于建设社会主义新文化；其次，有利于增强民族凝聚力、提高民族自信心；最后，有利于推动社会和谐可持续发展。"① 也就是说，经过现代阐释和转换，依然能够服务于中国现代化建设的文化。其具有多层面的含义，既包含意识形态、政治制度层面，也包含思想、精神层面；既包括文学、艺术层面，也包括知识、技艺、行为等层面。

（二）中华传统文化的形成及基本特征

中华传统文化的基础根基源自"轴心时代"，历史悠远。

德国著名哲学家雅斯贝尔斯（1883—1969）曾经提出"轴心时代"的观点。他认为，在公元前500年前后，在古希腊、以色列、印度和中国几乎同时出现了很多伟大的思想家，他们都对人类关切的问题提出了独到的看法。古希腊有苏格拉底、柏拉图，中国有老子、孔子，印度有释迦牟尼，以色列有犹太教的先知们，形成了不同的文化传统。这些文化传统经过两千多年的发展已经成为人类文化的主要精神财富，而且这些地域的不同文化，原来都是独立发展出来的，并没有互相影响。他还认为，"人类一直靠轴心时代所产生的思考和创造的一切而生存，每一次新的飞跃都回顾这一时期，并被它重新燃起火焰"。②

我国著名学者吕思勉在其《先秦学术概论》一书总论中也说："吾国学术大略可分七期：先秦之世，诸子百家之学，一也；两汉之儒学，二也；魏、晋以后之玄学，三也；隋、唐之佛学，四也；宋、

---

① 王学伟：《试论中国优秀传统文化的科学内涵》，《海南师范大学学报》（社会科学版）2014年第6期。

② ［德］雅斯贝尔斯：《历史的起源与目标》，魏楚雄、俞新天译，华夏出版社1989年版，第14页。

明之理学，五也；清代之汉学，六也；现今之所谓新学，七也。七者之中，两汉魏晋不过承袭古人，佛学受诸印度，理学家虽辟佛，实于佛学入之甚深，清代汉学，考证之法甚精，而于主义无所创辟。历代学术纯为我所自创者，实止先秦之学耳。"[1]

因而可以说，中国优秀传统文化源自所谓"轴心时代"的中国所出现儒、墨、道、法等诸子百家所提出的一系列思想和学说。春秋战国是中国文化史上思想非常活跃、学术空前繁荣的时代。诸子百家就天道观、人道观、社会伦理、礼法制度、名实关系、认识论等诸问题展开了全面的争辩，极大地推动了当时学术思想的发展。司马迁的父亲、西汉时著名的史学家司马谈（？—前110）将诸子概括为阴阳、儒、墨、名、法、道六家。其后刘歆又将诸子归纳为儒、道、阴阳、法、名、墨、纵横、杂、农、小说十家。当时，儒、墨两家影响最大，故称为"显学"。但从整个中国文化的发展来说，影响最大的则是儒、道两家思想和学说。老子发现了"自然"，开创了中国的道家自然主义传统，孔子则发现了"仁"，开创了儒家的人文主义传统，《易经》则把自然主义和人文主义结合起来，一同奠定了中国传统文化的基本导向。之后，随着佛教文化的传入，儒、释、道三教合流共同构成了中国传统文化的三大支柱。

任何一种文化类型的产生，都离不开特定的自然条件和社会历史条件。中华民族世世代代在生产、生活中形成了特定的世界观、人生观、价值观、审美观，这种独特的价值体系绵延数千年，潜移默化地影响着中国人的思维方式和行为方式，这就是中华传统文化。

其基本特征总结如下：

1. 中国传统价值观贵和、厚德、用中

中国传统文化的最高境界是和谐，即追求人际和合、天人和合、群己和合、身心和合。和，是中国传统文化所追求的最高理想。孔子讲："礼之用，和为贵。"（《论语·学而》）孟子讲："天时不如地利，

---

[1] 吕思勉：《先秦学术概论》，中国大百科全书出版社1985年版，第3页。

地利不如人和。"(《孟子·公孙丑下》) 在中国传统文化中，不仅儒家重视"和谐"原则，强调"和为贵"，道家也认为协调或和谐是世界万物运行的客观规律。老子在《道德经》中说："万物负阴而抱阳，冲气以为和。"(《老子·第四十二章》)"和之至也，知和曰常，知常曰明。"这就是说，物以和为常，协调和谐是万物共存的一种稳定秩序，认识了"和"，也就认识了事物的规律，认识了规律（常），人就变聪明了。庄子也说道："与天和者，谓之天乐""与人和者，谓之人乐"(《庄子·天道》)。和谐不是等同，和谐是不同因素与矛盾的有机协调和良性互动。孔子说"君子和而不同，小人同而不和"(《论语·子路》)，矛盾双方虽有不同，但可以包容，即把差异和矛盾当作一个统一体中的固有内容来看，对立和差异总是包含在统一与和谐之中的。中国文化中，儒道互补，儒法结合，儒佛相融，佛道相通，儒释道三教合一，不同地域文化融合统一，这些都是中国文化和谐精神的体现。即在承认差异的基础上求同存异，和谐共处。

"厚德"出自《易经》："天行健，君子以自强不息；地势坤，君子以厚德载物。"在中国传统文化中，德是立国之本，更是一个人的安身立命之本，也是人与人、人与社会交往的一个行为准则、是非标准。因此，要把"厚德"放在第一位，修德以立身。怎么样才能厚德呢？就是要求君有君道，臣有臣道，每个人都要以"修身、齐家、治国、平天下"为基本准则，以内圣外王为理想人格，随时做到以"处仁""重义""尊礼""尚智""忠信""孝悌""知耻"等道德规范约束自己的行为举止。同时还要把"仁爱"之心扩展到自然万物，做到尊重自然，泛爱众生。在中国传统文化中，道德作为一个哲学范畴，最初其实出自道家。《老子》第五十一章："道生之，德蓄之，物形之，势成之。是以万物莫不尊道而贵德。"老子认为"得道"之谓"德"。如何才能得道呢？老子主张"贵柔"与"居下"，"水善利万物而不争，处众人之所恶，故几于道"，这便是道家对"厚德载物"最好的表达。因此可以说，在中国优秀传统文化中，儒、释、道在厚德劝善的价值追求上是完全一致的。

如果说中国传统文化的最高境界是和谐，那么实现"和谐"的最高智慧则是"中庸"。何谓"中庸"？《中庸》说："喜怒哀乐之未发，谓之中；发而皆中节，谓之和。"宋代理学家解释："不偏之谓中，不易之谓庸；中者，天下之正道，庸者，天下之定理。""中者，不偏不倚，无过不及之名；庸，平常也。"可见，中庸的核心思想就是强调人们在为人处事上思想和行为的适度和守常。具体分析儒家中庸思想主要包含以下几点内容：一是"适度"原则，"中庸"就是掌控合宜的分寸、合宜的"度"，恰到好处。二是执中的态度。即凡事都必须做到不偏不倚，无过无不及，避免走极端。三是时中的智慧。所谓"时中"就是随时而能处中、无过无不及之意。现实生活面临的问题是复杂多变的，时间不同、地点不同、情况不同，只靠教条或原则往往难以应对。"时中"的要求就是根据具体的时间、地点、情况等条件做到恰到好处，要把原则的坚定性与方法的灵活性结合起来。四是用中的境界。"中庸之道"是处理人与人、人和社会关系使之达到和谐境界的最高原则和最高境界。孔子把它称为最完美的道德，"中庸之为德，其至矣乎"。所以，中庸之道是一种不可轻易达到的人生境界，所谓"极高明而道中庸"。可见，以往社会上一些人把中庸之道理解为一种折中主义或庸俗的老好人是对中庸思想的误读与曲解。

2. 中国传统审美以中和为美、以真为美，善美统一

中国传统文化强调和谐、厚德与用中的价值观。表现在审美观上则必然是主张中和为美与真善美的统一。所以中和是中国传统审美评价的最高原则，真与善则是构成美的主要内容。

从美学的视角看，"中和"是中国传统文化的最高审美标准。所谓"中和"是指事物内部各构成要素之间的协调统一以及各种相关事物之间的和谐。《中庸》中说："中也者，天下之大本也；和也者，天下之达道也。致中和，天地位焉，万物育焉。"无论是自然界，还是人类社会都必须遵循和谐协调的客观规律而运行，达到中和状态，宇宙万物和人类社会便各安其位、各得其所了。在儒家思想的影响下，"中和之美"成了中国历代艺术家推崇的审美标准。经过长期的历史

积淀，和谐精神逐渐泛化为中华民族普遍的社会心理习惯，如政治上的"大一统"观念，文化上的"天下一家"情怀，为人方面的"中行"人格，文学上的"大团圆"结局等。这种"以和为美"的审美情趣与中和思想作为中国优秀传统文化的精髓，在引导人们维护社会秩序的和谐、稳定与平和人们的心理方面起到了积极作用。

而以真为美，即道家提出的"疾伪贵真""返璞归真"的思想，却接触到了美学的核心问题，老子所描述的"道"的特性就是美的本质。老子说："人法地，地法天，天法道，道法自然。"（《老子》第二十五章）这就是说，人、地、天、道都以纯任自然为准则，天地之所以美到极致，就在于它的纯任自然，天然而然丝毫无人为的痕迹。所以，老子的美学思想就是主张"大巧若拙""返璞归真"，认为美是内心修持的顺应自然的涵养和智慧。庄子也认为，只有像"天地"那样，自然无为，才可以与天地并生从而达到最大的自由，获得最高的美。他说："天地有大美而不言，四时有明法而不议，万物有成理而不说。"（《庄子·知北游》）他认为自然的妙理是无法用语言表达的，而且言有尽而意却无穷，这就要求审美主体要去体会"意"，进入"得意以忘言"的审美境界，从而完成审美的感受。所以，"素朴而天下莫能与之争美"（《庄子·天道》）、"澹然无极而众美从之"（《庄子·刻意》）。所以他主张"法天贵真，不拘于俗"（《庄子·渔父》），反对世俗的知识和道德观，试图把人与世界实用、功利的关系转变为审美关系，把人的现实生存世界转变为审美生存境界。庄子并非反对道德规范，而是认为，只有与审美生存相联系的道德生存才是人们自觉的、快乐的存在方式。

在中国传统的审美价值观中，美善统一是整个传统社会审美评价的主流。这一观点把道德境界与审美境界合一，不仅把美和善紧密联系起来，而且特别强调善对美的支配作用，形成了所谓"尽美尽善"的美学观。据《论语·八佾》记载："子谓韶，尽美矣，又尽善也。谓武，尽美矣，未尽善也。"孔子对"韶"的评价高过对"武"的评价，其准则便是美善统一的审美价值观。在儒家看来，只有达到

"善"和"美"的和谐统一，即艺术的内容和形式二者缺一不可，才可以达到美的标准。荀子则更为明确地强调艺术内容的重要性，认为"奸言""邪说""淫声""邪音"等文学艺术到处泛滥，甚至会导致天下出现乱臣贼子，并具体分析了"淫声""邪音"有乱民、乱俗、乱国之三大危害，他称为"三乱"。这种审美价值观在中国传统文化中始终占有主流地位。

3. 中国传统思维方式的整体性与辩证性

"和谐"价值观表现在思维方式上的最大特点就是注重整体性，所以说，整体思维是中国传统思维方式最重要的特征之一。在中国传统文化中，儒家和道家都强调整体性。整体是由许多部分、要素、方面构成的有机系统，要想了解各个方面、部分或要素，必须了解整体。《周易》把一切自然现象和人事吉凶统统纳入由阴阳组成的六十四卦系统，最早提出了整体论的初步图式。《易传》进一步提出"易有太极，是生两仪，两仪生四象，四象生八卦"的整体观，为中国传统思维方式奠定了基础。这种整体思维方式体现在社会关系上，最典型的就是中国长期以来最注重的"大一统"思想以及以宗法制度为基础的"家国同构"的社会秩序。中国传统社会的支柱是宗法制度及家族制度，在结构体系上是"家国同构"。这种以家族为本位的宗法等级关系渗透到国家政治、经济、文化生活的各个领域，成为中国传统文化结构的主线和轴心。中国传统整体思维认为整体利益大于个体利益，所以特别强调个体对整体的维护和服从。

中国传统哲学中的辩证法思想更是极其丰富，历代哲学家都曾有过系统而深刻的论述。可以毫不夸张地说，中国传统哲学中的辩证法思想是中国优秀传统文化中的瑰宝，它凝结着中华民族的聪明智慧。早在春秋时期，晋国的史墨就提出了"物生有两"（语出《左传·昭公三十二年》）的观点，后来《易传》从《易经》的阴阳观念出发又提出了"一阴一阳之谓道"的命题，老子在《道德经》中说："有无相生，难易相成，长短相形，高下相盈，音声相和，前后相随。恒也。"特别告诉世人一切事物都有对立面，毫无例外。而且对立双方相互依存、相互渗透、此消彼长，从而达到一种平衡状态。对立双方不仅是互相依存，还是互相否定的。因为天下万物都是向相反的方向运动发展的，所以老子用"反者道之动"来准确概括出宇宙万物运动变化的基本规律。即所谓物极必反，"物壮则老"，他说："祸兮，福之所倚，福兮，祸之所伏。"即事物都是相互转化的。所以老子强调要"知其雄，守其雌，知其白，守其黑"（《老子》第二十八章），从而避免事物向坏的方面发展。矛盾无处不有、无所不在，如何直面矛盾解决矛盾，也是历代思想家们必须作出回答的问题。儒家解决矛盾的原则就是中庸之道，道家则强调不争，无为而无不为。主张虽有雄健之势，却居于雌柔之地。宋代著名哲学家张载把中国古代辩证法概括为四句话："有象斯有对，对必反其为，有反斯有仇，仇必和而解。"（《正蒙·太和篇》）张载对中国古代辩证思想的这一概括形象而生动，言简意赅，这其中包含着丰富的人生策略和人生智慧。

（三）中华优秀传统文化的地位和作用

中华优秀传统文化在中华民族发展进程中的重要地位和作用主要表现在以下几个方面：

1. 中华优秀传统文化是中华民族的巨大精神财富和文化软实力的内在支撑

浩如烟海的文化典藏、经史子集、文学艺术、哲学政治、经济教育、农业军事、中医文化、科学技术等无所不包。中国汉字本身就是世界上独具神韵、魅力无穷的中国符号，通过这一神奇的语言文字密码，便可通往藏有无数文化瑰宝的神奇山谷，从而发现令国人引以为傲、令世界震惊的巨大精神财富和文化资源，它为中华民族生生不息、发展壮大提供了丰厚滋养，也为世界文明作出了特殊贡献。习近平总书记在全国宣传思想工作会议上明确提出："讲清楚中华优秀传统文化是中华民族的突出优势，是我们最深厚的文化软实力。"当今世界，文化软实力越来越成为综合国力和国际竞争力的重要因素。中国优秀传统文化所蕴含的这些内在精神财富和文化资源通过语言、文字以及各种具体的文化活动体现出来，表现为推进中华民族延续和发展的深厚的文化软实力，中国优秀传统文化是中国文化软实力的内在支撑。

2. 中华优秀传统文化是中华民族发展壮大的强大精神动力源泉

中国传统文化不仅丰富多彩，而且历史悠久、源远流长、与时俱进，以其势不可当的气势展现出无比强大的生命力。传统文化不是静态地存在于历史中的积淀物，而是一种动态的流动的精神和价值取向，它是肇始于过去融入于当下直至未来的一种意识趋势和精神延续。中国传统文化的强大生命力就表现在：一方面，它以其"自强不息"、勇往直前的进取精神激励着历代中华儿女以百折不挠的拼搏精神为中华民族的富强而奋斗不止；另一方面，它以"厚德载物"海纳百川的开放和包容精神，通过对一切外来优秀文化的吸纳、融合与消化，使其不断丰富和更加完善，这种内在的无比强大的同化力与融合力，便是中华民族之所以具有顽强生命力的内在动力，也是中国传统文化五千年经久不衰从未中断的原因所在。英国历史学家汤因比认为，在近6000年的人类历史上，出现过26个文明形态，但是在全世界只有中国的文化体系是长期延续发展而从未中断过的文化。这种强大的生命力，表现在它的同化力、融合力和延续力等方面。

3. 中华优秀传统文化是中华民族日益强盛的根基和根脉

中华民族这棵参天大树，根植于中国传统文化深厚肥沃的独特土壤之中，丰厚的文化滋养使它生长得枝繁叶茂。古之言，"木下为本，本为下根"，中国传统文化是中华民族世世代代赖以生存和延续的生命之根，根深方可叶茂。中华民族长期以坚强挺拔的独特风姿屹立于世界民族之林，任凭风吹雨打不动摇，经过无数曲折坎坷，历久弥坚。中华优秀传统文化心理的自我认同感和超地域、超国界的文化群体归属感，根深蒂固的乡情意识和落叶归根的民族情怀，充分体现出中华民族极其强大的凝聚力和向心力。习近平总书记指出："博大精深的中华优秀传统文化是我们在世界文化激荡中站稳脚跟的根基。"只有立足于中国优秀传统文化这一坚实的文化根基之上的中华民族才会在国际竞争中立于不败之地。

4. 中华优秀传统文化是中华民族的灵魂所依和精神依托

中华优秀传统文化对人生的终极关怀，从最初便疏离于彼岸世界的追求而植根于现实的人生。中华优秀传统文化中自古就有敬天敬祖的习惯，在中国人眼中，天和人是合一的，所以，敬祖即是敬天。儒家文化由此出发建立了一个世界独有的祖宗崇拜学说。除此之外，中国传统文化中立德、立功、立言"三不朽"的思想观念也是中国历代知识分子阶层安身立命的最高精神追求。如果说儒家文化对人的终极关怀既植根于现实的人生，又具有理想主义色彩的话，那么以老、庄为代表的道家对人的终极关怀则具有自然主义的色彩。道家"天地与我并生，万物与我为一"的人生境界，使人达到一种飘然物外、超凡脱俗，与"天地精神往来"的最高精神境界。纵观中国历史，历代士大夫大多采取入世则儒、出世则道的人生态度，"达则兼济天下，穷则独善其身"，得志时则以儒家思想修身齐家治国平天下，失意时则津津乐道于老庄之学，修身养性，甚至道教以及中国化的佛教思想也成为很多中国人的精神寄托。由此可见，中国传统儒、释、道文化丰厚的精神滋养，不仅是中华民族永远不能离别的精神家园，更是中华民族的精神支柱和精神信仰。

5. 中华优秀传统文化是中华民族无法替代的底色、无比深厚的底蕴和无比强大的底气

习近平总书记指出，"中华文化源远流长，积淀着中华民族最深层的精神追求，代表着中华民族独特的精神标识"，"其中最核心的内容已经成为中华民族最基本的文化基因"。2014 年 12 月 20 日下午，习近平总书记考察澳门大学新校区横琴校区，在参与大学生"中华传统文化与当代青年"座谈会时再一次明确指出，"中华文化渗透到中国人的骨髓里，是文化的 DNA"，是流淌在血液中的基因。而传统文化是软实力的底蕴，是中华文化在世界文明互鉴中的重要支撑。具有深厚底蕴、博大精深的中国优秀传统文化，是中华民族以其独特的精神风貌屹立于世界民族之林的坚强后盾，它以其厚重的文化底色和底

蕴给中华民族以豪迈的民族底气和非凡的民族气度。

二 中华优秀传统文化的主要内容

中华优秀传统文化以其稳定的基因形式和极强的渗透力、强大的生命力和再生力，构成中华民族的脊梁、血脉和灵魂，成为我们最深厚的文化软实力。这些传统文化的智慧对于解决当代人类面临的诸多难题具有积极的作用和启示。正如习近平总书记所说的：当今世界，人类文明无论在物质还是精神方面都取得了巨大进步，特别是物质的极大丰富是古代世界完全不能想象的。同时，当代人类也面临着许多突出的难题，比如，贫富差距持续扩大，物欲追求奢华无度，个人主义恶性膨胀，社会诚信不断消减，伦理道德每况愈下，人与自然关系日趋紧张，等等。要解决这些难题，不仅需要运用人类今天发现和发展的智慧，而且需要运用人类历史上储存的智慧。因为在传承的知识中积累了历史上对处理人、社会、自然三者关系的重要认知和经验。所以，习近平总书记进一步强调：要讲清楚每个国家和民族的历史传统、文化积淀、基本国情不同，其发展道路必然有着自己的特色；讲清楚中华文化积淀着中华民族最深沉的精神追求，是中华民族生生不息、发展壮大的丰厚滋养；讲清楚中华优秀传统文化是中华民族的突出优势，是我们最深厚的文化软实力；讲清楚中国特色社会主义植根于中华文化沃土、反映中国人民意愿、适应中国和时代发展进步要求，有着深厚历史渊源和广泛现实基础。

面对历史悠久、浩如烟海、博大精深的中国传统文化，把握其中那些体现中华民族精神的思想精髓，挖掘中国传统文化的动力源泉，发挥中华优秀传统文化的积极作用并使其成为我们最深厚的文化软实力，是摆在我们面前一个艰巨而伟大的历史使命，在此我们有必要对中华优秀传统文化的思想精髓作一简要概述。

（一）天人关系

1. 天人合一、道法自然的天道观

在中国古代，几乎所有思想家、哲学家，尽管其学术观点及流派各不相同，甚至互不相容，但其学术思想无一不与"天人之际"的探究相关联，并将"天人合一"作为追求的最高思想境界。可以说，"天人合一"是贯穿中国传统文化各个方面的一种思维定式与终极追求。

中国传统"天人合一"思想，最早起源于殷周时期。当时由于科学不发达，人们从事农业生产及其他活动几乎无不仰仗于自然，同时由于对诸多自然现象的无法解释，产生了对自然的恐惧和崇拜，认为在人类之上有一个至高无上、操纵一切、无所不能的"天"。所以，到了西周时期，人们认为天是有意志的人格神，是自然界和人类社会的最高主宰，天人关系实际上就是神人关系。

孟子最早在理论上系统论述了天人关系。孟子所说的天既是最高主宰，又是最高的必然规律。孟子说："尽其心者，知其性也；知其性，则知天矣。"发挥人内在的恻隐之心，就可以知道人性本善，人心作为能感通的主体，只要尽量发挥、扩展自己的本心就能知性，知性便可知天。所以通过尽心、知性，即可达到"上下与天地同流"的知天境界。

以老子为代表的道家则是从道为天地万物的本源立场论述天人关系的。老子说："道生一，一生二，二生三，三生万物。"（《道德经》第42章）又说："人法地，地法天，天法道，道法自然。"（《道德经》第25章）而庄子所讲的天是指自然之天，人是指对自然加以改造的人类。庄子说："天地与我并生，而万物与我为一。"（《庄子·齐物论》）天人合一的思想发展到汉代，演变为董仲舒的天人感应论，董仲舒的"天人合一"思想包括"天人同构""天人感应""天人相通"三方面内容。这种思想虽然有浓厚的迷信色彩和唯心主义成分，但是他主张对天心存敬畏之心却是值得我们认真思考的。"天人合一"思想到宋代的理学家们那里就更加明确了，正是宋代张载在中国文化史上第一个明确提出了"天人合一"的命题。宋代大儒朱熹则说："天即人，人即天。人之始生，得之于天；既生此人，则天又在人矣。"认为天人不可分。可见，"天人合德"是儒家"天人合一"思想的一种重要形式。

无论儒家、道家和墨家，无不把自然看作大化流行的有机整体，主张万物和谐相处，这种天人合一的价值观深刻影响了中国人的宇宙观和人生观。"天人合一"思想的核心就是强调人与自然的和谐统一，人作为这个世界的主体，如果无视"自然"的永恒法则，肆意损伤天地自然的生存，就是违背了天地生存之道。所以，从天人合一的整体观念出发，人必须敬畏自然、遵从天道、顺应自然，不能违背自然规律，不能超越自然界的承受力去征服自然和破坏自然，这是中国传统文化"天人合一"思想的最高境界。

天人之学作为一种整体性的大生命观，对于解决当今世界由于工业化和无限制地征服自然而带来的环境污染、生态平衡遭到破坏等问题，具有重要的启迪意义。现代工业文明彻底打破了自然的和谐与宁静，人类从大自然的主人逐渐变为大自然的敌人。人类生存的基本要素——天、地、水、空气都遭到极为严重的破坏。国际公认的气候变化科学评估组织 IPCC 早已发出警告，最近 50 年二氧化碳等大气温室气体的浓度大幅增加，造成温室效应增强，致使全球气候变暖。各种未经无害化处理的粪便、生活垃圾、废水、有毒有害废物使生态环境日益恶化。局部地区水源枯竭，遭受污染。空气污染严重，雾霾连天，莫名的各种疫病正在危及人类安全和生存。"天人合一"这一古老的哲学命题与当代的"可持续发展战略"之间具有一种内在契合，它既为可持续发展战略提供某种理论支撑，又为现代生态学、生态哲学、生态伦理学提供丰富的思想资料，成为我们今天研究和处理人与自然关系的重要视角。"天人合一"说强调的是天道和人道息息相通、和谐统一，对所谓文明社会具有警钟长鸣的意义。

2. 自强不息、厚德载物的包容与进取精神

人类不仅要敬畏自然并顺应自然，而且还要效法自然。《易经》中所提出的"天行健，君子以自强不息；地势坤，君子以厚德载物"，就是说，天地的本性是生长发育万物，君子所追求的根本价值便是效法天的品格，以天德为依据，崇尚天、崇效天之自强不息的品格和能动进取的精神；同时还要效法大地柔顺敦厚包容承载世间万物的品德。所谓君子要顶天立地，既要志存高远，又要脚踏实地。仰则观象于天，俯则观法于地。自强不息、厚德载物是中华民族五千年来延续不断的思想基础，反映了中华民族奋力拼搏和包容开放的精神风貌。自强不息的进取精神和厚德载物的宽容精神，可以说是中华优秀传统文化的核心，也可以称为中国传统文化的基本精神。张岱年先生说自强不息、厚德载物构成了中华民族共同心理的核心内容。中华民族正是自强不息、博大包容的伟大民族，自强来源于自信，博大来自谦顺。

我们效仿天道刚健、中正的品格和能动进取的精神，主要表现为要有坚定的信念，志存高远，以及积极进取的有为拼搏创新精神；坚强的意志和责任担当以及面对艰难困苦，矢志不渝、百折不挠的从容不迫。中华民族历经挫折而不屈，屡遭坎坷而绝不气馁的精神，成为民族复兴的强大动力。效法地之"厚德载物"之包容精神，主要表现为吸纳百家优长、兼集八方精义，具有"海纳百川，有容乃大"的胸怀；从大地之宽广能容、敦厚能载、厚重稳健、以柔济刚的品格和能力中体悟出吃苦耐劳、任劳任怨、慈悲忍让的德行诉求。中华优秀传统文化塑造了中华民族刚健有为、醇厚中和的人文品格和道德风范，不仅对中国的经济和社会发展产生了巨大影响，为中国人的文化性格和行为方式的形成奠定了深厚的历史基础，而且对人类文明的发展产生了重要而深远的影响。中华民族之所以能在五千年的历史进程中饱经沧桑而自强不息，靠的就是这样一种奋发图强、坚韧不拔的精神。正如鲁迅先生所说的：中华民族自古以来就有埋头苦干的人，就有拼命硬干的人，就有舍身求法的人，就有为民请命的人……他们是中国的脊梁。一切探索救国救民的先辈们是中国的脊梁，伟大的抗战英雄

们是中国的脊梁，而我们，必将成为 21 世纪复兴中华民族的脊梁！中华民族五千年历经磨难依然屹立于世界之林靠的正是这种自强不息的民族精神的支撑。

3. 以人为本的人文精神

在中国传统文化中，无论是主张天人合一，还是强调效法天地，其根本目的皆在于强调以人为本。人文精神，向来被认为是中国文化的突出特征，也是中国文化基本精神的重要内容。北京大学楼宇烈教授在其《中国的品格》一书中说道："对于中国传统文化，如果我们从整体上来把握的话，那么人文精神是它最主要和最鲜明的一个特征。什么是人文精神呢？它的核心就是以人为本。""以人为本"，就是指以人为考虑一切问题的根本。用中国传统表达方式来说，就是在天地人之间，肯定人的重要地位，在人与神之间，强调以人为中心。中国古代各种哲学派别、文化思潮的关注焦点，始终围绕着人生价值目标的揭示、人的自我价值的实现而展开。人为万物之灵，天地之间人为贵，是中国优秀传统文化的基调。所以，在中国传统文化中，神本主义始终未曾占据主导地位，恰恰相反，人本主义成为中国文化的基本精神。人不仅是宇宙万物的中心，而且人还可以"赞天地之化育""与天地参"。在天地人"三才"之中，人处于天地之间，其使命就是要"裁成天地之道，辅相天地之宜"，即依靠人的主体能动作用，调节自然的变化，协助万物取得完满的成就，而人自身则在此过程中实现"与天地合德"的人格理想。

中国传统文化中以儒家为代表的以人为本的思想，在后世得到广泛的认同和创造性的发展。人本思想的确立，不仅有助于人们正确地对待和处理人与神的关系、人与天的关系，增强人的主体自觉性，从而激励人们尊重人的价值和尊严，努力在现实生活中去发现人，实现人的价值，而且对于抵制宗教神学起到了重要作用，可以说，正是儒家的人文精神和道家的自然主义决定了中国传统文化的非宗教性。

（二）关于人与社会的关系

1. 天下为公、世界大同的社会理想

如果说追求天人和谐是中国古代思想家"究天人之际"的最高思想境界，那么追求天下为公、世界大同则是中国古代思想家的最高社会理想。同样是在所谓的轴心时代，远在西方的柏拉图在其《理想国》一书中描述了他心中的理想社会。几乎在同时代，在中国的儒家经典《礼记》中则记载了先贤所描绘的大同世界："大道之行也，天下为公，选贤与能，讲信修睦。故人不独亲其亲，不独子其子，使老有所终，壮有所用，幼有所长，鳏、寡、孤、独、废疾者皆有所养，男有分，女有归。货恶其弃于地也，不必藏于己；力恶其不出于身也，不必为己。是故谋闭而不兴，盗窃乱贼而不作，故外户而不闭，是谓大同。"在这样的理想社会中，一是要建立"天下为公"的社会制度和"选贤与能"的管理体制，这是大道得以实现的具体措施。二是要有"讲信修睦"的人际关系。在"天下为公"的社会里，人人讲诚信、修和睦这种良好的人际关系，就是人世间的和谐。三是要有各得其所的社会保障和安定有序的社会秩序。人们都有高度的责任心，珍惜社会财富，憎恶一切浪费，反对自私自利的行为。人们尽其所能为社会劳动，人人讲信用、守秩序，社会很和谐；每个人不是仅仅尊重照顾自己家中的老人、仅仅关爱自己的子女，而是把尊老爱幼的风尚推广到整个社会。每个孩子都能得到良好的教育，鳏寡孤独等弱势群体都能得到救济；每个男人都有自己的职业，每个女人都能找到好归宿；每一种资源都不会被随意浪费或占为己有，人人都能安居乐业。夜不闭户，路不拾遗，没有偷盗抢劫等犯罪行为，这样的社会就是"大同"。

2. 为政以德、德主刑辅的治国理念

中华民族历来有崇德重德、尚德倡德的治国传统。孔子曰："道之以政，齐之以刑，民免而无耻；道之以德，齐之以礼，有耻且格。"（《论语·为政》）在孔子看来，政和刑作为一种治国手段，效果虽然显著，但从长远来看作用却是有限的，因为人没有廉耻之心则不能从根本上解决为恶的问题。只有运用道德的力量，使用礼教来诱导和教化人民，人民才会有廉耻之心，从而不去危害他人和社会，进而才能实现人心归服，从根本上解决问题。他说："为政以德，譬如北辰，居其所，而众星拱之。"（《论语·为政》）孟子则明确提出了"仁政"学说，在君臣关系上，孟子主张："君视臣如手足，则臣视君如腹心；君视臣如犬马，则臣视君如国人；君视臣如土芥，则臣视君如寇仇。"（《孟子·离娄上》）儒家主张以德治国的同时，也并非排斥以法治国，而主张"宽猛相济"。孔子说："宽以济猛，猛以济宽，政之和也。"当然，孔子主张礼刑并用也并不是把二者放在同等的地位，而是主张先礼后刑，而且是不得已而刑之。他所期望的是"听讼吾犹人也，必也使无讼乎？"（《论语·颜渊》）孟子则更是从其性善论和仁政思想出发，主张"省刑慎罚"，但也从未否定刑罚的作用。孟子认为："徒法不足以自行，徒善不足以为政。"（《孟子·离娄上》）荀子作为先秦之最后一位大儒则认为："至道之大形，隆礼重法则国有常。"（《荀子·君道》）他说："治之经，礼与刑，君子以修百姓宁。"（《荀子·成相》）说的就是两手都要用，而且两手都要硬。而到了他的弟子韩非那里则变成只有重法这一手了。秦王朝只重以法治国，甚至不惜焚书坑儒，争霸天下，统一六国，一时风光无限，辉煌至极，却二世而亡。这就是历史的经验与教训。正应了荀子那句话："义与利者，人之所两有。虽尧舜不能去民之欲利，然而能使其欲利不克其好义也。虽桀纣亦不能去民之好义，然而能使其好义不胜其欲利也。故义胜利者为治世，利克义者为乱世。上重义则义克利，上重利则利克义。"（《荀子·大略》）纵观中国历代盛世无不都是采用德法并举的治国策略。

3. 居安思危的忧患意识

所谓忧患意识，是指"人对自己的处境和现状，时刻抱有警惕之心，即使处于平安无事，事业发达兴盛之时，也不能掉以轻心；即使处于困境和逆境，也不要气馁，要坚持自己的原则和信念，通过反省，争取改变现状，迎接光明的来临"①。在中国传统文化中，"忧患"一词始见于《易大传·系辞下》，"安而不忘危，存而不忘亡，治而不忘乱，是以身安而国家可保也"。《易经》作为一部形成于殷周之际的筮占之书，其目的在于引导人们防患于未然，趋吉避凶，化险为夷。所以，在其卦爻象及卦爻辞中，包含了诸多深沉的忧患意识。孔子常常警告人们："人无远虑，必有近忧。"（《论语·卫灵公》）孟子继承了《周易》及孔子的忧患意识，他提出了"生于忧患而死于安乐"的著名论断，认为忧患使人生存，安逸快乐使人灭亡。孟子说："故天将降大任于斯人也，必先苦其心志，劳其筋骨，饿其体肤，空乏其身，行拂乱其所为，所以动心忍性，曾益其所不能。人恒过，然后能改；困于心，衡于虑，而后作；征于色，发于声，而后喻。入则无法家拂士，出则无敌国外患者，国恒亡。然后知生于忧患而死于安乐也。"（《孟子·告子下》）北宋时期政治家范仲淹的《岳阳楼记》一文中有："居庙堂之高，则忧其民；处江湖之远，则忧其君。是进亦忧，退亦忧。然则何时而乐耶？其必曰：先天下之忧而忧，后天下之乐而乐。"以主张"自然无为"的老子为代表的道家在人类文明发展的早期，便依据自然主义的理念，预见到文明进程中可能出现的种种副作用，并对此进行了深刻的哲学反思。现代人类正面临着多方面的严重问题，而老子思想中以自然主义为基础的古老智慧，正可以作为现代人寻找文化对策、解决生存危机的新的智慧源泉。以老子为代表的道家对人类文明进步的反思，是更深一层的忧患意识。如果说儒家的忧患意识关注于一个国家和民族的前途命运，而道家的忧患意识则是对整个人类前途命运的终极关怀。

4. "民惟邦本，本固邦宁"的民本思想

正是基于儒家深深的忧患意识，中华优秀传统文化中出现了浓墨重彩的"民本思想"。在长期的政治实践中，古人逐渐发现了君主的权力和国家的兴衰与民心的向背有密切关系，甚至可以说，正是民心

---

① 朱伯崑：《易经的忧患意识与民族精神》，《北京大学学报》1997 年第 1 期。

所向决定着一个朝代的强弱、兴衰和存亡。于是一些思想家先后提出"敬德保民""重民轻神""恤民为德""民惟邦本，本固邦宁"（《尚书·五子之歌》）的民本思想。孟子则提出了影响中国几千年的"民为贵，社稷次之，君为轻"的著名观点，对于缓和社会矛盾、维系社会相对稳定产生了深远影响。他认为得民心者得天下，失民心者失天下："得乎丘民而为天下。"（《孟子·尽心下》）"君者舟也；庶人者，水也，水则载舟，水则覆舟，君以此思危之，则危将焉而不至矣？"（《荀子·哀公》）君主好比船，百姓好比水，水既可"载舟"亦能"覆舟"。中国历史上民本思想源远流长，从春秋战国时期一直到封建社会末期的进步思想家、政治家，几乎都主张和宣传"民本"思想，从而使之成为中华文化中影响最广、延续最久的一种哲学和政治思想。其中君舟民水的著名比喻对后世产生了深远的影响。

（三）关于人与人的关系

人作为一种社会性动物，每个人作为个体无不处于各种错综复杂的社会关系之中，要使一个社会和谐有序，人与人相处必不可少的便是社会的规范和规则。中国历来以"礼仪之邦"著称于世，足以说明礼仪在中华民族传统文化中的地位和作用。任何一个文明社会，人与人的关系都是从遵守礼仪开始的。"礼"是规范人的行为的外在的礼仪制度，但它却出乎内在的"爱人"之心，人们遵守礼仪制度必须是自觉的，发自内心的。这样，孔子就把礼和仁联系起来，"人而不仁，何以礼？"（《论语·八佾》）认为礼是仁的表现形式，仁才是礼的实质内容。也就是说，知礼是为仁的必要前提，是自立立人的基础。孟子说："仁，人心也；义，人路也。"既仁且智，则为圣人也。所以在中国传统文化中，仁、义、礼、智、信"五常"作为处理人与人关系的基本准则，在中华民族性格的形成中发挥了极为重要的作用，且甚为普及，《三字经》中亦有"曰仁义，礼智信，此五常，不容紊"之言。

1. 仁：仁者爱人——共赢的法宝

孔子的弟子樊迟问"仁"于孔子，孔子曰："爱人。"《中庸》引孔子的话说："仁者，人也，亲亲为大。"意为从爱自己的亲人扩大到爱别人，这就是"仁"。那么，如何才能做到仁呢？孔子在《论语·雍也》篇中说："夫仁者，己欲立而立人，己欲达而达人。能近取譬，可谓仁之方也已。"子贡问孔子："有一言可以终身行之者乎？"孔子曰："其恕乎，己所不欲，勿施于人。"朱熹《四书集注》进一步释注："尽己之谓忠，推己之谓恕。""忠恕之道"作为"为仁"的准则包括两个与人相处的法宝，即"己欲立而立人，己欲达而达人"和"己所不欲，勿施于人"，此二者互为补充，便是忠恕之道的完整内涵。忠恕行仁，就是从切己之愿望出发，通过推己及人、将心比心，在换位思考的过程中，不断消解对私己的偏执，从而达到双方乃至多方的共赢。忠恕之道作为仁之方，对于当今社会处理人际关系方面仍然具有积极的指导意义。仁者爱人的现代价值在于它告诉我们要学会尊重人、关心人、爱护人；在处理人际关系时，要学会换位思考，在激烈的竞争中，助人助己，立人、立己、达己、达人，形成良性竞争，实现多方共赢，共同造福人类社会。

2. 义：人之正路也——人之为人之条形码

义的本义是合情、合理、合法。义作为中国优秀传统文化的一个重要范畴，其基本含义是威仪、适宜、公平、正义等。"不义而富且贵，于我如浮云。"（《论语·述而》）在孟子看来，儒家确立"仁"的精神与"礼"的规范，都必须通过"义"来实现。孟子曰："鱼我所欲也，熊掌亦我所欲也；二者不可得兼，舍鱼而取熊掌者也。生我所欲也，义亦我所欲也；二者不可得兼，舍生而取义者也。生亦我所欲，所欲有甚于生者，故不为苟得也；死亦我所恶，所恶有甚于死者，故患有所不辟也。"（《孟子·告子上》）孟子认为"义"是比生命价值更高的精神生命，所以，如果陷我于不义，便毋宁死。孟子推崇"富贵不能淫，贫贱不能移，威武不能屈"的大丈夫气概，表现出了崇高的中华民族气节。文天祥的"人生自古谁无死，留取丹心照汗青"，塑造了无数仁人志士的高尚人格，磨砺了中华民族生生不息的自强精神。

3. 礼：人道之极也——步入社会的通行证

孔子说："不知命，无以为君子也；不知礼，无以立也。不知言，无以知人也。"（《论语·尧曰》）所谓知命，就是懂得世间万物的原理和法则。知礼，就是要懂得社会的道德规范和为人处事的行为准则。子曰："恭而无礼则劳，慎而无礼则葸，勇而无礼则乱，直而无礼则绞。"（《论语·泰伯》）作为社会的人，人首先必须知礼，才能立身处世，自立然后才能立人。因此，孔子特别强调要克制自己的视听言动，时时处处以礼的准则严格要求自己，做到"非礼勿视，非礼勿听，非礼勿言，非礼勿动"，使自己的行为严格符合"礼"的要求，从而以达到仁的境界。荀子强调礼在调节社会人与人关系方面的重要作用。他认为："礼者，人道之极也。""天下从之者，治，不从者乱；从之者安，不从者危；从之者存，不从者亡。"（《荀子·礼论》）荀子还提倡礼法兼用，强调："治之经，礼与刑，君子以修百姓宁。明德慎罚，国家既治四海平。"（《荀子·成相》）"隆礼至法则国有常。"（《荀子·君道》）荀子认为治国既要用礼义教化，又要采用必要的刑罚。我们作为礼仪之邦的公民，必须做到尊重社会公德，遵守文明礼仪，时时处处保持谦让恭敬之心，遵守各种礼节礼仪，促进不同社会成员之间和睦相处，形成融洽和谐的人际关系。

4. 智：智者乐水——洞察的智慧

一般人认为，中国传统文化主要是讲道德伦理，对智的论述并不多见，其实不然。无论儒家还是道家思想，都蕴涵着极深的智慧光芒。孔子认为"使人知己""知人"和"自知"是智的三个层次。智的另一个表现还在择友与择邻，子曰："里仁为美，择不处仁，焉得知（智）？"（《论语·里仁》）所谓近朱者赤，近墨者黑。孔子曰："益者三友，损者三友。友直，友谅，友多闻，益矣。友便辟，友善柔，友便佞，损矣。"有智慧的人能知人者，一定不会结交阿谀奉承、两面三刀和花言巧语之人。远离损友，也是一种智慧。孔子说："君子道者三：仁者不忧，知者不惑，勇者不惧。"（《论语·宪问》）既仁且智且勇，一个人如果具备了这三种品质便可为圣人了。

5. 信：安身立命之本

诚信是中国传统文化中的主要内容之一，翻开《论语》，随处可见有关诚信的记载，孔子曰："人而无信，不知其可也。大车无輗，小车无軏，其何以行之哉？"（《论语·为政》）孔子把"信"比作车辕与轭相连接的木销子。可见信之重要性。孔子还说："君子义以为质，礼以行之，孙以出之，信以成之。"《中庸》中说："诚者，天之道；诚之者，人之道。""天道"（自然界）的运行规律是真实无妄的，本然如此的；因此"人道"也应该真实无妄，信实无欺，自觉地按照"天道"的要求行事。所以儒家认为，人不不可"欺人"，更不可"欺天"。所以，《大学》将"诚意"作为连接"格物""致知"与"正心""修身""齐家""治国""平天下"的节点是很有道理的。

（四）关于自我修养

关于以德立人，儒家认为，自天子以至于庶人，当以修身为本。在《论语·宪问》篇中，孔子回答子路说：君子有三个层次，一是修己以敬，二是修己以安人，三是修己以安百姓。《大学》："大学之道，在明明德，在亲民，在止于至善。……古之欲明明德于天下者，先治其国；欲治其国者，先齐其家；欲齐其家者，先修其身；欲修其身者，先正其心；欲正其心者，先诚其意；欲诚其意者，先致其知；致知在格物。物格而后知至，知至而后意诚，意诚而后心正，心正而后身修，身修而后家齐，家齐而后国治，国治而后天下平。"在这里我们不仅可以看到格物、致知、诚意、正心、修身、齐家是治国平天下的前提条件，而且还可以看到治国平天下是正心、修身的目的和归宿。孟子更是明确地说明了"身"与家国天下的关系，他说："天下之本在国，国之本在家，家之本在身。"（《孟子·离娄下》）

1. 理想人格——内圣外王

以孔子为代表的儒家依据德性修养的层次，由低到高把人分为普通人、士人、君子、贤人、圣人。子曰："人有五仪：庸人、有士、有君子、有贤人、有大圣。"贾谊曾说："守道者误用之士，乐道者谓之君子，知道者谓之明，行道者谓之贤，且明且贤谓之圣人。"（《新书·道术》）由普通人经由士人、君子，到达贤人、圣人的境界，这便是儒家所设计的首先修养的途径。与圣人相比，君子作为一种理想道德人格形象更具代表性、普遍性，也更有感召力和现实性。君子这个概念更多的是"道德之称"。君子求道，君子之志在终生求道。道即"仁"道，所以，君子崇仁。儒家的外王是以内圣为基础的，"内圣"乃是"外王"之本。用儒家自己的话来说就是修身的目的在于治国平天下。在儒家的思想观念中，完善自己虽然重要，但更重要的是由内而外推及他人及社会。"修身"是出发点，"治国""平天下"才是目的和终点。

2. 道德修养的方法

（1）立志。有志者事竟成，孔子自述其人生是从"吾十有五而志于学"（《论语·为政》），孔子十五岁立志向学，并立下了宏图远志，子曰："苟志于仁者，无恶也。"（《论语·里仁》）一个人如果真的立志于仁德，就不会去做坏事了。可见，立志对人的修养具有非常关键性的作用，立志乃是修身的起点，因为修身首先就是要按照君子圣贤的标准来塑造自己，实现自我完善。为此，就必须树立这一志向，确立这一终生奋斗的目标。

孔子的弟子曾子说："士不可以不弘毅，任重而道远，仁以为己任，不亦重乎？死而后已，不亦远乎？"（《论语·泰伯》）在曾子看来，知识分子和一般人不一样，主要体现在两个方面：一是要有立志于"仁道"的宏愿，以天下归仁为使命；二是要有践履仁道的毅力，生命不息，奋斗不止。可见，儒家的"志"包含两层意思，一是志向，二是意志，而志向以意志为基础，意志以志向为目标。只有确立"以圣贤自期"的坚定志向，并以"空乏其身"坚韧意志，始终做到"不降其志、不辱其身"（《论语·微子》），才会取得最终的成功。孔子说："三军可夺帅也，匹夫不可夺志也。"孟子说："夫天未欲平治天下也，如欲平治天下，当今之世，舍我其谁也。"（《孟子·公孙丑下》）"天将降大任于斯人也，必先苦其心志，劳其筋骨，饿其体肤，空乏其身，行拂乱其所为，所以动心忍性，曾益其所不能。"对于道德的修养不仅要身体力行，还要能自觉地接受各种严酷环境的磨炼和艰难挫折的考验。这样才可获得卓越的才能，形成完善的人格，达到崇高的道德境界。墨子说："志不强者智不达。"苏轼说："古之成大事者，不惟有超世之才，亦有坚韧之志。"

（2）自省。子曰："见贤思齐焉，见不贤而内自省也。"（《论语·里仁》）自省是儒家道德修养最根本、最重要的修养方法。孔子最先提出内省，并把能否坚持这样做看作区别君子与小人的主要标志："君子求诸己，小人求诸人。"（《论语·卫灵公》）司马牛向孔子询问什么才算得上是君子，"子曰：'君子不忧不惧。'曰：'不忧不惧，斯谓之君子已乎？'子曰：'内省不疚，夫何忧何惧？'"（《论语·颜渊》）孔门大弟子曾参关于自省有一段著名的论述："吾一日三省吾身，为人谋而不忠乎？与朋友交而不信乎？传不习乎？""君子博学而日参省乎己，则知明而行无过矣。"儒家认为每个人都可能成为圣人，而最切近、最根本的方法就是从自己做起。由反省自己进而推己及人。

（3）慎独。所谓"慎独"，《中庸》说："是故君子戒慎乎其所不睹，恐惧乎其所不闻。莫见乎隐，莫显乎微，故君子慎其独也。"君子独自处事时也必须特别慎重，要凭良心行事。所谓独处之下，细微之事，虽未见诸行但心则有所动，人虽不知而己独知之。故一个人独处时也必须高度警惕自己内心的微弱之欲念。这就是《大学》所谓的"君子必慎其独"。可见，慎独是对个人内心深处比较隐蔽的意识、情绪进行约束和自律的一种修养方式，是一种高度的自觉性和主动性。朱熹说："不能慎独，则虽事物未至，固已纷纶胶扰，无复未发之时。"（《答林择之二十》，《文集》四十三）就是说，思虑未萌，心为未发，但要有所主宰，这就是儒家心性论所谓未发时的主敬涵养。

慎独则心安，慎独则无疚。孟子曾说：君子三大乐事，其一为"仰不愧于天，俯不怍于地"（《孟子·尽心上》）。曾国藩在其遗嘱中告诫家人的第一条就是慎独。他说："慎独则心安。自修之道，莫难于养心；养心之难，又在慎独。能慎独则内省不疚，可以对天质鬼神。

人无一内疚之事，则天君泰然，此心常快足宽平，是人生第一自强之道，第一寻乐之方，守身之先务也。"（《曾国藩诫子书》）慎独是一种修养方法，更是一种道德境界。

3. 躬行践履

儒家所主张的自我修养，在强调自我道德修炼的同时，还特别强调身体力行，躬行践履，通过实践磨炼，从而完善自己的人格，要求主体做到言而有信、知行统一。知行观是中华优秀传统文化的一个重要内容。其重要性在于如孔子所说"言必信，行必果"，他明确提出："始吾于人也，听其言而信其行；今吾于人也，听其言而观其行。"（《论语·公冶长》）他告诫学生，衡量人的品德不能只听其言论，而应看其实际行动，要求学生要做到言行一致。《中庸》也说："是故君子耻有其言而无其行。"荀子认为行高于知，"不闻不若闻之，闻之不若见之，见之不若知之，知之不若行之，学至于行而止矣，行之，明也"（《荀子·儒效》），强调践履的重要性，把行看作知的目的和归宿。"道虽迩，不行不至，事虽小，不为不成。"（《荀子·修身》）二程、朱子认为知先行后，若行要先明白做什么、如何做，所以必须是知在先，陆九渊也认为只有先明白了道理，行才能有正确的方向，否则践履就会迷失方向成为冥行妄行，冥行妄行不仅没有价值而且是非常危险的。王守仁则认为知行不分先后，而是合一并进。宋明理学之所以强调知先行后，知行合一，目的在于强调受"知"指导的"行"必然与"知"一样具有道德属性和价值，其实强调的是对儒家伦理道德的践履躬行。后世儒学虽然秉承先秦儒家修、齐、治、平的理念，蕴含修养道德和经世致用的思想，但实际上逐渐走向以内在的德性涵养为本，以外在的功利追求为末。所以明末清初的名儒颜元痛感明末名士清谈误国，认为圣贤满天下，却"上不见一扶危济难之功，下不见一可相可将之材"（《存学编》卷二），他称当时士人"无事袖手谈心性，临危一死报君王"（《存学编》卷二），是对当时尚虚空谈者不务实学、贻误家国的辛辣讽刺，并由此而提出了"正其谊以谋其利，明其道而计其功"（《四书正误》卷一）的价值观。

第 三 章

历史上，中华文化传承与
传播的特点、途径

世界上任何一个国家、民族，任何一个历史时期，文化的发展繁荣，都离不开对本民族优秀传统文化的继承、发扬，离不开对传统文化从内容到传播形式的优化创新。这样一个过程，是优秀传统文化的内在价值和意义被重新发现、重新认识的过程，更是优秀传统文化的传播形式变化创新的结果。任何创新的形式，都必以继承、发扬、复兴历史传统优秀文化并重新发现其时代价值为基石和内容。历史的经验告诉我们，每当传统文化受到关注、重视，所具有的创新形式为广大民众所接受并喜闻乐见之时，也就是时代文化开始大发展的繁荣兴盛之日。每一个时代文化高潮来临之际，必然由传统文化复兴理念为引导，伴随着传播形式的创新。反之，结论同样成立，每一次优秀传统文化传播形式的创新，都是时代文化繁荣兴盛的先导。中华优秀传统文化的复兴与重建，必定要凭借传播形式的创新而得以彰显。

一 历史上，中华优秀传统文化传承
与传播的体系架构

在漫长的历史发展过程中，中华优秀传统文化不仅形成了自己的核心思想、核心价值、核心审美体系，同时传承与传播体系也较早建立完善起来，并形成了较为严格完整的制度。从传播渠道看，大体由国家（统治）阶层、知识阶层、民间阶层三个层面构建而成，实现了真正意义上的全覆盖。

（一）国家主导

1. 思想导向

在传统社会里，中华优秀传统文化中儒学的传播，是国家意志最大的受益者。早在西汉，董仲舒借助汉武帝的皇权霸主地位，确立了意识形态方面"罢黜百家，独尊儒术"的大政方针，并将其以制度化的方式加以固化。其后，在整个汉代，历朝君王对儒学思想的统治地位都进行反复的固化加强，宣帝时召开"石渠阁会议"，东汉时章帝主持白虎观会议，都是这方面的有力举措。

如果将儒学单纯确立为统治阶级思想，其影响并不能及时地向整个社会进行有效的传导。汉代"独尊儒术"之所以能够在整个社会获得卓然有效的影响，关键在于通过皇权发布的系列礼治在全社会进行了最广泛的推进。汉代在全国施行举孝廉制度，表彰孝贞制度，实行不孝入律等，将意识形态化的思想通过牵动全国每个家庭的社会实践，实现了对以孝为本的核心价值观的广泛推广，将养老尊老、重视家庭教化植入社会生活实践中，并逐渐转变为全社会广泛认同且共同遵守的价值规范，从而实现了儒家核心价值观的传播与落实。

2. 机构设置

体现国家意志的传统文化传承制度化，在后世的发展过程中日趋缜密完善。汉代官僚制度中，太子太傅、光禄大夫、循吏、三老、孝悌等各级官吏，在各自职位上成为施教儒学文化的代言人。

机构设置，体现了国家对于文化发展的方向选择。历史上各朝代都颇为重视文化典籍的整理，并设立相应的机构，例如，西周对《诗经》的整理，明代编撰《永乐大典》，清代乾嘉时期进行文化大整理，编撰《四库全书》。各朝代为了典籍收藏、整理、学术研究以及出版等，设立了翰林院等机构。

3. 学校教学及考试内容的选择

隋唐开始的科举制度，是世界历史上最为完备的人才选拔制度。通过定期的考试，将本属于不同社会层阶的青年选拔进入统治管理阶层。开始时科目设置虽然较为庞杂，但依然推重明经。《通典·选举》曰："其常贡之科，有秀才，有明经，有进士，有明法，有书，有算……自是士族所趣向，唯明经、进士二科而已。"到了明清时期，这样的倾向更是走向极致。科举制度中，以儒学为内容主干，既保证了以此为轴心的教育对传统文化的系统传播，又保证了官僚体制中儒学成为上下统一的意识形态，一定程度上为政治稳定提供了有力的保障。

学校的建设和发展对文化的传承发挥了重要作用，忽必烈在位时，大力推进教育，广建学校。至元元年（1264）九月一日，元廷设立翰林国史院。至元八年（1271），为大批培养蒙古族接班人，设立蒙古国子学，用《通鉴节要》教育蒙古学生。至元二十四年（1287），又在大都设立国子监，隶属于集贤院。至元二十六年（1289），在大都设立回回国子学。大德七年（1303），大都新孔庙建成。《大元一统志》再次修成。随着国子监的建立健全，学校课程也逐渐规范化，确立"凡读书，必先《孝经》《小学》《论语》《孟子》《大学》《中庸》，次及《诗》《书》《礼记》《周礼》《春秋》《易》"。至元二十五年（1288），天下学校达到两万四千四百多所，大都是各类教育机构最为健全和数量最为庞大的地区。

4. 文化政策

国家所发挥的传承与传播作用还远远不止这些。隋朝对佛教的敞开胸怀，唐朝对儒、释、道三教的兼收并蓄，都是通过皇权体现出来的国家意志，进而使某个较长的历史时期内，传统文化中某些特定元素得以充分发展不断充实，并形成较为完善稳定的文化基因，代代传承，广泛传播。

正如解丽霞在《制度化传承·精英化传承·民间化传承——中国优秀传统文化传承体系的历史经验与当代建构》中所描述的那样，"核心价值观的确立与推行制度化传承是优秀传统文化传承的核心方式。它指在一定社会历史条件下，文化形成了法规、礼俗等规制，进入了社会治理的范围，由此使得文化以制度的方式或得到政治的庇佑而得以传承"。① 在绵延两千年的传统社会，儒家文化是通过国家制度化传承最为成功的范例。

（二）学校教育

在文化传承中，以知识阶层为主的文化精英起着至关重要的作用。

首先，他们是文化的记载者、守护者、传播者。春秋战国时期，诸侯争霸，各据一方，礼乐崩坏，社会秩序大乱。这时出现了孔子，要恢复西周的礼乐传统，即道统。为了实现"道"的理想，他周游列国，试图寻找到能够接受其理念，实现其理想的合作者。当然，他很狼狈地在有生之年未能找到这样的合作者。所以，他告诫后世"天下有道则见，无道则隐"（《论语·泰伯》）。这也就形成了知识阶层所信奉的"达则兼济天下，穷则独善其身"的传统。即如果作为国家层面代表的统治者，能够部分地接受自己的学说和理念，那就相互协同，共同进行文化的实践。如果难以相容，那么知识阶层就独善其身，在进行自我道德修持的同时，保留文化种子，以待时命降临。

知识阶层对国家文化方向的影响自汉代以后形成了较为稳定的模式。一是通过官僚体制，直接进入统治管理阶层，通过政策的制定来直接影响文化方向的选择；二是为帝王师，教育对象包括皇室家族的所有成员。汉代就专设太子太傅、太子太师、太子太保等专门的教育职位，通过长久而系统的教育，达成对国家文化方向的影响和规范。

在社会广泛传承与传播方面，没有什么比教育制度更加直接而有效的了。孔子是著名的教育家，他深谙此道。所以他的儒家学说，通过对七十二圣贤的传授而得到了传承与传播。建立学校，是中国文化

---

① 解丽霞：《制度化传承·精英化传承·民间化传承——中国优秀传统文化传承体系的历史经验与当代建构》，《社会科学战线》2013 年第 10 期。

历史上最重大的发明创造。汉武帝时期，设立太学。元朔五年（前124），汉武帝诏曰："故详延天下方闻之士，咸荐诸朝。其令礼官劝学，讲议洽闻，举遗举礼，以为天下先。太常其议予博士弟子，崇乡党之化，以厉贤材焉。"（《汉书·武帝纪》）把全国最有声望、最为博学的儒学大师延请到京师，担任授课博士。并在地方设立各级学官，专门负责监督办学诸项事宜，建立起了完备的教育体制。在学校，把儒家经典作为课程设置的主要内容，为了确保讲授的权威性，官方对讲授的内容进行修订，并勒石刊刻："熹平四年……奏求正定《六经》文字。灵帝许之，邕乃自书丹于碑，使工镌刻立于太学门外。于是后儒晚学，咸取正焉。"（《汉书·蔡邕列传》）以太学为代表的学校制度的确立，使文化传承获得了最大的制度保障。学校教育培养了两类人才。一类是通过学校教育，进入国家官僚体系参与统治管理的精英人才；另一类是通过学校教育，承担起了文化教育普及推广责任的人才，他们教化的目标是民间。

两类人无疑都成了文化的传承与传播者。因而，古代的学校教育，的确是以儒学为主的传统文化最主要的传承与传播渠道。

知识阶层的学术贡献以及文学、艺术类创作，为民间的文化传播提供了丰富的、源源不断的、可供反复消费使用的精神产品，其中的经典源远流长，成为中华传统文化弥足珍贵的宝贵遗产。

在传统社会，宗教界的知识阶层所起到的文化传承与传播作用极其宏大。他们不仅精确地翻译、阐释义理，有些著名的大德高僧们还与统治阶层甚至是最高统治者保持着相当密切的关系，影响到了国家层面政策的制定。这在一些宗教力量比较强大的王朝和特殊历史时期尤其显著。例如北魏、隋朝、唐朝、辽金、元朝等。他们为了弘扬道法，所进行的各种宗教活动——固定的宗教仪式、与宗教相关的节日、弘法所举行的戏剧曲艺演唱等，都在潜移默化中影响着全社会的文化内涵。他们的传承自有其神秘体系，他们的文化传播方式却始终力求平易，表现出广泛的创新性。

（三）大众践行

人口数量占据大多数的民众，既是传统文化传承与传播过程中的被教化者，同时又是传统文化中遵循与践行的主体，他们是社会习俗的执行者与维护者。传统文化对他们的传导和影响，在传统社会也都有比较固定的渠道，并且实现了全民覆盖。

1. 代际传承：家风、祖训、族谱

家庭是最基础的社会细胞。家庭传承是中华优秀传统文化最基本的传承方式。父传子，子传孙，通过言传身教，将家族所秉承的人生目标、生活理念、价值观念等一代代地传递下去。中国自古以来都是一个世俗社会，没有西方的宗教统治时代，神灵在中国人心中并不占有绝对的统治地位。同时，中国也不是完全的英雄崇拜的社会，英雄史诗在华夏民族从没有占据太重要的地位。但是，华夏民族重视祖先崇拜，崇尚宗族荣光。这使家风、家训在一些文化深厚的古老家族得以盛行。人生成功的目的，在于光宗耀祖；家庭成就的标准，也在父以子贵。这就使整个民族非常注重教育，每个家庭为了子孙能够成才不惜作出奉献和牺牲。

2. 业内传承：师承、格言、箴言、行规等

行是行业，规是规矩，行规就是说行业里的规矩。行规大多是在长期的历史实践中根据职业特色、职业要求、职业道德等总结凝练出来，需要从事该行业的人共同遵循的道德和行为规范。例如，医生这种职业的基本规范就是要治病救人，教师这种职业的基本规范是为人师表，演员遵循"戏比天大"的基本准则。

行规往往以格言的形式出现，例如创建于清康熙八年（1669）有着300多年历史的同仁堂，自1723年开始供奉御药。之所以能够成为数百年始终屹立不倒的金字招牌，就是因为历代同仁堂人树立了"修合无人见，存心有天知"的自律意识，始终恪守"炮制虽繁必不敢省人工，品味虽贵必不敢减物力"的古训，在制药过程中坚持选料精、制作精的原则，秉承态度严谨、注重疗效的负责精神，其产品以"配

方独特、选料上乘、工艺精湛、疗效显著"而享誉海内外，既造福民众，又使企业蓬勃发展，长盛不衰。

3. 社会传承：乡规、民约、民俗等

所谓的乡规民约，是中国基层社会组织中社会成员共同制定的一种社会行为规范。中国历史上最早记载中国礼仪规范的《周礼》，其中就有敬老、睦邻等类似乡规民约的内容。现在已知最早的乡规民约是宋代陕西蓝田吕大钧制定的《吕氏乡约》。内容是"德业相劝，过失相规，礼俗相交，患难相恤"。明、清两朝在地方上正式推行"乡规""社约"。一般来说，乡规民约反映着生活在一个地域的民众为共同利益所制定的大家所要共同遵循的行为准则，反映了社会公德、美德。其内容，既符合中华优秀传统文化核心价值观，又能突出地方特色。一般都包含扬真抑假、扬善抑恶、扬美抑丑，移风易俗，崇尚勤俭等内容。如贵州省贵定县石板乡腊利寨现存 1919 年的寨规碑中就有"贫穷患难亲友相救""勿以恶凌善，勿以富吞穷""行者让路，耕者让畔"等内容。这些约定符合乡土社会的生活实际，也符合长期儒家礼教思想熏陶下的广大农民希望生活安定、社会有序的普遍心理，适用性和实用性都很强。乡规民约的制定过程，大多都遵循自愿加入、民主选举、赏罚公开、议事民主的原则。一般是由民众共同商议，由地方上有威望、有能力、有知识的乡绅或者教师来执笔完成。这种由民众自发制定，由民众共同遵守，由民众相互监督的形式，对稳定一方社会秩序，倡导良好的社会风气等，都有极为积极的作用。街规民约是乡规民约在城市的变种。

中国传统社会是熟人社会。相对稳固的社会关系，具有注重彼此承诺、遵守共同约定的社会基础。这就为乡规民约的产生设立以及遵守执行奠定了坚实基础。

历史上，乡规民约对乡村社会的和谐发展起到过极为重要的积极作用，有助于乡村治理、乡村文明。

4. 宗教传承：义理宣讲、宗教艺术、宗教节日

中国儒释道相互影响，通过宗教的形式对传统文化进行归于宗教

的解释，同样是对中华优秀传统文化的传承与传播。

5. 文学传播

主要是歌曲、戏剧、说唱艺术、民谣等。

在中国传统社会媒介传播不尽发达的条件制约之下，民众的文化需求很大程度上依托小说、戏曲、曲艺等文学艺术来满足。尤其是戏曲、说唱艺术在广大城乡有着极为深厚广泛的群众基础。"说岳"中的精忠报国，"包公戏"中的除暴安良，家庭剧中的敬老孝亲，都给了中国人源源不断的传统文化精神滋养。

二 以元代为例，看中华优秀传统文化传承 与传播的内容以及渠道、方式创新

以中国历史上的元代为例。元朝是中国北部的少数民族蒙古族建立的政权，一般人对这个王朝的印象是元朝军事力量极为强大，疆域最为辽阔，在世界上的影响力极大。至于它的文化发展情况，许多人并不真正了解，甚至有人根据"九儒十丐"的历史传说，认为元朝统治者非常轻视知识分子，由此推断元朝必定是文化荒芜的时代。实际上，元代不仅是多元文化兴盛发展的时代，同样也是中华传统文化得到全面继承、广泛传播的时代，更是中华传统文化传播地域最为广泛的时代。早在辽代，西域就已经深受中华文化影响，在蒙元统治还没有建立之前，这里就深受中华文明浸染，并引以为傲，炫耀于中亚大陆。元朝开国元勋、元朝文学的奠基人耶律楚材的《怀古百韵》中就说"后辽兴大石，西域通龟兹。万里威声震，百年名教垂"，并自作注释说："大石林亚克西域数十国，幅员数万里，传教主，凡百余年，颇尚文教，西域至今思之。"（《湛然居士集》卷十二）在辽代，这里不仅使用汉文年号，而且还曾经使用汉文。这里的人民对于中华文化是熟悉而热爱的。元朝建立之后，大批的西域人，包括军人、商人或者是被掳掠者，陆续来到中原，他们被统称为"色目人"，元代色目人的华化——学习、接受、仿效、

实行中华文化者，谓之也，包括：学习并接受中华文化，尤其是儒学思想以及佛道两教；在文学上包括诗词文曲等创作方面；在艺术上包括书法、绘画和中国建筑等方面；在礼俗上包括姓氏名字、丧葬、祭祀、生活等方面都遵从中华习俗。历史学家陈垣特作《元西域人华化考》，对元代深受中华文化重大影响实现了文化皈依的西域人进行了深入的甄别、考察。认为所谓中华文化，并不以地域、人种、民族、宗教来区分，而是以文化来区分。《文苑英华》卷三六四有《华心》，是陈黯所作，他认为："事实上，元代深受中华文化影响的岂止是西域人，蒙古、契丹、女真暂且不论，日本、高丽、琉球、安南等历史更为悠久。"

（一）中华优秀传统文化在元代依然得到充分发展和传播

元代是中国历史上自汉代以来唯一一个没有明确、严格以儒家思想为统一精神基础的王朝。但是，这并不意味着儒学在元代的中断，反而是以更为具有创新意义的形式得到了传承与传播。这是一个与一般人的普遍印象有较大出入的历史事实。

蒙古统治者进驻中原之初，逐渐起用儒学人才。耶律楚材、杨惟中、姚枢、郝经、陈时可、赵昉等一批著名儒学家，逐渐都被委以从中央到地方的各级要职。忽必烈是元初蒙古贵族中受儒学影响较大的一位。在其麾下，一大批儒士得到了重用。刘秉忠、姚枢、窦默、许衡、张文谦、王鹗、赵璧等皆是。但是这些人的儒学思想，更偏重于治世之用。在征服南宋的过程中，又俘获了著名的儒学大师赵复，也将其送至后来的大都，令其教授传播儒家学说。这是南北割裂后，程朱理学在南方相对独立环境发展百年后，思想学说的首次北渡，也形成了与北方独立发展起来的包括李纯甫、耶律楚材、王若虚等所信奉儒学的首次正面交汇。大元灭亡南宋统一南北之后，江南的儒学思想随着儒学家的北上也传到了大都，其中最有影响的是南宋名儒吴澄。如此一来，在大都形成了儒学门派林立，相互争鸣、影响、借鉴、交汇甚至出新的局面，避免了一统的僵死。因而，有元一代，文人思想无拘无束，反而促进了儒学充分、健康、全面的发展。

（二）元代北京，是中华传统文化繁茂深厚之沃土

据《元史》卷一八零《耶律希亮传》，元宪宗六年（1256），元宪宗蒙哥派遣耶律铸到燕京经办钱粮，耶律铸就请求道："臣先世皆读儒书。儒生俱在中土。愿携诸子至燕受业。"宪宗批准了他的请求，于是，耶律铸带着自己九岁的儿子耶律希亮到燕京拜当时最著名的北方大儒赵衍为师。名师出高徒，在大师的精心培育之下，耶律希亮学业精进神速，"未浃旬，已能赋诗"。同年，耶律铸将家中珍藏的北宋名臣司马光旧藏李贺诗集校勘为《李贺歌诗编》，在燕京重新刊刻。赵衍作《重刊李长吉诗集序》（见《四部丛刊》本《李贺歌诗编》卷首）对诗集的刊刻经过、目的和希望进行了说明。"双溪（耶律铸）中书君诗鸣于世，得贺最深，尝与龙山（杨镰《元代文学编年史》第72页认为指的是吕鲲）论诗及贺，出所藏旧本，乃司马温公物也，然亦不无少异。龙山因之校定，且曰：喜贺者尚少，况其作者耶？意欲刊行，以广其传，冀有知之者。会病不起，余与伯成绪其志而为之。此书行，学贺者多矣，未必不发自吾龙山也。丙辰秋日碣石赵衍题。"至元五年（1268），耶律铸请宋子贞为耶律楚材撰写神道碑，所依据的乃是赵衍为耶律楚材所写行状。宋子贞《中书令耶律公神道碑》见于《元文类》卷五十七。

这些史料记载起码说明了这样几个基本事实。首先，"儒生俱在中土"，燕京（今北京）的思想、学术、文化资源丰富，历史积淀深厚，久负盛名；其次，文化人才或者文化教育人才，例如赵衍这样的大儒，作为文化一方面的领军者，有着强大的号召力、影响力和吸引力；再次，燕京图书刊刻比较发达，发行能力也非常强，所以在这里重刊才能"以广其传"，产生广泛影响；又次，这里文化人才聚集，文化氛围浓郁，刊行诗集能够"有知之者"，易于寻觅到文化知音；最后，文化的传承是个代代相继的伟大事业：耶律楚材先祖耶律倍是

辽太祖阿保机的长子，深受华夏文化影响，对尊孔崇儒起到了巨大的推动作用，是个堪称文化里程碑式的人物。《辽史》记载说："义宗，名倍，小字图欲，太祖长子，母淳钦皇后萧氏。幼聪敏好学，外宽内挚。神册元年春，立为皇太子。时太祖问侍臣曰：'受命之君，当事天敬神。有大功德者，朕欲祀之，何先？'皆以佛对。太祖曰：'佛非中国教。'倍曰：'孔子大圣，万世所尊，宜先。'太祖大悦，即建孔子庙，诏皇太子春秋释奠。"《辽史》还记载说他"初市书至万卷，藏于医巫闾绝顶之望海堂。通阴阳，知音律，精医药、砭焫之术。工辽、汉文章，尝译《阴符经》。善画本国人物，如《射骑》《猎雪骑》《千鹿图》，皆入宋秘府"。耶律倍精通契丹语、汉语，是辽代文学的创立人之一。元代开国元勋，元代文化奠基人，中华传统文化守护者和传承者，元初最伟大的政治家、文学家耶律楚材是耶律倍的第八世孙。其父耶律履，世代为金朝贵族，为官清正有为，官至尚书左丞。史称他精通六经百家之书，精历算和书法绘画，善属文，通晓契丹文的大字和小字。耶律楚材秉持父志，楚才晋用，从成吉思汗开始，持守济世泽民的宏愿，为文化的保护发展作出了巨大贡献。他的儿子耶律铸出生在西域的河中府，但是耶律楚材对他的汉文化教育从未懈怠，这从《湛然居士文集》中他专门写给子侄的大量诗函中可窥一斑。他的儿子耶律铸不仅汉文化功底深厚，而且同样能够秉承父志，对传承文化表现出了强烈的责任感和担当。而中华文化正是依靠这些文化精英薪火相继、代代传承的。事实上，他们每一代人的努力，都取得了卓著成效。即使是重刊李贺诗集这样一个看似并不太重要的文学行为，也产生了很大、很深远的影响。论诗者历来认为重视李贺和李商隐，是元代诗人的重要特点之一。耶律铸重新刊行李贺《歌诗编》当是诗坛此风之引领者。因为从以上记载中可以看出此前燕京乃至整个北方地区"喜贺者尚少"，他刊行此诗集的目的正是希冀从此"学贺者多"，看来他的目的是达到了，甚至远超预期。远在唐朝的李贺，跨越时空，竟然影响了元代的一代诗风。

（三）多元文化融汇，激发中华传统文化焕发出新的生机与活力

对于中华优秀传统文化的热爱和继承，并不局限于汉族或者是像耶律楚材家族这样长期受到儒学影响的群体。一些接触儒学文化时间并不太长的少数民族，同样被其博大精深所折服。即使是在元代这样一个多元文化并存，深受儒学影响的汉人、南人在丑恶的民族政策之下，深受蒙古人、色目人压迫的时代，儒学依然难掩其思想的光辉，甚至将当时政治地位、社会地位远高于中华大地原住民的蒙古人和色目人部分同化过来。著名的历史学家陈垣《元西域人华化考》一书中就搜集、整理、发掘了大量元代这样的典型事例。而当年陈垣写作此书正当民族危亡之时，很多人对古老的中华文化产生了极大的怀疑，民族自信惨遭损毁。在此境遇之下，他作《元西域人华化考》，以学术的高度、历史的深度和现实的出发点，证明了中华文化强大的生命力和在多民族多元文化中的独特魅力、吸引力和凝聚力。不忽木就是他提到过的一个。

不忽木，世为康里部大人。因为特殊的历史原因，长于皇宫之内，深受元世祖忽必烈的赞赏。他自幼受到良好的汉文化教育，后入国子监就读。《元史》卷一三〇《不忽木》本传中记载了在国子监学习的不忽木和同为色目学生的坚童、太达、鲁秃呈给皇帝忽必烈的一篇文章。陈垣《元西域人华化考》将之命名为《兴学疏》。疏云：

> 臣等闻之，《学记》曰："君子如欲化民成俗，其必由学乎！""玉不琢不成器，人不学不知道。"故古之王者，建国君民，教学为先。盖自尧、舜、禹、汤、文、武之世，莫不有学，故其治隆于上，俗美于下，而为后世所法。降至汉朝，亦建学校，诏诸生课试补官。魏道武帝起自北方，既定中原，增置生员三千，儒学以兴。此历代皆有学校之证也。
>
> 臣等今复取平南之君建置学校者，为陛下陈之。晋武帝尝平吴矣，始起国子学。隋文帝尝灭陈矣，俾国子寺不隶太常。唐高

祖尝灭梁矣，诏诸州县及乡并令置学。及至太宗数幸国学，增筑学舍至千二百间，国学、太学、四门学亦增生员，其书、算各置博士，乃至高丽、百济、新罗、高昌、吐蕃诸国酋长亦遣子弟入学，国学之内至八千余人。高宗因之，遂令国子监领六学：一曰国子学，二曰太学，三曰四门学，四曰律学，五曰书学，六曰算学，各置生徒有差，皆承高祖之意也。然晋之平吴得户五十二万而已，隋之灭陈得郡县五百而已，唐之灭梁得户六十余万而已，而其崇重学校已如此。况我堂堂大国，奄有江岭之地，计亡宋之户不下千万，此陛下神功，自古未有，而非晋、隋、唐之所敢比也。然学校之政，尚未全举，臣窃惜之。

臣等向被圣恩，俾习儒学。钦惟圣意，岂不以诸色人仕宦者常多，蒙古人仕宦者尚少，而欲臣等晓识世务，以任陛下之使令乎？然以学制未定，朋从数少。譬犹责嘉禾于数苗，求良骥于数马，臣等恐其不易得也。为今之计，如欲人材众多，通习汉法，必如古昔遍立学校然后可。若日未暇，宜且于大都弘阐国学。择蒙古人年十五以下、十岁以上质美者百人，百官子弟与凡民俊秀者百人，俾廪给各有定制。选德业充备足为师表者，充司业、博士，助教而教育之。使其教必本于人伦，明乎物理，为之讲解经传，授以修身、齐家、治国、平天下之道。其下复立数科，如小学、律、书、算之类。每科设置教授，各令以本业训导。小学科则令读诵经书，教以应对进退事长之节；律科则专令通晓吏事，书科则专令晓习字画；算科则专令熟闲算术。或一艺通然后改授，或一日之间更次为之。俾国子学官总领其事，常加点勘，务要俱通，仍以义理为主。有余力者听令学作文字。日月岁时，随其利钝，各责所就功课，程其勤惰而赏罚之。勤者则升之上舍，惰者则降之下舍，待其改过则复升之。假日则听令学射，自非假日，无故不令出学。数年以后，上舍生学业有成就者，乃听学官保举，蒙古人若何品级，诸色人若何仕进。其未成就者，且令依旧学习，俟其可以从政，然后岁听学官举其贤者、能者，使之依例入仕。

其终不可教者，三年听令出学。凡学政因革、生员增减，若得不时奏闻，则学无弊政，而天下之材亦皆观感而兴起矣。然后续立郡县之学，求以化民成俗，无不可者。

元大都是元朝全国政治、经济、文化中心，也是全国教育中心。不忽木这篇千字文，曾对蒙元最高统治者接受汉文化以及元大都高等教育，尤其是少数民族全面接受中华传统文化教育起到过至关重要的作用。此文不但从立国根本大计论述了学习儒家学说的重要性，还设计草拟了具体的制度以及推行这项制度的具体步骤和管理办法、保障措施，受到了元世祖的高度肯定。此后，国子监的许多制度都体现了这样的精神。由此文可见，不忽木深得中国传统文化之精髓，所以反复强调儒家经典对治理国家的至关重要性。此文是西域人用汉语写作的最早文本之一，是研究西域华化的重要文献。同时也充分说明了学校教育是中华传统文化传承与传播的重要阵地，发挥着不可替代的重要作用。

除了位于京城的最高学府——太学建立起完备的管理制度外，元朝廷对全国各地的学校教育管理也相当严格，创立了较为完备的制度。元代甚至针对广大没有进入学校接受正规教育的普通百姓，开办了类似识字班之类的夜校，进行知识的普及。

中国古代书院的讲学、质疑、辩难学风，独立、自由、平等的学术理念，使之易于产生创新思潮。宋代程朱理学、明代心学、清代朴学，都产生并形成于书院。书院的私学传统，成为官方教育以及学术的有益补充。书院肇端于唐中期，唐开元六年（718），最早出现了"书院"的名称。南宋时期，随着经济的发展和印刷术的进步，各地书院兴起。南宋百余年间，全国共兴建书院四百多所，超过过去历代总和。元代在发展官学的同时，并没有遏制私学的发展。为了吸引汉族知识阶层，元统治者甚至给予书院以经济资助，以此换取对书院山长和教师任免的权力。甚至书院毕业的学生经过考试可以担任官职。《元史·选举志》记载："自京学及州县学以及书院，凡生徒之肄业于是者，守令举荐之，台宪考核之，或用为教官，或取为吏属。"这样的"正名"之举，极大地提高了书院的声望和地位，甚至一些蒙古人、色目人也进入书院读书。

（四）杂剧昌盛，意味着传播形式的创新是文化传承的必由之路

20 世纪初，王国维在他的《宋元戏曲考》自序中说："凡一代有一代之文学：楚之骚，汉之赋，六朝之骈语，唐之诗，宋之词，元之曲，皆所谓一代之文学，而后世莫能继焉者也。"其实类似之论早在元代就已经有了。元代笔记《至正直记》卷三《虞邵庵论》一条记载，元代诗人和文论家虞集就说："一代之兴，必有一代之绝艺足称于后世者：汉之文章，唐之律诗，宋之道学；国朝之乐府，亦开于气数音律之盛。"元代另一文人罗宗信在《中原音韵序》中则说："世之共称唐诗、宋词、大元乐府。""世之共称"云云，说明他这话并非一己之见，而是传达了当时的社会共识。一代又一代之文学的论点，非常贴切地表明了随着时代的发展，在文化传承的过程中，传播形式始终在发生着与时俱进的发展变化。

任何文化昌盛的时代，必有对优秀传统文化传播内容的全新阐释、生发以及对传播形式的全新开辟。元代是以元杂剧为代表的元曲发展的巅峰时代。但是这个巅峰并非天外飞来或空白处突兀而出。它与楚辞、汉赋、唐诗、宋词一样，都在内容上传承了中华文化的优秀传统。这种集念唱做打以及故事、舞蹈、美术、服装于一体的全新的文艺形式，其故事内容同样源自中华优秀文化历史宝库。本事来源既有《汉书》、《史记》、新旧《唐书》等史传名著，也有广受欢迎的诸如唐传奇等；既有《淮南子》《搜神记》中的古代神话志怪，也有《三国志》等历史小说或《南村辍耕录》等名家笔记。而其思想根基，则可明显看出继承了儒、释、道等多元历史传统文化之精髓。当时大都（今北京）是全国北杂剧中心，聚集着最优秀的编剧、表演艺术家、演出经营者以及懂得欣赏艺术的广大市民观众，创作、演出、市场均呈现云蒸霞蔚、灿烂壮阔的局面，给这个当时的国际性大都市带来了

空前声誉，将一个军事重镇、贸易之城第一次提升打造为全国文化之都，实现了城市特质的历史性转变和跨越。元朝之后经过明、清，全国文化中心地位能够一直保持至今，与这个城市深厚的文化底蕴以及具备传播形式不断创新的能力密不可分。从某种意义上讲，如果北京不是全国文化中心，那么它历朝历代能够成为国家首都的可能性也必将大打折扣。辛亥革命期间，关于新成立的中华民国是定都南京还是定都北京，曾经发生过一场非常激烈的争论。最后的结局是确定北京为中华民国首都，其中最重要的因素，还是有文化方面的考虑。（季剑青《民国元年的建都之争》）一个城市如此，一个国家也是如此。横向的地域比较如此，纵向的历史观览也是如此，仍以文学为例，唐宋诗词，元代杂剧，明清戏曲小说，都是时代文学的代表，它们既是文化繁荣的表现，同时也是传播形式创新的硕果。无论是唐诗还是宋词，都是应新的音乐体系流行而蓬勃兴起的全新的文学形式，而戏剧小说曲艺，除了新音乐、舞动、美学等流行因素之外，则是迎合了城市兴起，市民阶层壮大，人们生产生活方式变化后，受众新的审美文化需求。中国古代历史发展如此，新的时代条件下，文化的发展依然遵循了这样的规律。在新技术、新媒体、新的生活方式和阅读习惯不断变化的今天，创新中华优秀传统文化的传播形式显得尤为重要和迫切。因为任何古代文化的传承与发扬，无论其具备怎样优秀精良的品质和内容，没有与时代相适应的形式都很难获得最佳传播效果。

（五）大都世界城市的地位，促进中华传统文化对外宣传与交流

中原农耕民族和北方游牧民族共存交融构成了元代之前北京地域文化最基本的特征。元代开始，作为帝都的北京文化更加多元，不仅吸纳统一国家南北各个区域民族的文化精华，而且在内外文化交流上，也发挥出更加广泛的作用。中华文明和大都所特有的文化，也通过交流得到了最广泛传播。据记载，忽必烈就曾命令中书省平章政事赵璧用蒙文翻译了《论语》《大学》《中庸》《孟子》等儒家典籍，命令色目大臣安藏翻译了《尚书》《贞观政要》《资治通鉴》《申鉴》等重要

的史籍经典，为蒙古统治者学习和了解汉文化提供帮助。到元朝中后期，天历二年（1329），又设置了艺文监"专以国语（指蒙古语）敷译儒书"。当时的高丽和安南等国也多次遣使大都，使儒学为代表的中华文明得到了广泛传播。

元代非常注重文化传播的手段创新。少数民族文学家贯云石就曾经将《孝经直解》进呈给当时的太子爱育黎拔力八达（元仁宗），这本书以图文并茂的形式，用元代当时的口头语言解释儒家经典，便于非汉语的少数民族人士研习，对于普及文化经典具有示范作用，实际效果甚佳。

三　历史上，中华优秀传统文化传承与传播的成功范例及其规律

（一）传统文化传承与传播渠道构架的立体化和全覆盖原则

习近平主席指出："中国优秀传统文化的丰富哲学思想、人文精神、教化思想、道德理念等，可以为人们认识和改造世界提供有益启迪，可以为治国理政提供有益启示，也可以为道德建设提供有益启发。"

认真总结中国历史上中华优秀传统文化传承与传播的制度化准则、渠道建设机构、传播方式等，对我们今日弘扬中华优秀传统文化，进行社会主义文化建设具有借鉴、启迪的价值和意义。

1. 国家、教育、民众三者之间的关系

文化教化的对象是"民"。上由国家制定文化方向与政策，中则由知识阶层负责通过学校教育等培育时代所需要的文化传承者和传播者，下则通过礼俗、道德公约、文学艺术创作等，实现教化的落实与践行。《汉书·董仲舒传》中以"立太学以教于国，设庠序以化于邑，渐民以仁，摩民以谊，节民以礼，故其刑罚甚轻而禁不犯者，教化行而习俗美也"，描述了这样一个文化立体覆盖的架构形式。

国家、教育、民间三者之间，确立了传承与传播渠道的立体化构建原则。

国家意志，主导着文化发展的方向。对知识阶层为主的精英文化和大众的民间文化传承起到了引领和决定的作用。

国家意志和导向，往往通过知识阶层来贯彻、实施，但是知识精英们又绝对不是国家政治随声附和的应声虫。在中国古代，他们还有独立的文化传承的特殊使命。他们的历史责任和历史担当，在特殊的历史时期往往表现得更为显著。例如，焚书坑儒，儒家学说在秦国受到最高统治阶层的禁止。但是在少数知识精英中却保留了儒学的火种，并使之在后世发扬光大起来。知识阶层们所必须肩负的这一历史使命，似乎早在焚书坑儒发生前的数百年，孔子就已经先知先觉地进行了嘱托，《论语·泰伯》载孔子曰"士不可以不弘毅，任重而道远"。弘毅，就是要传承与传播文化。为了捍卫、阐释、弘扬文化，知识阶层甚至会付出生命的代价。"志士仁人，无求生以害仁，有杀身以成仁。"（《论语·卫灵公》）史书上经常可以看到那些秉笔直书的史官，那些仗义执言的谏官，那些深山著述的隐者，那些以诗文为心声的文学家，代有其人，他们是中华传统文化的守护者、阐释者、传承者和传播者。

当然，在更多的较为"正常"的历史时期，国家制度化的传承，往往有赖于知识分子们制定和规范。同时他们又是国家制度化传承和民间传承不可或缺的重要组成部分。李宗桂先生在谈到知识分子所传承的传统文化怎样作用于国家制度层面和社会生活层面时指出："把政治教化的施行，家庭制度的教育和完善，与读书致仕的制度结合起来，构成了不同于先秦更不同于亡秦的文官制度。教育制度与官吏选举制度相结合，形成了中国文化政治制度的一大特色。"①

而在民间传承中他们又承担着更重要的责任。他们将抽象的思想理念和价值观念，通过各种形象的、可视可感的转换，使之成为可遵循、可参照、可学习、可作为的道德规范，成为民众日常生活的准则。

---

① 李宗桂：《论中国汉代文官制度的形成》，《思想战线》1989 年第 2 期。

2. 中华优秀传统文化传承与传播的传导模式

基本模式固定：将以儒学为代表的思想定为国家基本统治思想。

基本手段成熟：通过科举考试，人才选拔，使四书五经广为传播，成为主流思想。

基本渠道畅通：通过各级官学、私塾、书院、翰林院等教育以及研究机构，推广传播中国传统文化。

基本手段立体：家族中通过家风、祖训、族谱等形式所实现的代际传播；通过师承、格言、箴言、行规等实现的业内传承；通过乡规民约等实现的地域共同遵守；通过民俗形式所形成的仪式化的文化遗产；遍布城乡的戏剧、曲艺，文化阶层中的成语，村野的大量谚语，将各阶层置于文化清晰指向的重重包围之中。

（二）通俗化传播是时代的需求

中国传统文化，不仅是一个立体的、完整的、相对稳定的体系，且具有开放性、包容性和自我延伸、更新的生命活力。随着历史发展进程和社会生活变革，每有新的思想产生或外来文化传入，不但不会摧毁原有的文化体系，反而会激发其产生新的活力，通过触动、融合、解构、借鉴、嫁接等方式，增加更多新的增长点，使中华传统文化的内涵更加丰富深厚，表现形式更加多样，传播方式更加新颖，从内容到形式发生融合创新的变化。在传播过程中，语言的大众化、通俗化，内容的具体化、形象化，形式的轻松化、娱乐化，是不二法门。一般都能取得较好的传播效果。

无论文学的传播还是艺术的传播，都具有这样的特点。而堪称经典的，是宗教的传播形式。

1. 佛教传播方式的启示

佛教影响既体现在思想内容上，也体现在艺术形式和表现方法等方面。佛教自传入中国并为广大知识分子所接受后，开始发挥其巨大的影响力。由于它填补了中国传统文化中有关生死终极关怀等方面的欠缺，因而具有广泛的心理需求。"我法两空"的般若空观、心性本净的人性论、充满辩证内涵的认识论等，也都给中国人耳目一新之感，极具吸引力。恰如王国维在《论近年的学术界》中所言："佛教之东，适值吾国思想凋敝之后。当此之时，学者见之，如饥者之得食，渴者得其饮。"佛教为中国文化开辟了思想认识的新领域和新境界，使文人思想更加多元。但它不仅没有对原有文化起到削弱、摧毁、灭失的作用，反而成为对中国本土原有文化的有益补充。从此，中国基本上是儒释道并行不悖，并得到了历代王朝的肯定或者默许。以儒治世、以道治身、以佛治心，几乎成为文人士大夫通行的信条。之前，文人皆以儒学为本，之后，正如柳宗元《送文畅上人登五台遂游河朔序》中所言："真乘法印，与儒典并用。"耶律楚材被人视为"外儒内佛"的典范。他的境遇，他的修为，他的历史功绩，非常恰当地体现了多元文化融合所形成的传统文化构架，对于人的内外平衡与和谐起到了至关重要的作用。佛教对于中国文化的影响是全面而深刻的，在文学上的作用也非同一般。在先秦文化概念中，文学集文章、学术于一体。之后，诗文基本上也都是书写修身、齐家、治国、平天下之志和忠孝仁爱之情，它们都体现了写实的精神。佛教的传入，开启了文学创作想象与虚构之门，使中国文学的面貌发生了极大变化。而想象与虚构，恰是小说与戏曲创作的命门。小说戏曲的通俗化、民俗化，也反映了佛教对文学形式表达的影响。

2. 近现代文化传播的成功范例

曾国藩于咸丰八年（1858）在江西创建湘军时，看到官兵奸淫掳掠，深受百姓痛恨，认识到"不扰民"是治军根本。为了更好地管理军队，教育官兵，他亲自编写了《爱民歌》，约束官兵行为，加强纪律性，以赢得民心。

　　无钱莫扯道边菜，无钱莫吃便宜茶；更有一句紧要书，切莫掳人当长夫；一人被掳挑担去，一家啼哭不安居；娘哭子来眼也肿，妻哭夫来泪也枯；从中地保又讹钱，分派各团并各都；有夫派夫无派钱，牵了骡马又牵猪；鸡飞狗走都吓倒，塘里吓死几条鱼；第三号令要严明，兵勇不许乱出营；走出营来就学坏，总是百姓来受害；或走大家讹钱文，或走小家调妇人；邀些地痞做伙计，买些烧酒同喝醉；逢着百姓就要打，遇着店家就发气；可怜百姓打出血，吃了大亏不敢说；生怕老将不自在，还要出钱去赔罪；要得百姓稍安静，先要兵勇听号令；陆军不许乱出营，水军不许岸上行；在家皆是做良民，出来当兵也是人；官兵贼匪本不同，官兵是人贼是禽；官兵不抢贼匪抢，官兵不淫贼匪淫；若是官兵也淫抢，便同贼匪一条心；官兵与贼不分明，到处传出丑声名；百姓听得就心酸，上司听得皱眉尖；上司不肯发粮饷，百姓不肯卖米盐；爱民之军处处喜，扰民之军处处嫌；我的军士跟我早，多年在外名声好；如今百姓更穷困，愿我军士听教训；军士与民如一家，千计不可欺负他；日日熟唱爱民歌，天和地和又人和。

湘军在与洪秀全对峙过程中，曾国藩还写过《保守平安歌三首》《水师得胜歌》《陆军得胜歌》《解散歌》等，也都是试图用这种易于传唱的通俗易懂的形式，训谕自己的军队，能够切实践行不扰民的纪律主张。

3. 中国共产党领导的军队对已有传播方式的成功借鉴

中国共产党组建军队后，基于基础成分以农民为主，文化层次低、识字少的现实，便借鉴了曾国藩的《爱民歌》的作用和传播优势。所以也用言简意赅的条例来强调纪律。1927 年 9 月，毛泽东领导湘赣边秋收起义，要求部队官兵对待百姓说话要和气，买卖要公平，不拉夫，不打人，不骂人。同年 10 月，在江西省遂川县荆竹山动员部队向井冈山进发时，规定了三项纪律：行动听指挥，不拿群众一个红薯，打土豪要归公。1928 年 1 月，部队进驻遂川县城，分散到县城周围农村发动群众时，提出了六项注意：上门板，捆铺草，说话和气，买卖公平，借东西要还，损坏东西要赔。同年 3 月 30 日，部队到达湖南省桂东县沙田村，毛泽东向全体官兵正式宣布三大纪律六项注意。三大纪律是：行动听指挥，不拿工人农民一点儿东西，打土豪要归公。六项注意是：

上门板，捆铺草，说话和气，买卖公平，借东西要还，损坏东西要赔。1929 年以后，根据形势的发展和部队的实践经验，又将"行动听指挥"改为"一切行动听指挥"，将"不拿工人农民一点东西"改为"不拿群众一针一线"，将"打土豪要归公"改为"筹款要归公"，后又改为"一切缴获要归公"。六项注意也逐步修改补充成为八项注意：说话和气，买卖公平，借东西要还，损坏东西要赔，不打人骂人，不损坏庄稼，不调戏妇女，不虐待俘虏。

1947 年 10 月 10 日，毛泽东起草《中国人民解放军总部关于重新颁布三大纪律八项注意的训令》，从此，内容统一的"三大纪律八项注意"就以命令的形式固定下来，成为全军的统一纪律。

《三大纪律》

一切行动听指挥；

不拿群众一针一线；

一切缴获要归公。

《八项注意》

说话和气；

买卖公平；

借东西要还；

损坏东西要赔；

不打人骂人；

不损坏庄稼；

不调戏妇女；

不虐待俘虏。

《三大纪律八项注意》朗朗上口的押韵形式，很方便识字不多的官兵理解、牢记和执行，它后来又被谱成歌曲，更便于记忆和传播。

三大纪律八项注意的特点：第一，深刻的道理浅显说。语言言简意赅，却包含了丰富而深刻的思想内容，体现了人民军队的性质、为人民服务的宗旨和军民一致的原则。一切行动听指挥体现了党对军队绝对领导的原则和下级服从上级的指挥关系，全军高度集中统一的组织建构，而一切缴获要归公，则体现了军队在思想道德方面的原则。不虐待俘虏的规定，又彰显出人道主义精神和瓦解敌军的原则。三大纪律八项注意在表达上不作意义方面的解释，只强调要求和标准，应该怎么做，不能怎么做，一目了然。第二，严谨的问题通俗说，重要的事情明白说。明明是异常严谨、严格的军法军令，但在用词用语上通俗易懂，浅显明了，直白如话，没有任何雅词难字生僻语，通篇是妇孺皆知的大白话，便于理解和执行。第三，重大的问题具体说。例如军队与民众关系的处理，是自古以来最为敏感而重大的问题，涉及军队性质和生存基础，这里则具体到了"不拿一针一线"，既形象又生动，避免了大道理的空洞表达和理解不同产生歧义的可能。第四，丰富的内容简单说。将思想厚重、内涵丰富的诸项规定和要求，用高度概括的手法总结归纳为纪律 3 条，注意 8 项，全长总共不足百字，可谓凝练至极，便于记忆。第五，谱曲而歌，妇幼传唱，不仅使之在军队里发挥作用，更扩大了在百姓中的影响，使民众更加深入了解这支军队，获得民众的支持和拥护。

（三）书院的定位及其作用

一谈到中华优秀传统文化，便有人举起书院的牌匾。各种以"书院"命名的经典朗读、书法练习班遍地开花。仿佛只要命名"书院"，传统文化就可菩提灌顶了。但对于古代书院到底是怎样的教育机构，不要说交钱参加的人，就是举办者往往也是不甚了了。事实上，古代的书院，首先是教育之地，是要培养符合传统道德的君子的地方。教与学的目的是培育良好的修养，实现人格的完善。其次是能够代表时代精神、引领学术风潮的地方。这是由书院独立的学术精神所决定的。最后是书院能够起到文化传承、传播、教化的作用。许多的书院，都有藏书和刻书的功能。一些历史悠久的知名书院，藏书丰富，来源很广泛，有的是朝廷的赏赐，有的是民间的赠予，还有的是自己的刊刻。作为官学的社会补充，书院承担了文化传承和传播的功能。书院的会讲、辩难、讨论往往都面向公众，起到了文化传播的作用。书院培养的学生，除了一少部分通过科考进入官僚系统之外，绝大部分回到了民间，成为中国古代乡村社会文化的传播者、引导者和执行者。传统社会中，在民间以自治为主的政治体制下，他们成为上下沟通的桥梁与媒介。他们往往以乡绅的角色，承担着乡村管理的责任和义务。村规、乡约等，往往出自他们之手；邻里纠纷的排解，往往由他们出面解决；扶危助困的慈善之举，也往往由他们牵头。

所以，书院的名号不是谁都可以随便打的。实至名归的书院，是我们这个时代所需要的。

小　结

1. 中国历史上的许多历史时期，都极为重视文化的传承与传播。许多王朝制定了有关传统文化传承方面的制度、政策、方略、方式、方法和措施。总结历史上传承传播的政策、制度以及渠道建设的经验等，对我们今天中华优秀传统文化的传承传播体系建设具有重要的借鉴意义。

2. 中华优秀传统文化在知识阶层的传承，是中华文化留存、传播的重要环节。要研究激励机制，引导知识阶层尤其是高等科研院所的专家学者对传统文化进行思想的、学术的研究，通过厘清、精选，对中华优秀传统文化中最精粹的部分进行符合新时代精神的阐释和通俗化转换，使其内容更加丰富、新颖，贴近时代、贴近民众，从而焕发出新的生机和活力。

3. 民众践行是中华优秀传统文化传承、传播的最终目的。历史上家庭中的代际传播、乡规民约的实行、行规师承等，都曾对中华优秀传统文化起到过不可替代的重要作用，应该进行这方面的总结，挖掘可以延续发扬的部分，进行总结，通过"唤醒"，引导社会生活践行优秀传统文化。要研究总结历史上文化落实民间的渠道、方式、形态。

用学习和借鉴的态度，将传承、传播与落实、践行相结合。

4. 历史上《增广贤文》《三字经》《千字文》《弟子规》等类型的蒙学读物都曾对中华优秀传统文化的传承与传播产生过重要的影响和积极作用。应该总结这方面的成功经验，以少年儿童喜闻乐见、寓教于乐的形式推动中华传统文化在青少年中的传承与传播。

附　时代文化的繁荣，必是对优秀
传统文化的发掘与创新
——以陶渊明的元代影响为例

陶渊明被誉为中国的隐逸之宗，影响了一代又一代的中国文人，对中国后世的影响并不亚于孔子、庄子、老子这些思想家、理论家，颇有一代宗师的意味。从某种意义上来说，他是中国文人心中的另外一个圣人。从这个角度而言，他的地位和作用就不仅仅是文学家，甚至是近来学者们所称誉的哲学家那样简单了。

陶渊明在他生活的那个年代社会影响并不大。当时文坛所推崇的是颜、谢二家。从唐代开始，陶渊明才得到人们的广泛重视，不仅获得了极高的评价，而且从思想和艺术上均受到人们的推崇学习。王维、孟浩然、李白、杜甫、白居易、韦应物、柳宗元等这些最杰出文学家的创作，都不同程度地受到他的影响。甚至田园诗作为一个门类正式形成，也是由于他的存在。陶渊明的影响在宋代达到了巅峰，陶集刊刻种类增多，评论增加，生平、思想、艺术都被进行过研究。在理性学风影响下，陶渊明的作品被解读出的不再是单纯的田园之美和耕作之难，其影响开始转变成为一种生活的态度，一种生命的哲学。一般人认为陶渊明在元代的影响不及唐宋。"陶诗真正受到较为普遍的重视是从唐代开始的……到了宋代，对陶渊明的研究出现了一个高潮。……元代研究陶渊明的很少，到了明代才又逐渐多了起来。"[1] 这

---

① 北京师范大学中文系、北京大学中文系文学史教研室编：《古典文学研究资料汇编·陶渊明资料汇编》（上册），中华书局1962年版，第1—2页。

段话可以算作对陶渊明后世影响研究中颇具代表性的一种看法。

从表面看陶渊明理论性研究在元代的确较少。但事实上，其影响在元代不是弱化了，而是增强了。在元代诗文曲剧的各种文集中，陶渊明的痕迹无处不在。叹世、隐居、及时行乐、否定功名这些打着陶渊明鲜明烙印的思想俨然就是元代文学中最热门的话题。散曲中这样的主题占据了半壁江山，诗歌、散文、杂剧中同样的思想也充斥其间。陶渊明在元代有重要的社会影响，首先，表现为不再是个别作家的创作主题，而是成为绝大多数作家创作时不可缺少的题材；其次，不再是表象化的议论、唱和、仿作，而是深化成为一种价值判断标准和人生理念；再次，不是停留在口头上，而是开始以一种新的形式落实在生活实践中；最后，陶渊明的影响贯穿整个元代，对人们生活的影响更加全面、深入而广泛，影响到了文化艺术的各个层面。因而，元代不仅是中国历史上对陶渊明的研究不可缺少的一环，是唐宋与明清之间继往开来的连接，更是一种别具一格的独特体现。

元朝士人消极避世的吟咏特盛的灰色基调从元初的耶律楚材和刘秉忠就已经开始，并贯穿整个元朝始终。虽说鄙视功名、归隐田园的创作主题自古有之，至东晋陶渊明更成为专门题材，但以往不过是文坛中创作的点缀，由少数作家偶尔为之。但到元朝俨然成为整个时代文学的创作基调，这是任何朝代所没有出现过的。

在元初许多人的创作中，陶渊明的隐逸思想占有非常大的比重。以元朝开国功臣、元代文学开创者耶律楚材为例，他对元朝政治、经济、文化影响至深，可就是这样一位大有作为也深受成吉思汗等帝王信任的伟大政治家，却把陶渊明奉为异代知音。《湛然居士文集》十四卷，存诗六百余首，其中有相当部分表达了耶律楚材对陶渊明个人情操、人生选择和生活态度的认可，追慕归隐、恬淡、简约、热爱自然的内容在其整个创作中占有相当的分量，厌恶官场丑恶、倍感孤独的悲观避世也随处可见。元初最重要的政治家、儒学家刘秉忠，深受忽必烈倚重，在元初政治、经济、军事、文化的舞台上发挥了重要的作用，在京城大都的选址、设计、建设中居功甚伟，在《桃花曲》中所表达的则是远离功名利禄、寻求心灵宁静的强烈愿望。在中国历史上，成吉思汗、忽必烈作为世界上最强大帝国的开国立国之君，绝对算得上开明、纳言、用贤的圣明之君，在他们麾下曾经大有作为备受宠信的政治家们尚且感受如此，到元中期和后期，随着社会政治黑暗的暴露，统治阶级内部矛盾的激化，官场的生态环境进一步极度恶化，陶渊明文化中消极避世、及时行乐的思想更是大行其道，广为流行，被异乎寻常地融会进几乎所有的文化艺术创作之中。

元代作家的身份与唐宋相比，可能更加复杂。唐宋，由于严格遵守科考用人制度，所以作家们身份、背景相对来说比较单一。元代的作家则不同，由于科举制度时断时续，官吏晋升的途径也不一样，士人的职业选择又很自由，所以作家的成分前所未有的复杂多样。既有因祖荫而获高官的贵族，也有凭科举而入仕的官吏；既有王恽这些政府任职的翰林学士，也有关汉卿那些依靠杂剧谋生的自由撰稿人；既有汉化了的少数民族，也有儒学家或者是宗教僧侣。但是几乎在所有人的创作中，都能找到陶渊明的影子，每个人的作品中，都诉说着对现实的不满和避世逃遁的愿望。

散曲创作与现实生活关系密切，在其中明白直率地大讲处事、为官之道，经纶万种，"世故"十足，足见趋利避害、远祸免灾的这类话在元代竟然是可以直截了当、理直气壮地脱口而出的，不必像唐宋作家，总有一份不忠君报国济世泽民，便感到有愧先贤的不安和羞涩，须借着陶渊明遮掩，曲折地表达。自由、任性、保全天年，这些都已经成为元代人的价值取向和人生选择标准和方向。

陶渊明研究者将陶诗的主题归纳总结为四种：第一，表现归隐主题；第二，表现饮酒主题；第三，表现固穷安贫主题；第四，表现生死主题。[①] 元代的诗词曲赋中，几乎继承了陶诗创新主题全部内容。在生死主题方面，尤其强调了避害远祸、及时行乐。感情也更

---

①　袁行霈：《论和陶诗及其文化意蕴》，《中国社会科学》2003 年第 6 期。

为复杂。

袁行霈先生总结田园诗作时，将唐宋以来的诗人和陶渊明相比，认为他们"虽写了田园风光和田园生活，但缺少躬耕体验的描写，也缺少对人生之道的深刻理解"①，而恰恰是在"体验"这一点上，元代表现出不同于唐、宋以及明、清的强烈的文化个性。深受陶渊明影响的元人，无论是曾为高官，在政治、经济、文化或科技生活中发挥过较大作用的政治家，还是与最高统治核心关系密切的皇族贵戚，抑或是沦落底层自食其力的文人，他们不仅通过自己的作品吟咏抒发着对陶渊明的仰慕，更通过实际行动彰显着对陶渊明避世退隐的认同与追随。张养浩、不忽木、贯云石等，都是这方面的代表。

张养浩把官场、名利视为"带缠忧患""襁包祸端"。贯云石在仕途上春风得意，却辞去官职，到江南去过"醒了醉还醒，卧了重还卧"的逍遥生活。与蒙元皇族有着密切关系的不忽木做《辞朝》套曲，表达了隐逸的决心。元代人们不仅以诗词曲的形式表现隐逸之情和归隐之愿，更亲身践行"大隐隐于市"。诗人何失、张进中就是这方面的典型代表。何失在大都名气很大，但他既不入仕为官，也不单纯以文人自居，而是在大都以织纱帽为业，自食其力，成为真正的元代陶渊明。他在自己的诗作中质朴无华地表明了无欲无求，无悔无怨，追求简单、本真、平实的生活态度和对慈亲稚子难舍的眷恋。无论同时代还是他去世多年后，都有许多文人写诗作文思念他、追忆他。揭傒斯有《寄何得之隐居二首》，认为何失"达人在道府，不异山中栖"堪比"巢与夷"，后又作《过何得之先生故居五首》追思，虞集为之作跋。这其中核心的串联，都不难看出陶渊明影响的痕迹。在大都，与何失齐名的还有张进中。张进中（1241—1320），字子正，大都（今北京）人，以制笔为业。从其他文人为他们所作的墓志铭和怀念的诗文中，不难看出，当时的何失和张进中俨然成为都市人心灵的一面旗帜。

---

① 袁行霈：《陶渊明研究》，北京大学出版社1998年版，第119页。

其实在元代，很有一些高居庙堂之上显赫的政治家、实务家在个性品德和个人生活上低调简约朴素。元初的耶律楚材和刘秉忠便是如此。耶律楚材一生功勋卓著，但对物质生活极为淡然，从政几十年，身边唯有素琴一张相伴左右。因为他把这琴当作与陶渊明心灵沟通的媒介。据《元史·耶律楚材传》记载，耶律楚材病逝以后，有人诬告说他高居相位多年，天下的财富恐怕有一半都被他中饱私囊了。当权者于是命令近臣前往，结果看到他家中空空如也："唯琴阮十余，及古今书画、金石、遗文数千卷。"可见他是多么的清廉。刘秉忠也是如此，他"积有岁年，参帷幄之密谋，定社稷之大计，忠勤劳绩，宜被褒崇"。在有元一代，汉人位封三公者，仅刘秉忠一人而已，由此可见其显贵，但是他却是生活简朴至极。《元史》记载说："秉忠自幼好学，至老不衰，虽位极人臣，而斋居蔬食，终日淡然，不异平昔。自号藏春散人。每以吟咏自适，其诗萧散闲淡，类其为人。"

元人不仅歌咏陶渊明，仰慕其生活态度，追随耕读为本的简朴生活，而且，这也成为他们评价人的标准和自我修养的准则。《析津志》作者熊自得躲进北京西郊的深山里著书立说，欧阳玄与张翥都写诗对他进行过赞美，所着眼的依然是熊自得淡泊名利、轻视物质享受的精神境界。官至从一品，进封潞国公的高官张翥，居京为官二十多年，也依然过着朴素、温饱知乐的生活。老来买了辆车，添置了件皮袍子，也写入诗歌中，在寻常生活中发现乐趣，采取一种欣赏的态度表现之，同样也是陶渊明精神的神髓之一。

陶渊明在元代的影响深刻，且是多维立体的。不仅表现在纵轴，时间与元代相始终；还表现在横轴，所有的艺术形式几乎无人不言陶渊明。除了以上提到的诗、词、曲之外，在新的艺术表现形式中，也时常闪现陶渊明的身影，以元杂剧为例，现存的就有尚仲贤的《陶渊明归去来兮》，而杂剧中提到陶渊明的唱词就更多了。绘画方面，带有特殊文化意味标签的物象如"松""菊""柳""鸟""鱼""把酒""操琴""孤云""幽径"等这些陶渊明特有的标签，更是全面地进入元代绘画之中。从某种意义上来说，没有陶渊明，就没有文人画的全面发展和兴盛。即使是在元代的日常用器皿青花瓷瓷罐中，也有不少以陶渊明归隐田园为主题的，与鬼谷子下山等题材一样受到欢迎。

第四章

中华传统文化在世界成功的
传承传播经验

以儒学为核心的中华传统文化，产生于中国，发展于中国，实践于中国，传承于中国。但是传播并不局限于中国，受益者更是远超华夏民族和中国国界。从汉代开始，随着丝绸之路的开通，中外交往频繁，思想和文化的对外传播就呈现出加速之势。唐代，日本大量的遣唐使和留学生来到中国，对中华文化的学习和研究更是呈现出目标的确定性和系统的完整性。元代，随着帝国疆域的空前扩大，西域人的华化程度和规模更是达到前所未有的水平，中华文化向外传播的速度与范围也走向新高度。与日本相似，朝鲜半岛、南亚、东南亚通过历代向中国的学习、仿照和借鉴，不断积累，逐渐形成了迥然有别于其他文化的儒学文化圈。儒学文化所到之处，为所在国政治、经济、文化的发展都提供了有益的思想根基和目标方向。曾经在世界范围内成为高度文明的代名词。

中华文化的大本营始终都在其发源地。但是，在传承与传播上，各国又根据各自的国情，创新创造，产生了不少有借鉴价值的经验。这些经验，对目前在传承与传播方面都遇到困难的中国，反过来又产生了启示、借鉴意义。

利用多渠道多途径传播中华文化的价值观，彰显国家文化软实力。我们应该借鉴古今中外行之有效的方法和经验，发展中华优秀传统文化，使之更好地为实现国家强盛和民族复兴，早日实现"中国梦"

努力。

一 中华优秀传统文化的基因决定它有强大的生命力

(一) 中华优秀传统文化的自信与开放

中华优秀传统文化具有强大的生命力。首先它长久旺盛的生命周期,是世界上其他文化所无法比拟的:从诞生至今传承了数千年,是世界上唯一从开始一直延续传承至今,依然活着并深刻影响着民众生活的,从未中断、湮灭的文化。

中国优秀传统文化具有广泛的适应性。它产生于中国,兴旺于华夏,但是却在历史上通过不同的渠道,源源不断地传播出去,影响着周边的国家和不同的民族,在世界范围内形成了特色鲜明的以儒学为主的东方文化圈。彼此的文化认同,使国际交往有了深厚的文化基础。

非常赞成这句话:"文化的起源和生成是有国界的,但文化的传播和影响是没有国界的。优秀传统文化具有穿越时空的永恒价值和普世价值,具有很强的共享性、适应性和变异性。"① 中华优秀传统文化这样长久旺盛的生命活力,这种走向世界的广泛适应性,都是由其生命构造的文化基因所决定的。

首先,中华优秀传统文化并非一家之言,也不是一个时期形成的。它融会了百家之言,在数千年的历史长河中,始终源源不断地融会、注入、吸收了各种思想精华乃至外来的其他文化元素,并根据时代的变迁,在实际内涵上不断更新。现在,当人们看到优秀传统文化面临传承困难甚至危机的时候,往往会责备是外来文化冲击带来的影响和后果。但实际上也可以得出完全相反的结论,就是中华优秀传统文化之所以能够发展、壮大,恰恰是中华传统文化经常面临时代的变迁,时时经受着外来文化冲撞的结果。唯有不断迎接来自内外各方面的挑战,激发中华文化重新调动自身活力,使之免于僵化消亡。中华优秀

---

① 李祥熙:《韩国儒学与现代社会接轨的成功实践及对我们的启示》,《广州社会主义学院学报》2009 年第 1 期。

传统文化生生不息发展的过程，实际上就是一个不断被唤醒、阶段性成长并壮大的过程。这与中华优秀传统文化本身产生于一个思想多元的时代有关，与其产生的地域幅员辽阔文化多样有关，与中华民族在发展的历史上保持了对外交流有关。

中华优秀传统文化在其产生的"轴心时代"就融会了儒、道、墨、法等百家之长，各家学说既相互排斥、辩难，又相互吸收、接纳、融合，形成了中华优秀传统文化的开放性和包容性；又由于国家地域辽阔、民族众多、文化多样，它凝聚了燕赵文化、秦晋文化、齐鲁文化、湘楚文化、吴越文化、巴蜀文化、岭南文化、游牧文化、渔猎文化等，一度处于边地的匈奴文化、鲜卑文化、契丹文化也在时时影响着，形成了中华优秀传统文化的多样性，具有强大的包容性；不仅如此，通过战争、商贸、文化交流等方式，佛教文化、伊斯兰文化、天主教文化、基督教文化也不断传入，影响着中华文化的构成。例如佛教文化的本土化，已成为中华传统文化的一个有机组成部分，中国文化实现了儒、释、道三教鼎立的局面，出现了中国知识阶层三教兼修这种世界罕见的文化现象。

这种保持始终的开放性，源于中华文化强烈的自信。正如鲁迅先生所说："那时我们的祖先对于自己的文化抱有极坚强的根据，绝不轻易动摇他们的自信心，同时对于别系文化抱有极恢廓的胸襟与极精严的抉择，绝不轻易地崇拜或轻易唾弃。"[1] 张造群先生认为"中华文化是在吸收融合外来及其他文化的基础上获得新生和发展的"[2]，这是极有见地的一句话。所以，不要以为西方文化就能吞并中国文化，假如中国文化消失与消亡，责任一定是在自己，是自己把自己的根挖掉，或者故步自封，不求创新，使之失去生命活力最终死掉烂掉，中华传统文化存在几千年，就是在不断地融合、吸收、碰撞中成长并继续强大着，每一个中国人应该有自信，应该认识到自己所拥有的宝贵财富

---

① 孙伏园：《鲁迅先生二三事》，作家出版社 1953 年版，第 36—37 页。

② 张造群：《优秀传统文化：中国文化走向世界的重要根基》，《社会科学战线》2014 年第 11 期。

和无限价值。

中华文化的传播，有赖于拿来，每一次的发展传承与传播，从来都不是在死气沉沉中进行的，一定是有多元文化的冲撞或者是历史巨变，社会出现了许多的新问题，亟待探寻新的解决途径的时候，中华优秀传统文化才能显示出它的无限生机与强大的生命活力。

（二）中华文化的普适性是其走出去实现文化共识的基础

传统文化是各国人民认识中国文化的重要桥梁。

青年人喜欢讲普世价值，以为那是西方时髦的东西。其实衡量普世价值的最基本标准就是能不能在较为广泛的范围内产生文化共识。中华优秀传统文化是世界上产生共识最广泛的文化，具有强烈的普适性。这是由其文明、友好、亲善、向上、朴实、共赢等基本特征所决定的。

古代，中华文化是追随着中华物质文明而走向世界的。中国古代高度的文明，强烈而持久地吸引着世界目光，随着中国丝绸、瓷器、茶叶以及造纸术、火药、指南针、印刷术走出去的是中国的科学技术以及汉字、诗词，中国的教育制度、科举制度、文官制度等。古代日本、朝鲜、越南深受中华文化影响，日本自唐代开始200年间先后派出遣唐使多达18次，到奈良王朝达于全盛，使团多达五六百人。蒙元时代，每年派遣到中国的留学生更多。日本的"大化革新"，基本上是"中华化"，日本的儒教、佛教、道教，也都以中国为宗。此外，柬埔寨、马来西亚、缅甸、菲律宾、印度尼西亚、文莱、斯里兰卡等东南亚国家，在历史上都比较早地与中国建立了友好往来关系，受到中华文化的熏陶与影响。随着陆上丝绸之路和海上丝绸之路的开辟，中华文化的影响更远及印度、波斯、阿拉伯、欧洲、北非乃至美洲。汉唐时期、蒙元时期、明清时期的"万邦来朝"可以说是一次又一次的文化传播盛会。中国文化在世界上产生了广泛、持久而深远的影响。时至今日，日本、朝鲜、东南亚诸多国家的语言、文字、思想、宗教、文学、艺术依然打着深深的中国文化烙印，甚至他们的服饰、节日、礼俗和饮食习惯等，也依然留存着中华文化的印迹。中华文化在欧洲，先是在有着古老文明的意大利，然后是法国、西班牙、葡萄牙，进而扩展到了德国、英国，在欧洲掀起了强劲的"中国风潮"，宫廷贵族皆以拥有中国丝绸和瓷器为豪奢，上流社会以有能力享受消费中国茶为时尚。如果简单地认为中华文明的影响仅限于此，那就过于局限了。马克思对中国四大发明传入欧洲给予高度评价，指出它们的到来改变了世界历史的进程："火药、罗盘、印刷术——这是预兆资产阶级及社会到来的三项伟大发明，火药把骑士阶层炸得粉碎，罗盘打开了世界市场并建立了殖民地，而印刷术却变成了新教工具，并且一般说变成科学复兴手段，变成创造精神发展的必要前提的最强大推动力。"[1]中国元明时期的许多重大发明，陆续传入欧洲，为欧洲的文艺复兴运动奠定了重要的物质技术基础。而随着科学技术向西方的传入，中华文化也得到了更为广泛的传播，为欧洲黑暗的中世纪送去了光明。

中华文化赢得西方思想界、学术界的广泛关注和一致赞誉，"德国的莱布尼茨、沃尔夫，法国的伏尔泰、狄德罗、霍尔巴赫等都是中国文化的忠实信徒"。[2] 伏尔泰更是不吝赞美道："要知道世界上发生之事，就必须首先注视东方，东方是一切学术的摇篮，西方的一切都是由此而来的。"[3] 法国汉学家安田朴也说："在西方'文艺复兴'和'工业革命'之前，中国文明非但不比欧洲文明逊色，反而还要先进得多。中国对全世界、全人类作出过巨大贡献，以至于今天的西方文明中仍有借鉴华夏古老文明的成分。"[4]

中华文化在历史发展过程中的这种长久而广泛的传播，不仅说明其旺盛的生命力，也证明了其宏大的普适性。这种普适性，是由中华优秀传统文化所具有的文明、友好、亲善、向上、朴实、共赢等基因

---

①　马克思：《机器、自然力和科学的应用》，人民出版社 1978 年版，第 67 页。

②　张造群：《优秀传统文化：中国文化走向世界的重要根基》，《社会科学战线》2014 年第 11 期。

③　［德］利奇温：《十八世纪中国与欧洲文化的接触》，朱杰勤译，商务印书馆 1962 年版，第 81 页。

④　［法］安田朴：《中国文化西传欧洲史》，商务印书馆 2000 年版，第 2 页。

所决定的，这是中华优秀传统文化的精髓所在，它不仅是历史上中华优秀传统文化传承与传播的原因，也是现在中华优秀传统文化能够继续传承传播的基础，是中国文化走出去，与世界多样文化共存，在文化上取得基本共识，在合作中获得长久共赢的根本。

（三）中华优秀传统文化在双向流动中不断获得新的生命能量

中华优秀传统文化对世界的贡献不止于古代。当代世界，越来越多的人认识到了东方智慧的价值，认识到了中华优秀传统文化对于社会发展进步的巨大促进作用。当西方的文化难以解决自身存在的种种问题，无法摆脱目前的困境时，他们也将目光转向东方，转向中华优秀传统文化。《通过孔子而思》由美国哲学家郝大维和汉学家安乐哲合著（何金俐译，北京大学出版社出版），该书被称为是集体合作的结晶。因为在整个写作过程中，出身不同名校、不同学术背景、不同专业的两位作家，将自己的观点带到了中国大陆和中国台湾、中国香港，带到了欧洲，带到了美国的其他院校，在广泛的范围之内，进行深入反复切磋。突破西方思维的传统，由对西方"道德"体系的质疑开始，而以对东方大儒"审美"体系的肯定作结。斯蒂芬·显克曼的《赛琳和圣贤：古代希腊与中国的知识与智慧》和《古代中国与希腊：通过比较而思》、让·弗郎索瓦·勒维尔的《和尚与哲学家：佛教与西方思想的对话》、舒马赫的《小的是美好的》等，也表达了类似的思想，都是以东方文化的灯塔来照耀西方"绝对自我""绝对自由"面临搁浅的航船。1988 年，全世界 75 位诺贝尔奖得主会聚巴黎，召开主题为"面向 21 世纪"的会议。在会议的新闻发布会上，1970 年物理学诺贝尔奖获得者汉内斯·阿尔文宣称：人类若想生存于 21 世纪，必须到 2500 年前的孔子那里寻找智慧。1993 年在芝加哥举行的世界宗教大会上签署的《全球伦理宣言》，开篇便将孔子提出的"己所不欲，勿施于人"作为"数千年以来，人类的许多宗教和伦理传统都具有并一直维系着"的根本"原则"加以强调。

解决现实问题的需要，使西方人把目光转向中国传统文化。世界上对中国传统文化的研究和关注也掀起一波波的热潮。人们不仅学习中国的语言、文字，热衷于中国的戏曲、武术，翻译中国文化的经典著作，而且在美国、英国、法国、西班牙、日本、韩国、新加坡等地的著名大学，都有汉学研究中心，海外对中华传统文化的研究，都将有助于中国文化走向世界。

中华优秀传统文化犹如一棵根深叶茂的大树，在枝杈向外伸展的过程中，因为遇到不同文化，遇到不同问题，仿佛是接受阳光雨露风吹雷电一般，也会不断催生出新的枝杈，向主干输送新的养分。文化就是始终在这种"走出去""请进来"中反哺中华文化的。

二　新加坡的"文化再生运动"

新加坡是自称并且也被普遍公认的以儒家思想和西方现代管理相结合，实施国家治理非常成功的国家。这个国家历史很短，缺少自然资源，极为贫穷，科技也不发达。但在李光耀的领导之下，却一跃成为世界经济腾飞的"四小龙"之一，依靠转口贸易、港口运输和现代服务以及旅游等，跻身国际先进国家行列。在总结新加坡发展经验时，绕不开的话题是重视教育，重视培养人才，重视国民素质培养。而这一切，都是与以李光耀为首的国家管理阶层长期以来始终不渝地坚持用儒家思想和西方制度相结合来管理国家民众密不可分的。

（一）新加坡"文化再生运动"发生的背景

儒学在新加坡的传播历史并不算悠久，是从近代才开始的。著名诗人黄遵宪担任新加坡领事期间，开始大力推广华人文教，通过兴办学校和设立文会等方式来传播儒家文化。1900 年资产阶级改良主义的代表人物，中国晚清最著名的政治家、思想家、教育家康有为从中国香港到了新加坡。在此写作了《孔子改制考》《中庸注》《春秋笔削大义微言考》等著作，在华侨中引起强烈反响。到 19、20 世纪之交，随着新一代华人移民高潮的到来，新加坡民间自发地兴办私塾、书院的热情高涨。各种通俗文学读本也大为流行，儒家思想和价值观念通过教育、文学艺术等多种渠道传播、渗透，直接影响到了新加坡华人侨民的文化心理性格。

新加坡宣布国家独立时，面临着极大困境。当时这是一个种族众多、宗教复杂、语言多样、文化多元的移民国家。李光耀曾描述说："我们的社会有一个特点是世界任何地方所没有的，在我们这个人口密集的城市社会中有着不同种族、不同语言、不同文化源流的人民。……在这里，各民族杂居在一个密集的社会里。"① 这样的局面，给国家治理带来极大的困扰。正是基于这样一个现实，在进行多种文化的深刻对比之后，结合新加坡华人占主体地位、儒家学说有着深厚的民众基础的实际，国家首脑李光耀决定根据儒家"贤人仁政"的理念，参照西方管理方式对国家进行管理。在具体贯彻实施的过程中，他创新了很多简单易行而又切实有效的办法。

（二）运动的宗旨与核心

新加坡的"文化再生运动"，肇因并非是来自上层意识形态，而是现实严峻形势下的选择。当时随着国家开放和经济发展，新加坡人，尤其是青少年受到西方思想和生活方式的影响，出现了生活腐化、道德沦丧、价值观混乱的苗头。这种趋势如果任其发展，就会严重动摇国家的稳定，造成经济危机。李光耀深刻认识到了这个问题的严重性，开展了旨在反对"西化"、弘扬儒家思想核心价值观的"文化再生运动"。李光耀充分研究并总结了中国古代儒学思想，将其核心归纳为"忠、孝、仁、爱、礼、义、廉、耻"八德，并对其进行了符合新加坡国情需要的现代化阐释。在全社会提倡弘扬儒学的价值观，遵循儒家的伦理规范。

（三）运动的特点

虽然说是"运动"，但并非是轰轰烈烈一哄而上口号震天响的局

---

① 新加坡《联合早报》编：《李光耀40年政论选》，现代出版社1994年版，第377页。

面。在实施的过程中，新加坡的做法是讲方法、重路径、通渠道，因而取得了较好的效果。

1. 通过顶层设计，将儒家基本价值观上升为国家意识的层面

1980 年首先由李光耀提出了"文化再生运动"，将"忠、孝、仁、爱、礼、义、廉、耻"的"八德"作为行动纲领。1988 年，李光耀的继任者吴作栋在此基础上提出"把儒家基本价值观上升为国家意识"①，并将其确立为全社会应当树立和贯彻的"共同价值观"。1991 年，又以新加坡政府的名义发布了"五大共同价值"白皮书，提出了"国家至上，社会为先；家庭为根，社会为本；求同存异，协商共识；种族和谐，宗教宽容"的基本方针和口号。

由此可见，这场文化运动始终是政府最高层直接领导的，而且表现了目标、方向、政策、方针的连贯性、一致性和不断深入的特点。

2. 国家领导人注重对国民进行儒学价值观和道德观的教育

《李光耀 40 年政论选》，由新加坡《联合早报》搜集整理选编，近百场的谈话演讲，其中绝大部分是谈儒学价值观的。每次抓住一个主题，用生动的事例剖解，使思想理念具象化。例如，他反复告诫民众应该勤劳工作，不能产生好逸恶劳的思想。如果期待国家实行高福利，那么将给民众造成无法承受的负担。

> 补贴消费，不但是错误的，而且会有害。这种补贴会使消费更大，结果需要更多的补贴。一旦人民享受惯了这种补贴，我们就糟了，我们将会完蛋，就像斯里兰卡被它的前任政府害死那样。这种补贴政策也害死了伟大和有才华的英国人民。这种政策，也是造成美国经济困难的原因，因为坐食山空，一个国家不论多么富有，也不可能挑起保健、失业和养老福利的重担，而不必大量抽税使整个制度负担过重，使人民觉得没有那种必要去工作、储

---

① 朱春珠：《李光耀精神文明理论与中国古代儒家思想新加坡化》，《求索》2004 年第12 期。

蓄和照顾家庭——反正大家都可以靠国家所给的福利。甚至能言善辩、精于演讲的美国总统里根也没有办法说服众议院削减社会福利的开支。不劳而获的社会和保健福利就像鸦片或海洛因那样，人民一旦上了瘾就会在戒毒（也就是这种福利被取消）的时候，感到非常的痛苦。①

在新加坡，只要我国人民刻苦耐劳，他们了解到我国狭窄的经济基础，有需要继续维持社会纪律和高度表现，那么，要跑在工资比较低但天然资源比较多的其他发展中国家的前头是有可能的。②

这些讲话抽丝剥茧讲道理，态度诚恳平实，娓娓道来，润物无声。因为都是针对性很强的社会热点焦点问题，所以不仅起到了解释政策、稳定民心、凝聚力量的作用，而且将儒家思想的基本理念通过宣讲传递出去，给民众逐渐建立了较为完整的价值观体系。

3. 对儒学思想进行符合新加坡国情的现代化阐释

以李光耀为首的政府，善于结合新加坡的现实以及社会生活中存在的具体问题，对儒学思想进行有针对性的生发阐释，从而达到有的放矢的目的。

例如，古代的"礼"，更多地强调礼法、礼制，强调社会秩序，所谓行不逾矩。而新加坡的"礼"，强调礼貌是一种美德，通过教育可以实现。

在阐释概念的同时，对其进行现实生活的对接。例如，进行"礼"的教育时，不仅阐释待人接物要彬彬有礼，而且针对新加坡是个国际化都市，国际交往接触面很广，各个国家、各个民族、各个阶层人们交往很多的实际，特别指出，所谓的礼貌，是对所有人的，不能只是对有钱的阔人、对外国人讲究礼貌，而对国人或者普通人就傲慢无礼。只对外国人卑躬屈膝，那是丧失民

---

① 新加坡《联合早报》编：《李光耀40年政论选》，现代出版社1994年版，第170页。

② 同上书，第174页。

族尊严降低人格的表现，对同胞们能够一视同仁才是应有的文明举动。

李光耀认为，对任何优秀文化的学习和吸收，都不能生搬硬套，而是要根据现实和国情，做必要的消化，这样才能真正发挥其有益的效果。为此，新加坡政府在1983年成立了东亚哲学研究所，专门负责对以儒家思想为主的各民族传统文化进行研究，进行去伪存真、去粗取精的甄别和梳理工作。例如，剔除了儒家伦理中不适合现代化发展的愚孝愚忠的内容和家庭关系中偏重裙带关系的封建糟粕，向政府公务人员灌输廉洁自律的理念。他自己也以身作则，上任伊始，就召集亲属，告诫他们不要有攀龙附凤、一人得道鸡犬升天的腐朽思想。他对腐败的惩处极为严厉，并取得了非常显著的效果。据统计，1990年全国6.5万名公务员，违纪者仅有99人，占公务员总数的0.15%，犯有贪污罪的仅有7人，为公务员总数的万分之一。①

4. 将抽象的思想有形化

通过开展一系列的活动，将儒学思想与现实生活密切地结合起来。李光耀倡导儒家思想伦理，建设和谐社会。社会管理上，强调人伦秩序文明礼貌。在全国掀起礼貌运动，提出要创建一个相互礼让、关怀、有诚意的社会。这已成为一个常态，到现在，每年还要举行礼貌运动、防止犯罪运动、反对乱丢乱吐运动等。民族关系上，强调种族和谐、平等。在劳资政三者方面，强调劳动者、企业主和政府之间关系的和谐，坚持就业有限原则。在执政党与民众关系方面，坚持执政为民、以民为本、为民办事。②

在新加坡，类似的运动很多，涉及文化的各个方面。例如讲华语运动、提高生产力运动、节约用水运动、禁止宣传色情暴力活动、倡导商业信誉活动等。这样，就将非常抽象的理念转化为具体的、可感的、可以遵循的全民行为准则，使每一个公民，都能有章可循地规范自己的行为，在生活、工作、学习中，在人际交往中，规范自己的言

---

① 吴跃农：《李光耀：根在中国》，《中州统战》2001年第4期。
② 郜良：《李光耀的领导和治国理念评述》，《理论研究》2009年第5期。

行，使之体现儒学思想理念。

另外，发挥政府的主导作用，向世界、向国人宣传新加坡选择遵循儒家思想的导向，树立新加坡在文化方面的国家形象。李光耀的会客厅安放着孔子塑像，新加坡的主要公园也矗立起中华先贤如孔子、孟子、关羽、岳飞、文天祥、花木兰、林则徐等人的雕塑，以增强民族的认同感和自豪感。

5. 将儒学纳入中小学教育之中

孔子的儒学理论经过切合新加坡实际的阐述，已经成为新加坡中小学教育的基本课程。当时李光耀是基于这样的一种现实而决定采用这种方式的。那就是新加坡的儒学传统并不深厚，依靠家庭的正向顺序代际间传播很难获得理想的效果。而进行全社会的教育，从人力、物力方面考虑，也有诸多困难。但是，通过中小学教育，从娃娃抓起，不仅可以教育青少年自身，而且，通过青少年对父母和兄姊的传导以及行为的监督，可以达成代际之间的逆向传承，从而实现全社会儒学教化的广泛覆盖。

6. 新加坡善于通过制定相关的政策鼓励某种思想理念的推广

新加坡将文化看作必须在现实生活中有所体现的具体行为，特别强调知行合一、知行一致。所以除了进行思想宣传、理念推广外，新加坡还善于制定相关的政策和法规，支持文化思想和理念的落实。例如，李光耀特别重视家庭道德建设，认为家庭可传承借鉴刻苦、孝顺、敬老、尊贤、求知等美德。要通过提高家庭凝聚力、影响力来维持社会秩序的稳定。李光耀指出奉养父母是子女应尽的责任，政府在这方面不应该越俎代庖，危害家庭这个社会基本单位，破坏东方传统。他强调三代同堂的重要性，政府在出售廉价租屋的政策上，对子女与父母同住或者靠近居住给予政策的鼓励。① 李光耀强调说："我们必须要修改目前'先到先得'的规则。那些父母真正跟他们住在一起而不只是同他们一起登记的人——三代（祖父母、父母、儿女）同住的家

---

① 邰良：《李光耀的领导和治国理念评述》，《理论研究》2009 年第 5 期。

庭，他们应该享有优先权。三代同住的家庭，先按照'先到先得'的规则分配，然后才给其余的人去依照'先到先得'的办法进行分配。我们已经变得太过洋化。我们必须恢复亚洲人的美德。"① 在兼顾社会公平的同时，强调子女对父母尽孝的责任，并在制度上予以保障和鼓励，这样就将目的、制度指向、个体行为等统一起来，达到真正以文化人、净化社会风气、倡导美善的目的。

（四）运动的效果

通过加强儒家思想教育，遵循儒家伦理规范和价值观，以优秀的传统文化来纯洁人的心灵，使新加坡渡过了 20 世纪 80 年代的危机，对新加坡工业化、现代化进程的顺利进行起了极其重要的作用。②

新加坡通过一系列行之有效的国家治理，成功地实现了国家的工业化和现代化。事实证明，儒家学说不仅适应古代社会，而且在工业化、现代化发展的进程中，同样能够显示出极强的现代适应性。不仅在封闭的以农业为基础的封建社会能够发挥作用，在新加坡这样极为开放的、高度城市化的国际大都市同样适应。不仅耕读为本的古代人能够接受，眼界开阔、思想活跃、掌握着现代科学技术和先进管理经验的现代人同样易于接受。

三　中国台湾的"中华文化复兴运动"

中华文化复兴运动是 20 世纪 60 年代后期将介石在台湾发起的一项社会改造运动，涉及政治、经济、文化、教育、生活习俗等诸多方面，且有着极其复杂的社会及历史背景。③

---

① 新加坡《联合早报》编：《李光耀 40 年政论选》，现代出版社 1994 年版，第 169 页。
② 朱春珠：《李光耀精神文明理论与中国古代儒家思想新加坡化》，《求索》2004 年第 12 期。
③ 关志钢：《关于台湾中华文化复兴运动的几个问题》，《台湾研究集刊》2001 年第 2 集。

（一）中国台湾"中华文化复兴运动"背景与根源

有学者认为，1967 年由蒋介石发起并主持的"中华文化复兴运动"是"反共复古"运动，所以全盘否定；也有的学者认为，这样的运动是 1934 年国民党在中国大陆进行的"新生活运动"的翻版。关志钢先生在《关于台湾中华文化复兴运动的几个问题》一文中指出："对于 1934 年发端于江西南昌的新生活运动，近年来学术界已有不少研究成果问世，但很少有人注意或论及新生活运动的余音——1967 年开始的台湾中华文化复兴运动，而这两者间的内在关系及影响是不容忽视的。"① 从具体内容和运动的形式上看，二者确实有极高的相关性和相似、相近性。但是，同时必须看到，1967 年与 1934 年之间遥遥相隔多年，国民党从国家执政党沦落为退居孤岛、偏安一隅的"穷寇"，政治上、影响上、地位上与 1934 年有了云泥之别。所以，国民党在台湾的这场新的文化运动，绝对不应该是出于意识形态中对一党之见持之以恒的坚守，必有形势上迫不得已的深层次原因。

首先，是国民党与共产党斗争的全面惨败，促使蒋介石不得不深刻吸取历史教训。蒋介石认为，国民党在大陆的失败，除政治、经济、军事原因外，更重要的是思想文化方面存在着巨大问题，这就是国民党领导思想不够明确、坚实、统一。在他看来，以往国民党"只知空谈幻想，不图改变"，缺少应有的"革命实践精神"，所以在与共产党的斗争中，"力量便无形瓦解了"。思想混乱和精神的丧失，使国民党不能全党上下领导民众笃行三民主义。而造成这种混乱与丧失的根本原因，又在于"对革命的理论和革命的方法，欠缺认识，欠缺研究的上面"。故而蒋介石认为"我们今后要领导革命，完成革命，就必须要党员言论一致，行动一致"。为此，从立足台湾之后的 20 世纪 50 年代初，为了重建国民党的思想体系，蒋介

---

① 关志钢：《关于台湾中华文化复兴运动的几个问题》，《台湾研究集刊》2001 年第 2 集。

石秉承当年发动新生活运动的一贯做法，决定思想先行。他持续发表了许多文章和演说，在不同的时间、不同的场合，反复大谈传统文化问题。蒋介石之所以竭力在孙中山三民主义与传统文化之间寻找共同点，除了强调国民党执政的合法性外，更在于强调并凸显其力行哲学的官方哲学地位。

其次，是现实的需要。当时推动这一运动的社会基础并不比今天的大陆强，事实上，国民党1949年逃离大陆偏居台湾一隅时，台湾刚刚经历了长达半个世纪的被日本侵占时期，日本人曾不遗余力地摧残中华文化在台湾的基础，企图以日本文化取而代之。日据时期，日本侵略者长期进行文化的殖民地奴化教育，在中小学教育中，讲日语，学日文，用日本名字。甚至到国民党接收台湾的时候，许多台湾当地民众已经不会讲汉语，更不要说认识汉字了。据来自宝岛台湾年龄较大的文化人士介绍，当时台湾的许多报纸都是日文的，很多人可以读日文报纸，但是中文报纸却没有多少人看得懂，甚至有相当一部分人就认为自己是日本人。一个民族，失去了自己的文字，忘掉了自己的语言，就失去了传承传统文化的基本功能。当时的台湾已经面临华夏子孙忘祖忘宗、认贼作父的可怕局面。所以，初到台湾的国民党，从中小学恢复汉语语言和文字学习开始，办报纸从日、汉双语对照开始。让民众恢复对自己语言文字的记忆，并对青少年进行四书五经的中华传统经典教育。经过近20年的努力，收到了比较显著的成效。但日本统治时期所形成的影响依然十分强大、深远。1967年，经过20年的努力建设，台湾经济有了彻底的改观。但随着经济实力的增强，统治域内追求物质享受的奢侈之风日渐浓厚，社会道德水准显著下降，引起社会广泛而强烈的不满。与此同时，美国在台湾内部大力扶植"台独"势力，挑动种族冲突与族群分裂。由于西方文化的强力影响，一部分人大力主张、宣扬、推动"全盘西化"，中华传统的价值观念受到巨大冲击。传统文化与西方文化之间的冲突日益加剧，社会群体的对立和撕裂感日益严重，极大地影响着社会稳定。如果任其发展，必将影响到经济的发展和国民党统治的根基。

"中华文化复兴运动"正是在这样的背景之下产生的。

1967年1月12日，恰逢孙中山先生诞辰100周年纪念和台北阳明山中山楼中华文化堂落成。在纪念和庆祝大会上，蒋介石发表了《中山楼中华文化堂落成纪念文》，系统完整地阐述了三民主义与中华传统文化的关系。随后，孙科、王云五、陈大齐等联名上书台湾"行政院"，倡议发起中华文化复兴运动。台湾当局采纳了倡议，并将每年1月12日定为中华文化复兴节。是年7月28日，台湾各界在阳明山中山楼举行中华文化复兴运动推行委员会发起人成立大会。会上通过了运动推行纲要及推行委员会组织章程，推举蒋介石担任该委员会会长，中华文化复兴运动由此拉开序幕。这场运动延续了20余年，随着老一辈君臣故去，日渐式微。1988年蒋经国先生谢世之后，"中华文化复兴运动"就只停留在形式层面上了。

（二）中国台湾"中华文化复兴运动"的主要目的和基本内容

1. 政治目的

这场轰轰烈烈旷日持久的"中华文化复兴运动"首先是出于蒋介石政治斗争的需要，即"反共复国""建立三民主义的国家"。为此，他特别注重为三民主义寻求传统文化支撑，以树立其"正统"地位。按照他的逻辑，孙中山以及他本人是中华文化的真正传承者。随着国民党退出大陆，中国五千年历史文化"随之毁灭"。与此同时，因他存在，台湾成为汇集中华文化"唯一之宝库"和发扬中华文化之"式范"。为此，他将孙中山的革命三民主义理论归结为"伦理、民主、科学"三个方面，认为这三方面也是中华文化的核心所在。

2. 解决现实问题的需求

中华文化复兴运动出台的另一重要目的，是以中华传统文化抵御和回击西化思潮的冲击，消除这一思潮对国民党在台湾统治地位的严重威胁。

3. 统一思想，谋求未来

中华文化复兴运动还有面向未来的纲领性举措。《中华文化复兴运动推行纲要》中"推行要项"就曾规定，此次运动中，要"积极推行新生活运动，使国民生活在固有文化四维八德之熏陶下，走向现代化与合理化，同时政府应积极研究制定完整之礼乐与礼仪，使中外人士均能体认我为礼仪之邦"。

（三）中国台湾"中华文化复兴运动"的主要特点

1. 高层决策，当局颁布

1967 年 7 月 28 日宣布中华文化复兴运动推行委员会成立，会上推举蒋介石为会长。同时推举孙科、王云五、陈立夫任副会长，谷凤翔任秘书长。无论是会长、副会长还是秘书长，都并非荣誉身份，而是要切实关注并负责文化运动的推进与发展。

例如，在 1971 年 7 月的中华文化复兴运动推行委员会第三次全体会议上，蒋介石就针对当时运动推进过程中发现的新动向、新问题，及时予以提出并纠正，明确文化复兴运动并非文化复古运动，提出了"创新应变"的问题。他说："我们就要不仅能够守经知常，还要能够创新应变。守经知常是发扬原有优良的传统，创新应变是吸取外来的新知。"此后又提出要进行"文化整合"，即要对一切学术思想，进行一番深入的研究，吸取其精华，淘汰其糟粕，将古今中外文化精华融会为一体，以造就新的能造福人类的中和文化。各个副会长也都通过不同的方式和各自的影响力对运动推进不遗余力。

蒋介石以及政要特别把中华文化复兴运动提高到了"复兴民族、重建中华"的高度，强调这场运动是"自觉自强运动"，关系到未来的生死存亡。

2. 口号响亮，任务明确

运动强调文化与现实的联系，与每一个人生活的联系。孙科的讲话，动员的意味就非常强烈："我们提倡中华文化复兴，其目的即在促起同胞恢复对于自己文化的信心，将优良伦理道德过渡到现实中来，充实国民的精神生活，把社会改造成一个大家都觉得充满希望的乐园。"

　　委员会成立伊始，便通过了《中华文化复兴运动推行委员会组织章程》和《中华文化复兴运动推行纲要》。根据这两个文件，中华文化复兴运动的任务和内容主要由几方面组成：提倡民族文化研究，创新内容，推动以伦理、民主、科学为本质之各项文化建设；鼓励公私文化学术研究机构，从思想上、学术上为弘扬中华优秀传统文化作出贡献；推动国民教育，增进民族智能，发扬民族道德，树立正义磅礴之民族人格；推行国民生活须知，加强国民生活教育；加强古籍研究，制定与社会生活相适应的典章礼俗制度等。

　　3. 建制完整，各负其责

　　政策和策略确定后，干部是决定因素。蒋介石同样深谙此道。所以在中华文化复兴运动提出后，马上进行相关机构的建立和设置。相比较而言，中华文化复兴运动推行委员会的组织机构并不是太复杂，其设置和职能基本侧重文化领域。按照有关组织章程和推行纲要规定，中华文化复兴运动推行委员会的最高机构为全体委员会和常务委员会，日常工作由秘书处负责。秘书处下设行政、计划、推行、考核四个小组及月刊社，日常工作中具体的事项则由各个专门委员会具体实施推行。①

　　由于目标和纲领都极为明确，所以在机构的设置上也就较为科学、合理、完整。各个专门委员会的职责范围、负责内容、工作规范，当时规定得都较为详尽。例如，国民生活辅导委员会主要负责研究制定有关生活须知、礼仪服制方面的规章以及促进社会风气的改善；文化研究促进委员会主要负责各级教育制度和课程改革方面的研究，进行教育改革及社会教育的推广；学术研究出版促进委员会主要从事中国古籍的整理和出版，国际科技新著的翻译和介绍；研究设计委员会则

---

① 关志钢：《关于台湾中华文化复兴运动的几个问题》，《台湾研究集刊》2001 年第 2 集。

负责中华文化复兴运动各项活动的设计、安排等。另外像基金委员会、中国科学与文明编译委员会、中国科学技术研究发明奖助委员会、国剧研究推行委员会等，也都有各自的分工。在运动推行过程中，各委员会的工作范围不断扩充，相互间亦有所交叉。除了总会和专门委员会外，中华文化复兴运动推行委员会还设有分会、支会等地方分支机构。其组织网络不仅遍及行政区内，还向海外扩展，据统计，最盛时期，共设有 40 多个海外分支机构。此外，比较重要的还有学校推行委员会，它是由台湾"教育部"与青年救国团共同策划、在各级学校设立的，具有相对独立性。上述各机构负责人绝大多数都由国民党官员或各级行政首长兼任。[①]

4. 覆盖全面，包罗万象

台湾中华文化复兴运动涵盖的方面和内容极为丰富，表面上是包罗万象，但事实上却又纲目清晰、条理分明。

首先在内容上它是立体的、完整的，既有思想精神的范畴，又有物质的具体体现，几乎涵盖了社会生活的各个方面。以公共文化发展为例，20 世纪 80 年代，台湾开展全民性文化活动。从 1980 年开始，定期举办综合性的年度大型文艺展演，称为"文艺季"，开始时由教育部门承担主办，后来则改由文化主管机构"文建会"主办。从 1982 年到 1987 年的文艺季，都以"传统与创新"为主题。包含了音乐、舞蹈、戏曲等演艺活动。文艺季期间，在台北青年公园户外搭建的"民间剧场"，则为捏面、木刻、剪纸、竹藤编织、中国结、泥塑、灯笼制作等传统民俗技艺的展示提供了一个重要舞台。1985 年，"民间剧场"的展演内容明确分为艺能和工艺两大类，前者为以传统地方戏曲为主的表演艺术，后者则包括雕、编、塑、绘、制、裁等工艺展演活动。"民间剧场"的开办，使民间艺术得到了集中展演，切实体现了台湾文化建设对"常民文化"的尊重和重视。开始举办地在台北，从 1987 年开始，为了促进乡村文化生活发展，文艺季开始以全岛

---

① 关志钢：《关于台湾中华文化复兴运动的几个问题》，《台湾研究集刊》2001 年第 2 集。

各地巡回演出的方式将活动推展到了各个市县，活动内容上与台北没有太大区别，仍以音乐、舞蹈、戏曲、民俗表演等表演艺术活动为主。①

5. 政策完备

台湾的中华文化复兴运动，其目标在委员会成立之初就确定了。但是具体内容以及所开展的工作却是不断扩充并改善的过程。

例如，1977 年制定地区发展的"十二项建设"规划，其中一项就是有关文化方面的"文化建设"。1979 年，蒋经国委托人类学家陈奇禄研拟并发布《加强文化及育乐活动方案》，提出十二项落实文化建设的措施方案：①设置文化建设和文化政策推行的专管机构。②发动民间热心人士组织成立文化建设协进委员会，成立文化基金会，以推动整体文化建设。③举办文艺季。④设置文化奖。⑤积极讨论《著作权法》，早日予以修订完成，以促进文化的成长。⑥修订《古物保存法》为《文化资产保存法》，设置文化资产管理委员会，并确定台湾地区的史迹。⑦加强文艺人才的培养，并提高国民文艺鉴赏能力。⑧音乐水平的提高。⑨国剧和话剧的推广和扶植。⑩文化活动中心的设立。⑪传统技艺的保存和改进。⑫民间设立文化机构的鼓励。这十二项措施涵盖文化体制、文化硬件建设和软件环境养成，乃至文化人才培养等，此后台湾地区的文化建设和发展也基本上按照这个蓝本进行。②

6. 循序渐进，周期长久

强调运动与现实之间的密切联系。因为从农业向工业社会转型，需要一个较为长久的时期，国民心理的不适应也将是个较为常态的问题。因此，转型过程中问题存在一天，运动便有持续一天的必要。所以蒋介石强调"文化复兴运动不是属于一时一地的运动，而实为复兴民族，重建中华，一种长期运动"。这场运动前后持续了 20 多年的时

---

① 林秀琴：《1980 年代以来台湾文化政策的演变》，《福建论坛》（人文社会科学版）2011 年第 8 期。

② 同上。

间，1988 年蒋经国先生离世，基本停摆。

7. 形式多样，规定周详

中华文化复兴运动推行委员会制定颁布了经蒋介石亲自审定的《国民生活须知》。《国民生活须知》共计六章九条，分为一般守则、食、衣、住、行、育、乐等几个方面，对人们衣食住行、行为举止规定得非常详尽。与《国民生活须知》相配套，中华文化复兴运动推行委员会还于1970 年10 月颁布了《国民礼仪范例》，共七章七十九条，对婚丧礼仪和祭祀方面进行了更为周详细致的规定。

8. 强调落实，融入日常

所有的理念只有落实成为民众行为，才具有社会价值和意义。在中华文化复兴运动中，融入了很多仪式性的程序。通过对传统形式重新发掘、充分利用，来弘扬其中的文化内涵。在此情况下，各种传统文化节日成为重新开发的重中之重。

例如，中国文化强调孝亲敬祖，强调尊崇民族英雄。所以台湾就将清明节设立为"民族扫墓节"，放假一天。并在报纸上广刊纪念文章，对那些为中华民族发展作出过贡献的列祖列宗遥寄哀思。这不仅增强了民族的认同感和凝聚力，而且起到了鼓舞民众礼敬、学习先贤的作用。

这些传统节日的另一个作用，就是对抗西方文化思潮对青少年的侵蚀。任何一种文化，最初往往是披着节日的外衣登陆并逐渐产生影响的。例如，现在很多大陆人热衷于西方节日，圣诞节、愚人节、情人节不一而足，逢节必过。实际上当初台湾在转型时期也曾遇到过类似的尴尬。他们的做法是通过对中华传统节日进行文化阐释，同时实行节日立法，逐渐引导人们回到传统文化中来。传统节日，通过文化复兴运动得到了进一步强化。

9. 移风易俗，提倡新风

复兴文化，并不是对传统习俗毫无保留地全盘接受、继承和倡导，有时又需要区别不同情况，对那些不适应时代发展需求的、落后的、愚昧的、丑陋的习俗风气进行改造或者彻底革除。要进行详细的甄别，对那些不宜保留且需要剪除的进行确认，提出具体的处理方案。例如，每当春节，赌博盛行，运动委员会就提出要革除"陋习"，代之以"正当康乐活动"；又如，清明节等祭拜活动，过去有焚烧纸钱的习俗，造成了很大的纸张浪费和空气污染，于是发出不烧纸钱，不搞牲礼祭拜，厉行节约的倡议。为了寄托哀思，又引导人们改用茶点、水果、鲜花进行祭奠；春节的燃放鞭炮，也是传统遗存，但是在城市发展过程中，鞭炮引起噪声、空气的污染，甚至伤人事件屡屡发生，所以也提出要限制；对部分庙宇浪费巨大的活动，也予以劝导改善；而过去极为流行的寺庙外搭台唱戏等传统，因为噪声的影响，所以在时间上也做了一定的限制和规范。这些举措，无疑很受民众的欢迎。

（四）中国台湾"中华文化复兴运动"的反响与效果

由于意识形态纷争的原因，过去大陆对于台湾中华文化复兴运动采取全盘否定的态度，认为它是反对中国共产党的反动思潮。虽然这场运动就蒋介石而言，有着明确的政治目的和反动动机，但是在客观上，对于推进文化学术研究，增强人们对中国传统文化的全面了解，无疑具有积极意义。所以，当我们剔除意识形态方面的毒素，其在文化建设方面所取得的成就还是有目共睹的，尤其是对中华优秀传统文化的保留和整理，功不可没。同时，运动的成功经验和一些有益做法，值得我们借鉴和学习。

1. 系统的古籍经典整理出版以及普及读本的热销

就拿古籍整理工作来讲，中华文化复兴运动开始后，在学术研究出版促进委员会的倡导下，由台湾商务印书馆组织编印出版了一套"古籍今注今译"丛书，《尚书》《诗经》《礼记》《周礼》《论语》《孟子》《大学》《中庸》《周易》《老子》《庄子》《春秋左传》《史记》等古代经典名著皆囊括其中，共计有28种之多。民间出版机构对此项活动亦很热衷，纷纷效仿，先后出版有《白话史记》《白话三国志》《白话资治通鉴》等白话译注。与此同时，为了向广大青少年以及非文史类普通民众推广和普及传统文化，中华文化复兴运动推行委员会还组织编印出版了一部《中国历代思想家》，以浅近通俗的白话文字介绍中国历代思想家及其学说观点，深受社会各界欢迎，并带动了一股通俗著作出版热。另外，中华文化复兴运动推行委员会还组织专家撰写中国文化方面的研究专著，如《中华文化概述》《中国史学论文选集》。"文化大革命"后，这些著作中的许多读本，被大陆出版社陆续引进，尤其以中华书局等名牌出版社引进最为系统和丰富，版本选择也较为优质。

2. 实现了教育改革，促进了"九年国民教育"的实施

台湾教育改革的重大成果"九年国民教育"是由台湾中华文化复兴运动直接促成的。中华文化复兴运动推行委员会秘书长谷凤翔甚至总结说："十年来中华文化复兴运动努力推行的最大功效，是策划完成实施国民九年义务教育。"其着眼点在于这项制度，不仅延长了义务教育的时间，而且通过在中小学中普遍地推行传统文化教育，有助于逐渐提高全社会全民族的综合文化素质，其影响和作用极为深远。最起码提高了台湾民众与大陆之间的民族和文化认同感，对于遏制台独势力，促进国家统一大有裨益。

3. 有力地提升了民众的文化素养，促使整体文明程度大幅度提高

随着两岸关系破冰解冻，民间来往频繁。许多大陆同胞以访问和旅游的形式踏足宝岛，人们惊喜地发现，这里有着很多令人欣慰的景象。例如，民众的文明素质普遍很高，没有随便吐痰扔垃圾的，没有大声吵闹喧哗的，没有坑害顾客缺斤短两的，没有出售假货和有毒食品的。人们往往面带微笑，彬彬有礼，即使是遇到了不相识的人，也会轻声问候，送上祝福。而且青山绿水，环境优美。道路上也鲜见"路怒族"，人流车流都是井然有序。而戏曲、音乐、美术、舞蹈、雕刻等，也都打上了深刻浓重的中华传统文化的烙印。人名、地名甚至企业名乃至广告用语等处处彰显出中华文化元素。以至于胡锦涛同志也赞誉说"中华文化在台湾根深叶茂，台湾文化丰富了中华文化的内涵"。

这些令人感到颇为愉悦的景象，是台湾多年推行中华传统文化的结果。我曾经采访调查过很多60岁以上的台湾人，他们说以前台湾的文明程度并不高，随地吐痰和乱丢垃圾的现象也是随处可见。后来因为台湾的中华文化复兴运动，在中小学制定了很多行为规范，小孩子们学习后，不仅自己遵守，还要督促大人遵守，这样，整个社会风气才逐渐好转起来。可见，台湾在中小学教育中实行儒家伦理道德教育还是很见成效的。

台湾中华文化复兴运动也并非全是成功的经验，也有许多在具体实践中暴露出来的问题。例如在教育改革过程中，在中小学普遍推行的以"四维八德"为核心的道德文化教育，因为内容陈旧、形式过时，所以实际效果并不理想。

（五）如何看待中国台湾中华文化复兴运动

毋庸讳言，蒋介石发起的台湾中华文化复兴运动本身带有浓厚的政治色彩，这也是其在很长的历史时期内不为大陆所接受和提及的根本原因。

但是，当人们放弃成见，冷静审视台湾这场运动时，就会发现剔除其反共内核，在文化上对中华民族的兴旺团结还是有相当积极的促进作用的。

海峡两岸在相互隔绝60余年的情况下，两岸人民再次重逢时，并没有产生太多的陌生感，而是有种久别重逢情浓于水的亲切感，并且在思维方式、民族传统、宗教信仰、情感表达和生活习性等方面都有着惊人的相似。无论是台湾人到大陆，还是大陆人到台湾，相互间都觉得非常亲近和谐。这样的民族感情，这样的共同文化基础，实际上比任何政治和军事力量都来得更为有利，它是两岸实现真正从领土到民心统一的根本基础。从这个角度，说台湾中华文化复兴运动有功于国家和民族并不为过。

如今海内外的华人普遍承认，台湾的中华文化氛围相对要比自1949年后经历了历次政治运动，尤其是"文化大革命"破坏的大陆浓厚得多。这是因为台湾的中华文化复兴运动注意从青少年抓起，从整理优秀古籍抓起，从民众道德风尚抓起，从日常习俗抓起，以此凝聚台湾社会对国家与民族大家庭的认同感，对日据影响和西方分裂势力护佑的"台独"有着釜底抽薪的作用。所以，这场中华文化复兴运动的成效已经获得了全社会的普遍认同。

尤为值得庆幸的是，当大陆从阶级斗争转为以经济发展为中心的时候，我们也经历了台湾1960年转型时所面临的各种困惑。这个时候发现，台湾中华文化复兴运动的探索和实践，带给我们很多非常有益的启示。认真总结他们的经验和教训，对我们开展中华优秀传统文化的传承传播，提高全民素质，改善全社会文明素养，都有相当重要的借鉴意义和价值。

四　儒学为主的东方文化在日本和韩国的保留和传播

日本和韩国都是深受以儒学为主的东方文化影响的国家，过去惯常被视为同属受到中华传统文化影响深刻的儒学文化圈国家和地区。

日本和韩国的情况与新加坡有很大不同，与我国台湾地区情况更不一样。儒学文化在不同历史发展的时期，慢慢渗透到了日韩的伦常道德生活理念中。在现当代，作为亚洲经济飞速发展的国家，他们受到西方影响更大，也并没有像新加坡或者台湾地区那样，开展传统文化复兴运动。但是这并不意味着他们就丢掉了东方文化的传统。由于经济发展、科技进步，日韩的文化创意产业都在世界上占有一席之地。这使他们在儒学文化的传承与传播方面同样闯出了一条新路子。以电视剧生产为例，日韩的家庭伦理电视连续剧充满了以儒学精神为主干的传统文化内涵，人物形象饱满，精神向上，宣传真善美，给人以有益引导，所以在全球文化市场上广受欢迎，这对我们有着借鉴价值和意义。

（一）日本

四十年前，改革开放伊始，中国刚刚从阶级斗争为纲的阴霾中走出来。寻常百姓的每一个傍晚，老老少少准时准点地围坐在黑白九英寸电视机前，等待着日本电视连续剧播放。《排球女将》《阿信》都给当时尚在艰难中起步的中国人以前所未有的精神激励。那种百折不挠的精神，那种艰苦中卓然奋起的斗志，每天通过小小屏幕浸润着迷茫而不甘于落后的中国人。我们虽然并不清楚应该怎样用语言表达那种精神和力量，但是分明感受到了什么是自强不息，什么是卧薪尝胆，什么是厚德载物，什么是诚信为本。当时的日本连续剧，毫不夸张地说就是教科书，不仅培养了中国的室内剧编剧、导演、演员，更将民众从冷漠斗争的环境中拉回到了正常人的情感世界。在中国自己的"女排精神"旗帜树立之前，同样影响着中国人的精神，引导人们为了四个现代化奋发努力。许多人在日本的影视剧中找到了一种在当时中国大陆久违了的精神力量。后来人们发现这种精神力量本身就打着非常深刻的中国文化烙痕，更发现日本对儒学的历史推崇已经转化为大和民族的文化基因。人们感慨日本对传统的保护和传承比我们要先行一步。

明治维新本是日本转向西方的开始，按照寻常的理解，是对传统的抛弃与革命。但事实上，以立法的形式促进传统物质文化和非物质文化的传承恰好是从明治维新开始的，且出台的法律最多也最集中。例如，1871 年的《古器旧物保存法》、1897 年的《古社寺保护法》、1919 年的《古迹名胜天然纪念物保护法》、1920 年的《文化财保护法》、1929 年的《国宝保存法》、1933 年的《重要美术品保护法》等。1950 年颁布的《文化财保护法》（并于 1964 年进行了法案的修订）更是具有里程碑式的意义。该法强化了"文化财"的传承体制，强调了政府与民间团体协同传承的规定，在文部科学省下面的文化厅专设了"无形文化遗产保护条约特别委员会"，就非物质文化遗产保护进行提案。各都道府县的地方政府教育委员会中均设立文化遗产保护的主管机构。这是全世界最早制定的非物质文化遗产保护法案。在此之前，世界上还没有一个国家对于本国的非物质文化遗产给予特别关注。日本首创的"人间国宝"制度在非物质文化保护和传承中发挥了极大作用。从 1955 年起，日本政府开始在全国不定期地选拔那些有"绝技""绝艺""绝活儿"的老艺人、工匠等大师级人物，将他们认定为"人间国宝"。为使该技艺流传于后世，国家要求非物质文化传承人通过实际操作来展示其工艺技术所需要的材料、工具及其各个工序，并把它们用文字、实物、照片或摄影等方式记录下来。如果传承人以保密为由，拒绝将绝技向世人传播，就无法获得政府认定的"人间国宝"或"重要无形文化财产的持有人"资格。而一旦被认定为"人间国宝"后，国家会每年拨出 200 万日元的专项资金，对其进行定向资助，以保障他们能够对技艺进行潜心研究，培养传人。1975 年以后，日本又规定将"民俗文化财"分为风俗习惯、民俗艺能、民俗技术三类，加以保护。日本在"重要无形文化财"的认定上坚守宁缺毋滥的原则，选择标准非常严格。日本立法的态度严谨，执行起来也非常认真。依据这些法律，政府出台政策，拨出专款进行物质与非物质文化遗产登记和维护工作。此外，他们对青少年传统文化的熏陶和教育也非常重视，特别规定中小学必须安排学生在校期间观看一次能剧等传统文化艺术表演。这样的举措，极大地增加了青少年对民族文化的感性认知，培养了文化认同感和自豪感，为民族文化生存和发展开辟了未来。从 20 世纪 80 年代开始，日本又推出并实施了由国家组织的"民俗资料紧急调查""民俗文化分布调查""民谣紧急调查"等，通过调查登记，进行文化摸底、统计，制定保护方案，通过拨出财政预算、设立基金等方式进行保护。与此同时，还通过举行各种全国性的大赛等形式，选拔人才，向民众宣传传统民间文化，使更多的人通过了解、接触而喜爱、珍视，成为文化的自觉捍卫者甚至是传承者，以促使国人对传统文化的保护和传承的重视。日本实施的"人间国宝"认定制度，是对"无形文化财持有者"个人成就的一种最高赞誉。现在中国所实施的"非物质文化传承人"计划，实际上就是借鉴了日本的做法。20 世纪中叶以来，日本还广泛开展了以弘扬乡土文化和公共艺术为特征的"造乡运动"。

（二）韩国

近年来谈到东方儒学文化时，很多文章都引用据说是美国夏威夷东西方文化研究中心提供的"儒家文化在东方各国影响力"的调查报告，该报告显示，在受调查的几个国家和地区中，受儒家文化影响最深的是韩国，中国大陆则排在最后一位；韩国首都首尔最合乎儒家的核心价值，中国上海排在最后。这样的结论毫无疑问是缺乏事实依据的，会给世界带来极大的误导。但是一个不可否认的事实是，韩国重视传统文化，并且善于将传统文化与国家形象结合起来，将传统文化融入商业等一切现代社会生活之中。

韩国是较早借鉴日本文化遗产保护的诸多经验，取得极佳成效的国家。1962 年颁布的《文化财保护法》将传统文化遗产划分为有形文化财、无形文化财、纪念物、民俗文化财四大类。同时对全国文化遗产进行了系统而全面的普查。他们在 1964 年启动"人间国宝"工程，把那些能够承担起文化遗产项目的人，通过较为严格的程序认定为传承人。韩国实行的是"金字塔"式的文化传承人制度。通过非常严格的筛选和认定程序，将在全国具有传统文化技能、民间文化艺能或者是掌握传统工艺制作、加工的最杰出的文化遗产传承人确定下来，通过立法的形式对他们进行扶助，以使民间技艺能够得到切实传承。获得最高荣誉的共有 199 人。这些文化遗产传承人无不得到各级政府的大力保护和财政支持，同时也受到社会大众的尊重。国家给予他们用于公演、展示会等各种活动，以及用于研究和扩展技能、艺能的全部经费，同时政府还提供每人每月 100 万韩元的生活补助和一系列医疗保障制度，以保证他们衣食无忧。而他们的才艺得到社会和政府的认可，使其商业价值剧增，从而带给当地政府、社会更多的经济回报，推动了经济发展，减轻了政府财政压力。同时，顶级传承人也要履行每年举行国内外 2 次以上公演的任务，并且有义务将其技能或艺能传授给

"金字塔"后两层，即"助教"和"履休者"人员，他们在顶级传承人的带领下进行传统技能、艺能的研习。这一制度以师带徒，不但保证了非物质文化遗产的可延续性，还提供了丰富、完善的民俗文化技能、艺能的条件。为落实对文化遗产的法律保护，韩国制定了比较严密的制度和保护措施，不仅有"事故问责"制度，还有专门的挖掘、论证、推荐遗产的"发现"责任制度。

同时韩国还以政府的名义，出面举办各种形式的大型文化活动，通过活动，不仅使更多的民族民间艺术人才脱颖而出，极大地鼓舞了人们对传统技艺的保护、学习、传承，而且广播、电视、报纸、杂志、网络等各种媒体都对这些文化活动不遗余力地进行大规模宣传，提高了这些文化遗产在国际和国内的知名度和美誉度。

保护的目的，更在于发展、繁荣当下文化，将儒家文化与现代化相结合，使之焕发新的活力，韩国在这方面取得了骄人业绩。韩国除了保护政策的有效实施和政府的大力运作外，还得益于商业炒作和旅游业的参与。韩国人把民俗村的活动组织得有声有色，使民俗村成了很受欢迎的旅游地。有人认为，深入挖掘儒教的精髓，把传统文化的背景融入现代生活之中，就是具有韩国特色的"韩流"之路的成功所在。通过这样一个过程，不仅很好地保留了儒学文化的精髓，而且极大地促进了国民经济的发展。

另外，韩国非常善于进行文化营销，他们在商业和旅游业各项现代文化产业中，强调民族的、传统的文化色彩，使传统文化借助现代手段走出去，形成深远的影响。例如，通过奥运会，大力宣传韩国泡菜以及泡菜文化。结果，泡菜这一在中国历史最为悠久、产量最为巨大、品种最为繁多、质量最为上乘的产品，在世界上却有了"韩国泡菜最正宗"的印象。一场体育赛事，竟然成功地营销了泡菜，营销了韩国文化，这样的成功案例不由得使人感慨万千。韩国曾经要申报端午节"世界遗产"，引起中国人的极大震动，可见，你有，你早就有，并不一定代表着将来还属于你。尽管有传统文化的优势，但是如果没有对传统文化的保护，没有文化的传承与传播，就将失去传统文化的优势。

韩国的文化产业发展迅猛，后来居上，取得了骄人的业绩。近些年韩国生产的电视剧、电子游戏等，很多都是以中华优秀传统文化为思想基础的。例如《蓝色生死恋》《大长今》《来自星星的你》等韩剧，都表现了儒家伦理道德观念，赢得了儒家文化圈广大电视观众的肯定和喜爱。十多年前，在互联网尚不发达的年代，许多旅居美国、加拿大等国家的华人，尤其是那些陪读的太太，或者是第一代移民，无论是自己探亲，还是亲朋好友有回乡的机会，他们总是要亲自或拜托他人千方百计在大陆购买电视连续剧碟片。但令人奇怪的是，他们选择的碟片很少是国产片，大多都是大陆翻译后出版的韩剧。为什么那样一个极为庞大的远离故土的中国人群体，生于斯，长于斯，对故土浓浓的思念之情，不能用自己祖国的文化产品来慰藉，而要依靠韩剧来伴随自己度过漫漫的寂寞之夜呢？百思不得其解，调查询问过很多人，发现购买者大多是第一代移民家庭的女主人，她们的回答非常相似：第一，自己欣赏。因为这些韩剧情节起伏跌宕，情感细腻充沛，适于观赏。第二，可以成为自己和祖国之间情感的纽带。因为这些影视作品宣扬的是儒家伦理情怀与现代生活的巧妙结合，符合自己的价值追求和审美取向。第三，可以作为子女不忘祖国文化的教科书。因为韩剧中涉及非常多的关系，如父子关系、夫妻关系、婆媳关系、兄弟姐妹关系、上下级关系、同事关系、生意协作竞争关系等，涉及怎样对待家庭、怎样对待学习、怎样对待工作、怎样对待挫折、怎样对待友谊、怎样对待爱情等。几乎涵盖了所有的社会关系、家庭关系和情感世界。

（三）国产电视剧的现状

中国的电视连续剧也曾有过辉煌，《渴望》曾经创出了万人空巷的奇迹。《红楼梦》《西游记》《三国演义》等根据中国古典名著改编的电视连续剧，也曾每天定时将无数的家庭锁定在电视屏幕前。

曾几何时，电视装备改善了，拍摄水平提高了，但是中国电视剧的灵魂却找不到了。中国的电视剧与日韩相比，不是败在了拍摄技术、设备档次、后期制作、舞台美术、画面处理上，而是败在了编剧上，败在了剧本的内涵上。正因如此，才会有那些侮辱观众智商、歪曲历史的抗日神剧，才会有那么多充斥着阴谋小道的宫斗片，才会在屏幕上出现是非不辨、黑白颠倒的反道德反伦理剧作。一个泱泱大国，从来都讲求治国大道、为人大道，竟然沦落到了如此不堪的地步。

同样，中国动漫作品也是如此，缺乏原创。思想苍白、故事老套、语言生硬、说教意味浓厚是普遍存在的问题。既缺乏思想的冲击力，又缺乏情节的感染力，趣味性、欣赏性都少有吸引力，难以抓住受众。

（四）日韩电视连续剧的启示

1. 日韩电视剧的成功，在于有丰沛而深厚的内在精神

这个丰沛而深厚的内在精神核心就是中华优秀传统文化的基本精神。他们能够在坚持儒学文化神髓的同时，贴近现实生活，通过感人的故事情节、生动的人物形象塑造合理的人物结构关系，进行优秀传统文化的表达。例如孝道、友悌、诚信、忠贞、乐善好施等，这些都是儒学大道。

2. 讲好故事是对民众最好的教化

文化软实力学说之父约瑟夫·奈曾经说过："在信息时代，我们必须要意识到，有时候真正的赢家不是看哪个国家拥有最强大的军力，而是看哪个国家的故事讲得最动听。因为在互联网上，没人知道你有多少武器，只有讲好一个故事才能吸引人。"[①]

好的故事，能够吸引人、打动人、感染人、改造人、引导人，互联网时代，最关键的是要讲好故事，因为这是前提，只有能够吸引人、打动人、感染人，才能改造人、引导人。

中国优秀传统文化博大精深，蕴藏着无数的精彩，把这些精彩以简易的、受众可以听懂的方式描绘出来、表述出来，借助故事阐释背

---

① 黄滢：《软实力之父约瑟夫·奈接受本刊专访：中国领导人是讲故事高手》，《环球人物》2013 年第 34 期。

后的价值观念，这是当代中国文化人必须学会的本领，也是必须运用的方式。因为这是一种对历史传承的承担，是对现实社会责任的承担。

3. 中国人讲好中国故事的优势

无论是电视剧还是电视节目，无论是图书还是数字新媒体，中国都缺乏位于行列前沿的文化领军人物，都缺乏能够真正占据市场优势的知名文化品牌。思想苍白、内容刻板、原创性差是普遍存在的共性问题。

我们在讲述中国故事的时候，一定要改变过去的思维定式，改变板着面孔说教式灌输的表达方式，针对不同的人群，根据他们的认知能力、欣赏习惯、心理需求，以他们习惯的语言、叙事方式讲述好中国文化的故事。通过精彩故事传递中华价值观念，增强文化自信。要加强以中华故事为题材的艺术创作，将中华精神、中国特色与民众语言、现代元素有机地结合起来，创作出无愧于中华优秀传统文化、无愧于时代的文化艺术精品。

五 西方国家对于本国传统文化遗产保护的做法

除了新加坡、日本、韩国以及中国台湾这些儒学文化圈内的做法值得借鉴外，我们不妨将目光再转向更广阔的世界，看看古老的西方，是怎样保护、传承并传播本国本民族文化遗产，并使之成为现代社会生活不可或缺的一个组成部分的。该部分的论述不求全面、系统，仅就与本课题相关的某个问题进行简要介绍。

1. 英国

英国的传统文化底蕴深厚，曾经的文艺复兴运动是世界上最为著名也是成效最为显著的思想启蒙运动，是在文化传承名义下的创新运动。英国的学术，英国的小说、戏曲创作，都走在了世界的前沿，成为欧洲文化的引领者，并促成了欧洲的工业革命。

但英国的传统文化，例如戏曲，很多方面实际上还是沿袭了市场化商业运作的模式。1949 年，英国议会才在法律上对建立国家剧院给予认可。英国艺术委员会（ACGB）自成立伊始就对戏剧演出团体进行资助。保守党政府通过发行国家彩票，吸引资金，扶持福利事业、体育事业、文化遗产、艺术和一个"千年基金"。

在文化传承方面，英国重视教育所发挥的重要作用。1987 年发布了《高等教育——应付新的挑战》白皮书，该书强调要把增进人文学科学术成就作为高等教育目标之一。在课程设置上，加大人文课程比重。

2. 法国

法国在文化遗产的传承方面起步较早且成效卓著。1840 年，法国颁布了世界最早的关于文化遗产保护的法律，开辟了立法保护文化遗产之先河。第五共和国的建立及戴高乐总统上台后，法国政府设置了文化部，文化部下设有文化遗产局，地方上也有相应机构。另外值得学习的是，法国政府还设立了"文化遗产日"，采用多种方式方法宣传本国文化，促进广大国民参与文化遗产保护。另外，法国人深知语言是文化的基本载体，针对英语使用上的人口数量强势，法国感到了巨大的压力，并为此开展了保护法语运动，目的是要保障法国文化的传承传播。

他们通过税收减免和资金支持等方式，保护法国戏剧。2005 年11 月，法国教育部与文化部联合成立了"艺术与文化教育高等委员会"，调研地方现有条件，提出适合的艺术普及策略，为公共艺术与文化教育提供建议。2011 年萨科齐当选法国总统，就文化政策提出了"重视文化创新与传承"的核心理念。强调传承与创新相辅相成、二者并重。

3. 德国

德国政府对于德国文化的支持和保护力度巨大，从而使德国文化不再屈就于生存及市场的压力，而专注于文化本身。

设立各类文化奖项和为艺术家提供奖学金是德国支持艺术家发展的重要政策工具。《德国文化奖项手册》对历年德国艺术家获得奖项和奖学金的数量进行统计，1978 年德国艺术家获得奖项和奖学金的奖项数是 776 项，1994 年增加到 2000 项，2016 年则增加至 3000 项。

4. 美国

美国建国的历史并不长，但这并不意味着他们漠视自己的文化发展。美国是个移民国家，崇尚文化多元融合。虽然它自身并没有固有的美国传统文化需要传承，但是政府把文化发展作为国家软实力来对待，在文化传播方面开辟了新的途径。他们的文化传播渠道、方式方法都充满了创新，而这些也恰是我们进行中华优秀传统文化传承与传播需要借鉴和学习的。

美国是个经济、军事强国，也是教育、科技强国。他们依靠教育的力量来推进人文科学的进步。1984 年，美国全国人文学科促进会推出了《挽救我们的精神遗产——高等教育人文学科报告书》，以进行美国高校的课程改革。该方案的做法是通过设置"核心课程"，在高等教育过程中加强人文教育。核心课程计划强调人文学科的中心地位。所有攻读学士学位的学生，不分专业要在前两年集中选修一套（十门）核心课程，其中七门属于人文学科，以保证学生人文素养的全面提高。

美国商业戏剧发达。以百老汇为典型代表，百老汇是美国戏剧繁荣的代名词，而外百老汇戏剧则是小剧场运动的继续。外百老汇剧团除支持和扶植勇于创新的剧作家以外，还在介绍和引进欧洲先锋派戏剧方面做出了巨大贡献。

小　结

1. 中华优秀传统文化具有广泛的适应性，可以不择地、不择时而生长繁荣。新加坡、日本、韩国的经验说明，中华优秀传统文化不仅适应中国，而且适应其他国家和民族；不仅适应古代，而且能够跟现代社会生活很好地结合。

2. 新加坡"文化再生运动"和中国台湾地区"中华文化复兴运动"的经验是借助当局力量，对中华传统文化的传承与传播进行顶层设计，制定相关的行动纲领。这样有利于全体上下统一思想，形成合力。

3. 中国台湾的"中华文化复兴运动"在组织结构上更加严密，其经验是设置相关的、责权利配合的机构，负责各个方面具体工作的推进，这些委员会一般以某某委员会形式存在。

4. 无论是新加坡还是中国台湾，在传承与传播中华优秀传统文化时，都注重将儒学经典与现代生活相结合，注重对传统思想进行清理，取其精华，去其糟粕，并作出符合时代需求的新阐释。

5. 把中华优秀传统文化研究看成是专门的学问，进行专业的研究和梳理。新加坡和中国台湾都注重将优秀传统文化从学术、思想、精神上，转变为社会生活中具体的行为规范，对国民进行指导，强调知行合一。

6. 中华优秀传统文化的传承与传播应从青少年做起，新加坡和中国台湾地区都在中小学教育的课程设置方面注重优秀传统文化教育。

7. 中国台湾的"中华文化复兴运动"一个卓有成效的成果是通过图书出版来实现的，其做法是由当局出面，组织大学研究院的高端学术机构和著名专家学者撰写通俗易懂的研究专著，向低层次文化阶层和青少年进行中华优秀传统文化的推广和普及。因为他们是基础，为数众多，从思想而言，需要精细具体的指导，所以这项工作尤其重要。

8. 推进优秀传统文化的传承与传播，要有相关立法配套和政策措施，无论是日本、韩国还是欧美，在这方面都有很多成功的经验。

9. 中华优秀传统文化不仅适合中国，也适合世界，它是完全能够与现代化、国际化对接的思想体系；新加坡的思想建设就证明了这一点。

10. 将现代文化产品充实进传统文化内涵，是传统文化传播的好办法。日本和韩国通过电视连续剧等大众传媒讲好传统伦理道德的故事，教化民众；日韩的很多政界和商界领袖也都很尊崇儒学文化，这些社会精英为民众崇尚、学习、遵循传统文化树立了榜样。

11. 优秀传统文化虽然不是宗教，但是在传承与传播过程中并不排斥一定的仪式和外在形式辅助。例如，新加坡的祭孔以及在公园等公共场所树立孔子、关云长等塑像，韩国每年的祭孔仪式、中国台湾的祭孔活动以及青少年的成人礼等，都是利用一定的礼仪、形象传播文化。

12. 利用传统节日、习俗等宣传传统文化，新加坡、韩国以及中国台湾等在这方面都有显著成效。

第 五 章

传统文化历史性失落及
当代传播三次创新

一 中华优秀传统文化百年来的境遇

在这里，首先要厘清一个概念，即儒学思想、儒学文化与中华优秀传统文化的关系。因为在学术论述中，两者总是相伴而生。在我们看来，儒学或者说儒家思想，是中华传统文化的重要组成部分，甚至是中华优秀传统文化的核心部分。但是，儒家思想并不等同于中华优秀传统文化。中华优秀传统文化包含儒学，但是不限于儒学；有儒学精神，但是剔除了陈旧腐朽，经过了现代性的转变；既具有传统应有的稳固性、历史性，又具有与时俱进的适时性和当代性。但因为核心在儒学，二者关系密不可分。所以在论述中，常常会互为替代提及。就如同考察儒学发展，便得以认识中国传统文化的基本走向。

（一）中华优秀传统文化传承与传播旧有体系坍塌过程

陈来在他的《百年来儒学发展的回顾与前瞻》一文中指出儒家思想和文化能够得以生存有三个重要基础。一是国家、王朝宣布它为意识形态，正式颁定儒家的经典是国家的经典，即王朝统治的推行；二是教育制度，主要是科举制度，科举制度规定了儒家经典作为文官考试制度的主要科目；三是几千年来，中国社会流行的、家族的、乡治的基层社会制度。① 陈来教授所说的儒学思想和文化生存的三个重要基础，实际上是中华优秀传统文化传承的完整体系，这个体系由三个传播渠道构成，每个渠道代表着不同的方式。

中国儒学在历史的发展过程中也经历过坎坷，例如在元代，孔子的尊号已经封到了至高无上无以复加的地位，虽然统治阶级并没有真正将其作为唯一的王朝意识形态。但在太学，在各级官学、私学、书院中，儒学经典依然是官方指定的读本，在国家的文化机构，刊刻最多的是儒学经典，在译文馆中儒学的经典也被皇帝诏令翻译成蒙文、藏文等供各民族学习。

儒学真正遇到挑战面临危机，发生在 20 世纪前现代的中国社会。陈来的《百年来儒学发展的回顾与前瞻》将近百年来儒学发展总结为四个阶段。第一个阶段，就是清末到民初政教的改革时期。1901 年全国开始兴办新型学堂，这对延续了一千多年的科举制度是一个巨大冲击。1905 年后，科举制度结束，但是在学校还保留了经学的课程，并且要在孔子诞辰日举行祭孔的典礼。辛亥革命以后，尊孔读经的教育遭遇到了根本挫折。蔡元培主政教育部，决定删除经学课程，废止祭孔典礼。这是儒学在其历史上遭受的最大冲击和挑战。第二个阶段，是 1915—1919 年的新文化运动时期。这场以西方近代文化为号召的文化启蒙运动，将中国传统文化作为批判的对立面。这次，使从清末到辛亥革命后已经退出政治领域和教育舞台，但在伦理精神领域依然保持优势的儒学，受到了彻底的冲击。"因此，经过新文化运动，儒家文化的整体已经离散、飘零。"第三个阶段，陈来认为是从"九一八"到抗战结束，这是民族复兴意识高涨的时期，所以民族文化的重建也得到了很大发展。第四个阶段就是革命和"文化大革命"这个阶段。②

对陈来四阶段的提法完全认同。所不同的是具体划分。我们认为，第三次应该是革命与"文化大革命"。而第四次冲击则是改革开放的前 20 年。在 20 世纪 80 年代改革开放的动员期，形成了一股启蒙思

---

① 陈来：《百年来儒学发展的回顾与前瞻》，《深圳大学学报》2014 年第 5 期。
② 同上。

潮，这个启蒙思潮呼应了五四时代的新文化运动，也是以批判传统作为 20 世纪一个主要基调，儒家被作为现代化的一个对立面。到了 90 年代，市场经济的蓬勃发展所带来的功利主义盛行，对儒家传统和中国文化的传统在思想上、伦理上也形成了有力冲击。具体表现不一而足：为经济利益牺牲公众利益；为攫取利润破坏环境；制假售假，有毒食品泛滥；师德医德沦丧，超出道德底线；敬老爱幼的家庭伦理，被金钱利益所侵蚀。更为严重的是官场贪腐成风，已经严重地影响了整个社会的道德信仰，破坏了执政党的威望和信誉。很多人将传统文化被破坏的板子打在了改革开放将工作重心转移到经济建设的大政方针上。这实在是政治上糊涂、思想上混乱的认识。前三次尤其是第三次对中华传统文化的彻底破坏，才导致了这个阶段所有破坏力的总爆发。所谓因果而已。

持有类似观点的人并不在少数。李祥熙先生在《关于中华文化在两岸传承与发展的几点思考》一文中描述道："首先是'五四'和'批孔'从观念形态上动摇了中华文化的根基；其次是暴力革命从生活形态上打碎了'温良恭俭让'的传统美德；其三是'文革'的'破四旧、立四新'从物质形态上将中华文化打翻在地；其四是城市化建设浪潮使残存的古民居、古村落等物质形态的中华文化雪上加霜；其五是 40 年来不规范的市场经济环境正在全面异化中华文化。虽然近年来党和国家越来越认识到'弘扬中华文化，建设中华民族共有精神家园'的极端重要性，但由于三种形态的中华文化已遭重创，中华民族几千年赖以安身立命的根本已被连根拔起，良好的政策初衷已经难以收到预期的效果。可以说，祖国大陆近乎四代人没有受过系统的中华文化教育，看不懂文言经典，不会写传统书信，甚至不知道人与人应该如何典雅地称谓、礼貌地互动，已经是见怪不怪的普遍现象。"①

儒学百年所遭遇的一切，有文化自身淘汰的规律，更是外部世界

---

① 李祥熙：《关于中华文化在两岸传承与发展的几点思考》，《山西社会主义学院学报》2011 年 3 月第 1 期。

巨变冲击下必然的反应。既然所有的存在都有合理性，那么，传统文化唯有进行自身革新来适应这些变化，谋求在新的形势和新的环境下重新焕发生命活力。

创新，包含着两个基本方面。一个方面是中华优秀传统文化思想内涵方面的革新，应该及时地对中华优秀传统文化精髓作出符合时代精神的阐释和生发；另一个方面就是当传承传播渠道和方式不适应时代需求的时候，中华优秀传统文化传承与传播应该恢复或者建立新的渠道体系，创立新的方式方法。其中对民众进行优秀传统文化的宣传与普及始终是历代最为重视也是最为行之有效的方式。在中华优秀传统文化经历百年磨难，在大陆旧有传承体系遭到彻底破坏的情况下，建立新渠道、创造新方式就显得尤为重要。

（二）近现代对民众进行传统文化普及的种种努力

中国历代不缺乏捍卫中华传统文化的仁人志士。自汉代确立了儒学的正统地位之后，直到近代都不曾有过撼动。即使是辽金元以及清代国家处于少数民族掌控之下，亦复如此。辽金都是以儒学为国家正统的，自然不消说。元代是唯一一个没有明确以儒学一统天下的王朝。但是儒学依然在卫道士们共同协力之下，保持了独有的崇高地位。元代的耶律楚材、刘秉忠等人在缺乏儒学文化熏陶的蒙元统治下，始终以各种方式试图维持儒家在思想上的道统地位。耶律楚材在各种场合给成吉思汗讲儒人以伦理纲常治理天下的道理；他从战俘中拯救儒生，使他们免于流沛；在灭宋的过程中，从战火中抢救图书典籍；制定元朝的文化政策，动员尊孔学经。而刘秉忠干脆就将元朝的首都大都建成了一座体现中华文化博大精深的不朽丰碑，使得孔子在元代获得了在历史上至尊到无以复加的封号，蒙元统治者也不得不用"汉法"对汉地进行统治。清朝300年，入关后的满族统治者不仅用汉法进行统治，而且他们自己也完全被汉文化所同化。

清末废除科举，辛亥革命后学校取消经学课程，新文化运动直接批孔。这一系列的社会思想巨变，给传统文化带来历史性的根本冲击。知识阶层的精英们深刻了解中华传统文化对于国家、民族和民众生死攸关的重要意义，做了许多传统经典文化的普及工作。

1938 年，朱自清受杨振声的嘱托开始写一部介绍中国古代文化精华的教科书，该书在 1942 年以《经典常谈》的名字出版，几年间再版 5 次之多。季镇淮称赞它"言之有据，深入浅出，意无不达，雅俗共赏，运用现代语言，讲述古史内容，令人读之不厌"。直到现在，《经典常谈》还是大专院校和文化爱好者必读之作。同样致力于经典普及的是钱穆，他早年著有《论语文解》和《论语要略》，到 20 世纪 50 年代，又专为初中以上文化程度的学生写了通俗读物《论语注解》，到 1963 年，几易其稿出版了《论语新解》。钱穆和朱自清这些国学大师都深刻地认识到，经典普及工作并不能替代经典本身，但是经典普及的意义就在于通过这些普及工作，消除读者心中畏难情绪，引导读者亲近经典，接触经典，从而学习经典，真正接受中华优秀的传统文化。①

在思想学术界，前赴后继的"新儒学"也日渐显现出了强大的社会影响力。"新儒学"的代表人物被划分为三代。第一代的代表人物是梁漱溟、熊十力、冯友兰、贺麟；第二代的代表人物是牟宗三、唐君毅；第三代的代表人物是杜维明、刘述先、成中英。新儒家的代表人物梁漱溟反对激进派的西化主张，提倡用儒家勤勉的人生态度积极处世。他的《东西文化及其哲学》主张以"东方精神文明"去医治"西方物质文明"造成的精神创伤，迎接"中国的文艺复兴"的到来。梁漱溟的政治哲学以礼乐复兴运动为其根本宗旨，这决定了其在社会政治环境的剧烈变化中，从文化哲学走向乡村建设的必然趋势。经过三代新儒学人的努力，新儒学的主张日渐清晰，并逐渐形成了一股较有影响的思想潮流。

---

① 参见季剑青《不要失去一个民族的教养——看前辈大师怎样普及经典》，《学理论》2008 年第 2 期。

二 当代中华优秀传统文化复兴的新气象

"文化大革命"十年，是国家民族灾难深重的十年，也是优秀传统文化遭受全面冲击破坏最为严重的十年。改革开放之后，优秀传统文化传承与传播在一定程度上得到恢复。其间中华优秀传统文化面向普通民众传播出现了三波高潮。三波高潮各有特色，与时代需求、科技进步、技术发展、人们的生活方式、阅读习惯的改变等相适应。

（一）以《阅读与欣赏》为标志的第一波热潮

第一波热潮发生在 20 世纪 70 年代末至 90 年代，表现为电台广播、电视授课、鉴赏辞书出版，以广播、电视、图书三种形式呈现。

1. 中央人民广播电台的金牌栏目《阅读与欣赏》

《阅读与欣赏》是中央人民广播电台的名牌栏目。其特点是名家介绍名作，由著名播音员播诵。选择的篇目都是中国历史上最为著名的名家名作名篇，例如李白、杜甫、白居易、李清照、辛弃疾、黄庭坚等人的作品。叶圣陶、臧克家、萧涤非、吴小如等知名作家、学者都曾给该栏目供稿。该栏目的播音也都是"国嘴"级别的，例如夏青、葛兰等，而人民日报社论等重要栏目也都由他们播音。《阅读与欣赏》在十几年的时间里，播诵家父傅经顺撰写的文稿多达几十篇。该栏目被听众誉为"不见面的老师"，许多师范学校或大中专教师都将其作为提高自己阅读鉴赏水平和提高授课水平的蓝本。该栏目，既有精英学习的成分，又有通过精英向更广泛的范围传递、传播、普及的意味。《阅读与欣赏》栏目的收听率虽然并没有精确统计过，但在其开办的几十年时间中，听众数目可观当是不争事实。到现在上至耄耋老人，下至"70 后"的中青年，许多人都还对这一栏目津津乐道，认为通过栏目了解了中华诗词之美，是那个时期最为精美的文化食粮。栏目以同名命名出版的不定期集刊《阅读与欣赏》也有极大的发行量，成为畅销不衰的名牌图书。《阅读与欣赏》栏目的兴盛，是与当时传播手段有限分不开的，受经济、技术制约，当时的传播唯有广播、报纸、刊物、图书，收音机是那个时代大多数城市和乡镇富裕家庭及时快捷接受外部资讯的必备品，对于占据全国人数百分之八十五以上的农民而言，即使是廉价的收音机，也是在联产承包责任制实施后，解决了温饱问题，才有能力购买的"奢侈品"，电视在城市的工薪家庭中也远未普及。正是在这样的经济、科技、社会背景之下，《阅读与欣赏》才成为当时一枝独秀的报春花。

2. 教育电视台对接高等学历教育的电大讲座

1977 年后，伴随着中国高等教育考试的恢复和之后电大、夜大的兴起，通过电视宣讲中国古代文学和历史成为 20 世纪 80 年代中后期传播中华优秀传统文化的另一种形式。这原本是通过电视对电视大学学生传授文史教程的一种形式，内容也不超出教学大纲。但听众除了电大、夜大在读学生外，文学爱好者、大学生以及大专院校和中学的语文教师也占有一定的比例。同期受众当有数百万之巨，一些授课内容丰富、表述生动的老师广受欢迎。因其开播宗旨是满足学历学习需要，所以文史知识的系统学习成为其基本特征。而对其进行科技支撑的是电视在城镇家庭的逐步普及，20 世纪 80 年代，电视成为衡量中国城镇居民家庭生活水平的一个重要判断指标、所谓的"大三件"之一，于是电大的课堂，走出了各个城市各类学校的电教室，扩散到了每个拥有电视的家庭，成为一些有文化追求、渴望知识的人们的重要选择。

3. 以上海辞书出版社为代表掀起的"鉴赏辞典"热

以《唐诗鉴赏辞典》《宋词鉴赏辞典》为代表的上海辞书出版社鉴赏类辞书的系统出版，彻底颠覆了传统辞书以字或词为单位进行知识检索的工具类图书功能，变寻求知识的专业性答案为文学鉴赏，变工具性检索为历史名篇的有序阅读。这种新的形式带动了全民阅读热潮，在城镇家庭中，购买收藏系列鉴赏辞典成为一种文化时尚。时至今日，仅上海辞书出版社出版的古典文学鉴赏辞书系列，发行总量就已经达到千万册。与鉴赏辞书热相前后的，还有台湾中华传统文化复兴运动产物"蔡志忠经典文化漫画系列"图书版权的引进。解读经典，是这个时期的重要特征。第一波高潮以电台广播、电视专用频道和图书出版为主要形式，与全民读书热、学历热相适应。虽然在表面上呈现出了电台、电视、图书三种形式，但是在实质上却是同一种形式，即都是《阅读与欣赏》的延伸和变种，在此，电视其实不是用来看的，而是用来"听"的，听者还是《阅读与欣赏》听众的中坚力量——文史爱好者，只是他们中的一部分人将个人对文史知识的爱好追求与时代新兴事物学历热结合起来了。上海辞书出版社的《唐诗鉴赏辞典》《宋词鉴赏辞典》与《阅读与欣赏》栏目相比，依然是名家名篇名人写作，只是编排顺序上更具有时序的逻辑性，虽然整体看规模宏大，但是在写作上，对每一篇章的讲解都是单篇独立的剖析与解读，并无"史"的概念，依然是《阅读与欣赏》的路数，只不过是扩充了规模而已。

4. 以 87 版电视剧《红楼梦》顾问团为代表的四大历史经典文学名著拍摄

《红楼梦》《三国演义》《水浒传》《西游记》四大文学名著家喻户晓，在此时期陆续被拍摄成多集电视连续剧。当时电视剧的创作体现了专家主导的特征。以《红楼梦》为例，强大的顾问团中，几乎囊括了当时国内最知名的各路史学家、美学家、历史文物专家、文物鉴定专家、文学史专家、"红学"家、编剧、戏曲评论家、影视评论家等。王昆仑、王朝闻、沈从文、成满、林辰夫、阮若琳、启功、吴世昌、周扬、周汝昌、杨乃济、杨宪益、赵寻、朱家溍、钟惦棐、曹禺等，都堪称"国宝"，使该剧保证了学术上的严谨性，成为经典。

5. 第一波热潮的基本特点

第一，集合众家之长。

名家写作《阅读与欣赏》采用主动约稿和投稿相结合的用稿机制，栏目约稿人都是有着深厚文学素养的资深编辑，稿源则是各个高等院校知名的教授和学者，而分析赏读的篇目则全部都是中国历史上的名家名作。这样做的好处在于：精选的名家名作，可以反映出文学历史最高水平和典型代表，使听众管中窥豹，欣赏到最为精美的文化食粮；名家讲解，不仅保证稿子具有较高的学术根基，而且大多能够根据自己的授课经验，既将作品分析得鞭辟入里，又具有知识性、趣味性，紧紧吸引普通听众；名嘴诵读，可以最充分地发挥广播形式优势，给人以听觉的盛宴享受。

第二，培育忠实听众。

《阅读与欣赏》栏目多年润物无声的努力，将大批以大中专及中学语文教师、大中专学生为主的普通听众引入中国古代文学的神圣殿堂，增加了文史知识，提高了文学鉴赏能力。其所培养的大批忠实听众成为中华文化的直接受益者和再传播者。这些年龄跨越代际的读者，相当一部分成为高考恢复后的高等院校本科、研究生，在职的夜大、电大学生，或者走上中华优秀传统文化传承与传播的道路，或者进入国家管理的各级层面，成为中华传统文化的积极践行者。《阅读与欣赏》的大批听众，后来也是中国古代文学鉴赏辞典的忠实读者。这种阅读偏好延续有迹可循，清晰而明确。

名家讲名作的传统，在其后第二波高潮中得到了继承与发扬。

(二) 以《百家讲坛》和历史剧热播为代表的第二波热潮

古代文化学习的第二波热潮发生在 21 世纪，以央视 10 套的《百家讲坛》为标志。

1. 《百家讲坛》推出了一大批文史宣讲明星

易中天、钱文忠、王立群、阎崇年、鲍鹏山、于丹、蒙曼、纪连海等都是借助《百家讲坛》而家喻户晓，成为文化类专栏的电视明星。他们中的许多人至今活跃在各电视媒体文化栏目中，多是以"文化点评嘉宾"的身份出现。他们的宣讲内容多已结集成册，出版发行。这些带有文化普及性质的著作因为电视栏目《百家讲坛》的广泛影响，成为热销书，动辄达到几十万甚至百万的销量。《百家讲坛》的主要受众是有一定文史知识的城镇中老年电视观众。

2. 《百家讲坛》热播的直接原因

第二波高潮的到来是由几个因素共同促成的。第一，电视的大范围普及，每个家庭都拥有至少一台电视机。第二，人们的文化消费习惯的改变，由过去的看电影、听评书，串门、聊天，改变为关上房门，一家人围坐在一起看电视。据权威调查数据显示，中国人是全世界在电视机前消耗时间最长的群体，远远高于世界上其他国家的族群。观看电视，成为中国家庭中最重要的生活内容，是人们工作之余最为重要的消闲娱乐方式。

3. 促成《百家讲坛》热播的多种因素

《汉武大帝》《康熙王朝》《雍正王朝》等都是此时生产并在其后成为长播不衰的经典历史剧。在这种情况下，中央电视台科教频道（CCTV-10）《百家讲坛》应运而生。该栏目于2001年7月9日开播，栏目宗旨为建构时代常识，享受智慧人生。栏目选材主要涉及文化、生物、医学、经济、军事等各个方面。选择观众最感兴趣、最前沿、最吸引人的选题。而形式是采用讲座式，风格上追求学术创新，强调雅俗共赏，重视传播互动。受众是具有中等以上文化程度，具有求知欲的观众。在之后播出过程中，受收视率的引导，选材多以历史文化题材为主，先期多是以中国历史为主，将历史事件、惊险情节、生动人物、奇妙悬念糅合在一起，在主讲人绘声绘色的讲述中，呈现出文学再创作后的历史面貌，无论是历史故事的述说，还是《红楼梦》《三国演义》《水浒传》等文学名著的欣赏，都以跌宕起伏的故事情节、透彻独到的人物分析、精彩迭出的发展悬念为特征，此时的《百家讲坛》更像是历史上传统说书形式的变种，与当时热播的历史题材电视连续剧相互衬托、相互影响，共同推进民众对历史文化的关注。《百家讲坛》除了文学名著和历史记述之外，还有对经典的解读，如《论语》《孟子》《庄子》《荀子》等。尽管《百家讲坛》始终强调学术性和权威性，但是其最大的成功却是大众化的欣赏娱乐性。从这个角度上说，栏目确实坚持了"让专家、学者为百姓服务"的栏目宗旨，在专家、学者和百姓之间架起一座桥梁——"一座让专家通向老百姓的桥梁"，从而达到普及优秀中国传统文化的目的。

4. 第二波热潮的基本特点

第一，选材更加丰富多样。

与第一波的《阅读与欣赏》不同，单篇的以中国古代诗词为主的名家名作欣赏让位于长篇历史故事，像易中天的《三国》、王立群的《史记》、阎崇年的《清史》每天在固定的频道、固定的时间连续播讲，将电视观众紧紧锁定。

第二，系列化特征显著。

播讲内容因每个播讲者的研究领域不同而不同，但相同的是均呈现出系列化特征。即使是莫砺锋的说唐诗或者单纯地说某位名家，例如杜甫诗歌、陶渊明诗歌，也不再是《阅读与欣赏》那样以作品为主的单人单篇分析赏析，而是增加了作家之间的相互比较和体现历史演变的内容。

第三，对播讲者的演讲艺术提出高度要求。

从题材选择，到内容剪裁，再到对人物、故事情节的艺术化处理，都受到前所未有的重视。与第一波高潮中人们坐在电视机前听讲文史，是为了应付电大夜大考试不同，第二波中的《百家讲坛》的观众并没有学历方面的追求，他们摒弃了任何功利目的，实现了非常单纯的纯文化消费。这些观众所具有的文化接受能力和水平，也通过收视率反过来极大地制约影响了栏目的整体风貌，使之难以提高到更为专业和学术的水准。学界有人认为《百家讲坛》有媚俗之嫌，虽然言论过于偏激，可也并非全无道理。但是无论如何，《百家讲坛》确实叩响了中华传统文化的大门，使观众在历史故事跌宕、在历史人物风采、在诗词特有魅力、在古言古训的教诲中逐渐受到了中华优秀传统文化的熏陶。

第四，该栏目打造了一批明星教授。

除了阎崇年、王立群、易中天等人之外，一些年轻的学者走上前台，成为著名的宣讲人，例如南京师范大学教授郦波在《百家讲坛》主讲的明朝名臣系列：《大明名臣：风雨张居正》《大明名臣：抗倭英雄戚继光》《大明名臣：于谦》和《大明名臣：海瑞》。《曾国藩家书》也已录制完成。《大明脊梁张居正》于2013年11月5日开播。蒙曼，北京大学博士毕业，现任中央民族大学历史系教授、硕士生导师。她的研究专业是隋唐史及中国古代妇女史。自2007年以来，五次登上《百家讲坛》，主讲《武则天》《太平公主》《长恨歌》《大隋风云》《唐玄宗与杨贵妃》，成为广受欢迎的主讲人。他们借助《百家讲坛》这个平台，完成了高等院校教师、学术研究者向著名文化明星的身份转换，市场号召力大幅提升，这为其后在第三波热潮中身份形象的确立奠定了基础。

（三）以《中国汉字听写大会》和《中国成语大会》为代表的第三波热潮

1. 《中国汉字听写大会》和《中国成语大会》

第三波中华优秀传统文化的大众传播高潮出现在近几年，以中央电视台电视节目《中国汉字听写大会》和《中国成语大会》为代表，两档节目成为2013—2015年最为抢眼的文化类节目。表现出与《阅读与欣赏》《百家讲坛》截然不同的风格。

两档节目所要解决的都是关于民族传统文化的"遗失"问题。文字是保持民族文化最为有效的方式。但是随着电子技术的迅猛发展，人们习惯了使用拼音输入法等简单方式后，汉字遗忘的现象越来越严重。不用说那些本身还没有形成汉字书写习惯的青少年，就是一辈子与汉字打交道、读书读报撰文写字的人竟然也陷入了"提笔忘字"的尴尬境地。《中国汉字听写大会》的目的是要唤醒更多的人对文字基本功的掌握和对汉字文化的学习。中央电视台科教频道总监金越指出"这不是一个秀场，呈现出来的状态可能非常单纯、简朴，但却可以吸引观众在电视机前同步参与，在游戏中学习知识、领略汉字之美"。在节目策划创意书中，写着这样的话："举办《中国汉字听写大会》的意义，不仅在于选拔出一个榜样式的'天才少年'，更在于倡导从小做起、从现在做起、从提高中小学生的汉字书写能力做起的价值观，向全社会倡导书写汉字、保护汉字的意识，倡导爱汉字、爱汉语、爱中国文化的价值观，从而建立起一项意义深远的文化传承活动。"

《中国成语大会》同样本着传承传播中华优秀传统文化的宗旨。成语是中国独有的语言资源，较为全面地体现了中华民族几千年来积淀的智慧结晶与文化价值，高度集中地反映了汉语言文字的形式精练、内涵丰厚、底蕴悠长、言简意赅、用词优美、向美向善等特点。中国成语总量超过两万条，生活中被人们常用的成语大概也有一两千条。人生所能经历的各种境遇、事件，体验到的各种心境、情感，可能面对的各种人与社会、人与自然的关系，都能在成语中找到细致的对应，并实现微妙而生动的表达。大量成语出自传统经典，表达着鲜明的臧否人伦善恶、境界高下的是非判断，代表着几千年来中国文化基因中的核心价值观，是中华优秀传统文化全面、精美、高贵的结晶，堪称中华文化的"活化石"，中华民族文化瑰宝，值得大力推广。但是由于近百年中国传统文化的整体衰退，对成语的系统学习也呈现日渐式微的颓势。很多成语的内涵不为人们了解和熟知，百分之九十处于实际消亡和被遗忘的状态，精确恰当使用就更无从谈起了。没人懂，则少用；少用，则更没人懂得或记住。面对这种恶性循环，该档节目的总导演关正文（他同时还是《中国汉字听写大会》的总导演）认为："成语就是进入中国传统文化，了解中国历史、现在和未来的钥匙。它是表意工具，能开启一扇大门。从这个意义上说，我们现代人真的是对不起成语。"① 正是知识分子的这种对于传统文化的使命感、责任感和担当，促使他投身于利用电视、网络等这些新兴传媒传播中华优秀传统文化的伟大事业当中。

两个"大会"最显著的特点是：

第一，栏目主办规格高。

借力行政资源，播出平台覆盖广。《中国汉字听写大会》由中央

---

① 王臻青：《中国成语大会收视飙升 参赛者超 9 成高学历》，2014 年 5 月 5 日，人民网（http：//js. people. com. cn/n/2014/0505/c358232 - 21135398. html）。

电视台和国家语言文字工作委员会联合主办，于2013年在中央电视台综合频道（CCTV-1）和中央电视台科教频道（CCTV-10）播出。主办者的权威性和平台的广覆盖都显示出非同一般的价值。《中国成语大会》同样是由中央电视台和国家语委联合主办，与《中国汉字听写大会》如出一辙，依然由实力传媒原班团队打造，被列为央视2014年度重点节目。

第二，目标观众定位更加精准。

与《阅读与欣赏》和《百家讲坛》等栏目将传播对象笼统地定位为"具有中等以上文化程度的文学历史爱好者"的极度宽泛、模糊不同，汉字与成语两个"大会"主要就是"青少年"，有关参赛选手的年龄限制以及选拔方式，都注定这个目标能够被精准锁定。其实现的方式是，进入决赛的选手均通过学校、校区、城市、省级之间的层层竞争选拔产生，从初赛、复赛再到决赛，每一个台阶，都牵扯到了学校、地域的荣誉。如此，选手的表现和成绩，就不再单纯是他们个人的荣誉那样简单的事情了，随着阶层的提高，会通过电视的直播牵连带动更多的人尤其是本校、本学区、本城市、本省的人们把关注的目标投注到他们身上，使银屏内外勾连成为一个共同的荣誉整体。这种大团队的概念，如滚雪球一般，将越来越多的人裹挟到了屏幕之前，从而有效地实现了"高度重视中华优秀传统文化在青少年中的传承与传播"这样的理念和宗旨。如果认为两个"大会"吸引的仅仅是在校语文老师或者是在校学生们，那就太过短视和缺乏想象力了。事实上，每一个四二一家庭，关注的焦点都是孩子，孩子的学业又是重中之重。书写和成语，两种知识在系统性、专业性上都处于"低门槛"的状态，能够吸引具备一定文化知识水平的观众，乐于坐在银屏前与孩子们共同参与学习。

第三，整体栏目设计感更强。

两档节目与《阅读与欣赏》《百家讲坛》等以往栏目简单的创意不同，引进了非常专业的比赛晋级制。其实无论是汉字书写还是成语的记忆，就形式本身而言，都极易流于枯燥乏味。中央电视台在以往许多节目中，例如《青歌赛》等，也都曾经出现过类似"知识竞赛"的环节，由主持人将参赛者抽取的题目当众宣读，参赛者作出回答，无论对与错，再由专家担任的嘉宾作出点评，或就答案本身作出评判，或生发开去，作一个知识的拓展。但无论哪种，都无法摆脱"一问——一答——一评——计分"的固定模式。而汉字与成语两个"大会"都以群体参赛模式，代替个体宣讲或竞争。集体的荣誉，更易激发参与者的团队精神和强烈的竞争意识。而"复活"等竞赛规则的制定，又使竞赛结局既公平又充满了变数，增加了悬念。

《中国成语大会》第二季完美地阐释了那句话："不设计"就是最好的设计，形成了独具特色难以复制的赛场风格。采用主持人与参赛者、主持人与点评嘉宾"互黑"的方式，彰显出参赛者、点评嘉宾、主持人迥然不同的个性和风格，改变了以往竞赛类节目见题不见人、见身份不见个性、气氛刻板机械等弊端。在成语大会的整个竞赛进程中"状况"不断、"意外"不断、"火花"不断，与那些提前精心设计、表演特征明显、到处都是可以制造出来的人工煽情痕迹的栏目相比，成语大会最大的特色是自然、不做作，主持人、参赛者、点评嘉宾以及观众在镜头前所展现的都是现场第一时间里最真实的表达，栏目营造了严谨严肃、紧张轻松、活泼和谐的现场气氛。

第四，专家学者成为栏目学术性的定海神针。

虽然是电视竞赛类的形式，但是因为专业性很强，所以《中国汉字听写大会》《中国成语大会》都要邀请专家学者坐镇，作为文化点评嘉宾，实时地对知识点进行专业解读。《中国汉字听写大会》节目邀请国内语言文化专家担任裁判和解说，在保证了节目娱乐性的同时，提高了学术严谨性。

《中国成语大会》的专家点评，不仅讲好成语故事，介绍历史故事的来龙去脉、名人逸事，更在点评中加以引申，讲人生的磨难与不屈，讲励志与自强，讲中国人的智慧与道义，讲古代的礼仪、伦理、世风、民俗等，极大地扩充了节目的内容含量，同时避免了知识宣讲中一般难以克服的刻板的、权威的、师道尊严的弊端，整个节目将比赛的紧张与解读时的轻松，比赛时的严肃与解读时的幽默、风趣完美结合，张弛有度，节奏鲜明，表现出栏目设计者高超的水平。

第五，主持人的精彩表现成为栏目的一大看点。

与一般栏目中主持人只是做内容单元之间的串联不同，《中国汉字听写大会》《中国成语大会》的节目主持人都有着极为重要的作用，他们本身成为节目内容重要的参与者。具体说来，两档节目的风格定位不同，主持人所起到的作用也略有差异。《中国汉字听写大会》各期由央视著名播音员轮番担任读词主考官，这些"国脸"标准的吐字发音给这档语言文字类节目以权威、严谨的标签。

《中国成语大会》已经播出两季，主持人张腾岳机敏、幽默、博学以及对成语的熟练掌握都给观众留下了深刻的印象。张腾岳本来是央视《走进科学》的当家主持，《走进科学》是个科普栏目，专注于严谨的科学话题。戴着黑框眼镜，一向严肃、满嘴都是科技名词的张腾岳，在《中国成语大会》上却以寻常难见极致的"嘎"调动活跃了气氛，又以博学多识压住了阵脚，稳稳地托住了一个个伶牙俐齿、锋芒毕露、个性十足又"小坏"不断的选手；与年龄不同、个性不同、研究领域不同、关注点不同、兴趣点不同、表达习惯方式不同、思绪天马行空的点评嘉宾也在答问之间，每每擦出很多意外的"火花"。可谓是收放自如，大大地提高了该栏目的可看性。而这样的现场掌控能力绝非依靠耍聪明和"抖机灵"所能够获得的。

第六，两个大会都创下了文化类栏目的收视新高。

《中国汉字听写大会》《中国成语大会》在"娱乐至上"的今天，都取得了文化档类节目的最好成绩。央视收视率检测数据统计，首届《中国成语大会》最高收视率取得了1.47%，《中国汉字听写大会》播出后同时段收视率飙升4倍，微博话题登顶热门榜，点击突破18万，百度搜索高达42万。

到 2017 年 2 月公布的数据显示，《中国成语大会》第一季共拥有超过 6 亿不重复计算的观众总数，第二季在互联网上获得微博话题阅读量超过 2 亿人次，连续 5 周登上微博电视话题榜首，节目视频全网单期点击播放超过 7000 万人次。

对这样的结果，实力传媒董事长、节目总导演关正文表示基本满意："《中国汉字听写大会》的全面成功也给实力传媒带来很大震动，除了青少年学子，该节目引发了全年龄段、不同文化程度电视观众对汉字文化、民族文化的广泛关注。2013 年第一届《中国汉字听写大会》总决赛全国收视率超越《中国好声音》位列第一，让我们深刻感受到了广大观众对中国文化、民族文化的热爱与渴望，同时也激励、鞭策着我们，一定要做出更优质的文化节目来。"大数据统计表明，《中国汉字听写大会》已经成为一年一度国家级规模最大、水准最高、影响最广的文化娱乐赛事之一，是真正影响巨大、意义深远的文化传承活动。

2.《中国诗词大会》

《中国诗词大会》是继《中国汉字听写大会》和《中国成语大会》之后又一档传播中华优秀传统文化的文化类节目，它依然延续了前两个"大会"竞赛的形式。设主持人、参赛者、文化点评嘉宾，但是多了一个"百人团"。

与《中国汉字听写大会》和《中国成语大会》让人又爱又恨（很多题做不出来，但是却想看；越看，有时又觉得自己真做不出来）相比，《中国诗词大会》设置的门槛可能更低一些。因为很多的题目都来自中小学课本，相当于大会换了一个角度，让你温习了一遍功课。嘉宾的实时点评，进一步开拓了诗词的内涵，解读了诗歌创作的时代背景、作家个人遭际、诗词所要表达的深刻含义和理想精神，让观众更准确地把握诗词内涵。

在比赛过程中，插入了参赛者或者是"百人团"人员介绍自己学习中国诗词的经历和经验，让观众感受到中国诗词人人可学、时时可学、处处可学。

参赛者年龄上的跨度很大：有几岁的娃娃，有几十岁的长者；职业分布广泛：工农兵学商无所不包；个人境遇也充满了故事：有披星戴月从事高科技的工程师，有女学霸，有身残志坚的幼教。最让人感动的是来自河北贫困地区的农妇白茹云。她家境贫寒，迫于生活，初中毕业即辍学，身患癌症，持续忍受着放化疗的痛苦，沉重的经济压力，让她为了省下一二十元去医院的车费，不得不奔波。她的真实生活状况，就那样赤裸裸地呈现在了全国观众面前。让从来都不懂得匮乏是什么的城市孩子感到震惊，让身处富足阶层中的人们看到了生活的无情，让为赋新诗强说愁的小资们对比出了自己的苍白，让无聊中虚度时光的人看到了生命的可贵。她的坚强、淡定、达观与勤劳、善良，震撼了很多人。而她告诉你，所有这一切，是古代诗词赋予了她智慧和力量。那么，这样的诗歌，你能不爱吗？

3. 《见字如面》和《朗读者》

两档节目有相同的地方。

A. 《见字如面》和《朗读者》都是打着朗诵标签，不折不扣的文化档节目。

B. 虽说都宣称是原创，但是借鉴了英国较为成功的朗读书信的类似栏目。

C. 二者都有朗读书信的环节，书信都来自有故事的名家。

《见字如面》是由《中国汉字听写大会》和《中国成语大会》的团队近期在网络上推出的。具体方式是由功底深厚的三地影视剧明星朗读名人书信。我是这个栏目的顾问团成员，也曾为栏目贡献了一百多篇的古代名人书信选目。但是正如我所担心的一样，信是用来看的，不是用来念的，会严重影响听众们对信函内容的理解。因为文白之间存在着巨大差异，即使是看，现代人对古代文言的表达尚且有障碍，更何况是单纯依靠耳朵去听？除了语言本身的障碍，时代背景的遥远，人际关系的复杂，个人情感的微妙，都很难使这种一连式的文化消费成为令人反复咀嚼的文化精品。后来的结果也的确如此，《见字如面》受制于文白之间的障碍，在先期的数个单元中并没有选取古代书信。首期是画家黄永玉与戏剧作家曹禺之间的书信来往，我听了，应该说感觉不错。不仅反映出了两封信写作者的个性，更反映了特殊时代给文学艺术创作所带来的困惑。这样的信，易于打动55岁以上，了解中国当代历史，经历过特殊时期，对文化艺术创作感同身受的文化阶层，而这样的受众恰恰并不是互联网的主力军。台湾歌手蔡琴在大陆拥有众多拥趸，这些人的年龄大部分也都在45岁以上。且不说经过喜欢歌曲→喜欢港台歌曲→喜欢港台女歌手→喜欢蔡琴的歌这样一层层的剥离筛选后，到底还能剩下多少人来关注她的信，也许会说她奇特的婚姻经历能吸引人的眼球，但是那种纯私人的东西，只能引来窥视癖的眼光，到底又能引起多少人正能量的感情共鸣呢？这些担忧并没有实际数据支撑，只是《见字如面》在网络上推出之后，好评如潮，但是并不能引起我太多的尤其是持久的兴趣。何况，什么时候听呢？工作场合不合适，而在家中，手机并不是家庭分享的物什——电视才具有家庭成员共同分享的特性——独处的时候，静听手机传出的声音盯着看屏幕上的画面，念信的人是观众喜欢的影视剧明星，他们表演功底深厚，但是，当他们放下故事情节冲突中的角色，放下形体表演者的优长，单纯以声音——当然是声情并茂地朗读他人的私信时，到底还有多少累年积攒的魅力可供在此消费呢？

从某种意义上来说，《见字如面》颠覆了《中国汉字听写大会》《中国成语大会》彻底选择素人路线的原则。而是回归明星路线，邀请了张国立、归亚蕾、何冰、张涵予、徐涛、蒋勤勤、王耀庆、林更新这些著名的影星作为读信人，朗读中国历史、名人往来以及普通人生活场景的信件，随后由拆信人讲述信中蕴含的故事。

拆信人香港岭南大学中文系教授许子东说："书信在走向消亡，但是书信里所承载的文化、文明不应该被消亡。它应该转到电子媒体或互联网上面去，《见字如面》就是在做这件事。"这样的出发点确实没有错，但是效果并不理想。《见字如面》基本上是叫好不叫座的一种局面。

《朗读者》在央视一套播出，由栏目制片、栏目制作、著名主持人董卿作为采访者来串联节目，将展示被访问者的故事作为重点，朗读只是一个文化的注脚，与访问与被访问以及访问的故事并没有直接关联。宗旨在于："朗读是传播文字，而人就是展示生命。"将值得关注的文字和值得尊重的生命相结合。这档节目开播以来取得了巨大成功，有人说《朗读者》是《见字如面》的升级版。但二者却有着截然不同的设计理念，因而也就有着云泥之别的收视差距。与《见字如面》内容与受众出现严重错位相比，《朗读者》在讲好中国故事方面，所借助的媒体——传统电视，所锁定的受众——用讲好普通人的故事以锁定最广泛而传统的电视观众，实现了内容与受众高度一致的对接。

4. 地方电视台传播优秀传统文化的好节目

其实，第三波优秀传统文化电视栏目，许多地方卫视台走在了前面。例如浙江卫视的《中华好故事》、贵州卫视的《最爱是中华》、河北卫视的《中华好诗词》、陕西卫视的《唐宋风云会》、河南卫视的《汉字英雄》《成语英雄》等节目的质量都很高，引起很大的社会反响。所遗憾的是，平台影响有限，所以并没能像央视播出的《中国汉字听写大会》《中国成语大会》《中华诗词大会》那样引起全国热捧。

5. 一批为民众所喜闻乐见的传扬中华优秀传统文化的好栏目如雨后春笋般涌现

近两年，利用电视这种传统的大众媒体宣传中华优秀传统文化已经取得了令人瞩目的成绩，一批喜闻乐见的优秀节目受到好评。如《舌尖上的中国》《记住乡愁》《大国工匠》等纪录片以及《24节气》《不要让等待太久》《孝为先》《陪父亲下棋》《父母是孩子最好的老师》《最好的风景是文明》等公益广告，日益受到人们的欢迎。《常回家看看》等歌曲更是唱进了老人的心坎。

由于参与过《中国汉字听写大会》之后图书出版的座谈会，并荣幸地成为《中国成语大会》第二季中第二、第三期的点评嘉宾，也对两个"大会"的总导演关正文作过采访，与实力传媒的团队有过一些接触，所以了解他们在做这两档堪称传承传播中华传统文化电视经典栏目时所遇到的困难。这种文化类的节目所具有的社会价值是被广泛认可的，人们都承认这是档有价值的好节目。但是，却遇到很多基于收视率等"硬规定"的制约和限制。媒体和广告商们都相信明星的号召力，认为有明星，才会有收视率。而《中国成语大会》第二季，却以全国收视排名第一、全网单期收获超过3800万的点击量的骄人成绩，打破了文化节目永远无法超越明星参与的综艺节目的收视神话，在2016年的小年夜中超过综艺晚会收视，完美收官。这证明，有营养有文化的素人娱乐跟明星娱乐一样会受到广大观众、广大网民的喜爱。

总决赛播出时，制作团队坐在一起收看，当看到酷云实时数据成语大会终于爬上全国第一位置的瞬间，很多人都哭了！这是观众的胜利、文化的胜利，却未见得是节目的胜利。文化节目还是刚起步，面对的首先还是在主流媒体中的生存问题。

三波高潮各有特色，与时代需求、科技进步、技术发展、人们生活方式、阅读习惯的改变等密切相关。第三波热潮则是新技术冲击下，文化精英对传统文化日益式微的危机拯救。三波热潮由于形式各异，受众也有明显的不同，第一波以知识阶层为主，以考学、升学、授课为目的，有着较强的功利性追求；第二波以普通城镇居民为主，伴随着历史题材电视剧的热播，有相当显著的休闲娱乐倾向；第三波参赛选手虽然以在校学生为主，但却推动了全民尤其是青少年学习汉字和成语的热潮。由功利性掌握知识到文化素质提升的诉求，从知识阶层到市民阶层的普及，从成年人学习到青少年的学习引导，这是不断进步的过程。与前两波热潮略有不同，第三波热潮从迎合社会需求转变为开发社会需求，体现了文化拯救的自觉性。

语言是文化的载体，近十年来，向国外推广汉语应用成为中国文化走出国门的重要手段，为了能够给世界各地汉语学习者提供更加便利的条件，我国在全球大力兴办孔子学院，自2004年第一所孔子学院在韩国成立以来，全球100多个国家和地区已经建立了数百个孔子学院和数百个孔子课堂，共计1000多所。除了大力推广汉语言之外，还承担起传播中华文化的责任，如中医、音乐、舞蹈表演、饮食文化、茶文化等，孔子学院已经成为国际上推广汉语教学、传播中华文化的著名文化品牌。

三 中华优秀传统文化的出路在于传承与传播形式不断创新

从以上对三波浪潮的回顾不难看出，中华优秀传统文化的传承与传播在创新中不断前行。如果要总结经验发现规律，有这样几点体会。

(一) 科技改变生活，改变文化的传承方式

这一点非常好理解。在传统社会，传播的途径是学校教育、家庭传承、社会传承等。社会传承方面则主要是依靠图书、绘画、文学、艺术等。

在以上提到的中华优秀传统文化在当代形成的三波传播高潮中，则确凿无误地证明了科技改变生活，科技改变文化传承方式的命题。

当报纸、图书、广播是人们获取外部信息的主要渠道和方式的时候，有中央广播电台的《阅读与欣赏》栏目。当时各个省级电台也都开辟了类似的节目。《阅读与欣赏》除了通过电波传播之外，还将优秀的篇目汇集成册，出版发行。发行量非常大，成为很多地方大学、中学教授中文老师的讲课范本，也成为文学爱好者的必备读物。

后来有了电视，才有了电视讲座。

第二波高潮到来，是因为电视普及到家庭，所以才有了四大名著

改编的连续剧，才有了《百家讲坛》。

第三波高潮，表面上看还是依赖电视媒体，但是推波助澜的却是互联网。因为互联网上的介绍和推送，使栏目成为热门话题，从而将已经远离电视的年轻人重新拉回到电视屏幕前。

（二）传承传播的对象要始终锁定最广大民众

从第一波针对的是高中以上文化程度的文学爱好者以及教师等知识阶层听众，到第二波《百家讲坛》和对四大名著的电视普及，受众的范围已经大大扩大了，第三波则将青少年也拉入进来。这在之前是难以实现的。但到了第三波，很多学校老师以及家长，主动将孩子动员到了电视机前，来检验他们的学习成绩，扩充他们"有用的知识"。这种协同一致的力量是很了不得的。

（三）形式要接地气，为民众所喜闻乐见

从这三波的演变过程和总的发展趋势看，文化传播的内容越来越亲民，传播的形式越来越接地气。借用一句话是"旧时王谢堂前燕，飞入寻常百姓家"，文学的经典也变成大众可以消费、乐于消费、能够消费的文化产品。

如何消除现实中一般民众所理解的"文化离我太远""传统文化与我无关"等偏见和误解？就是要通过讲好中国故事的办法，找到一些典型事例，告诉人们中华文化是每一个人值得珍藏的精神财富，它能带给民众改变物质生活和精神生活的契机。《中国诗词大会》中所讲述的白茹云的故事就是非常好的例子，能够给你自主生活轨迹的力量。

（四）要有精品意识

普及并不意味着普通。优秀传统文化是千百年来民族精神的高度凝结，这注定了它珍贵的品质需要用营销精品的心态、方式来推展。从三波高潮来看，之所以能够形成有影响力的高潮，在于每一波的制

作人都拿出了做精做好的精神，在出精品上下了功夫。

（五）提倡原创

近年来雄霸银屏最火的几档综艺节目——《中国好声音》《爸爸去哪儿》《奔跑吧，兄弟》《我是歌手》《蒙面歌王》，大多数都是从其他国家引进的，很少由中国电视人原创。以至于有韩国人嘲笑道："中国最火的综艺节目都是我们发明的。"学习、借鉴是可以提倡的，但是如果丢掉了自力更生、独立创新的意识，一味地模仿，最终一定会死在抄袭的道路上。

《中国成语大会》《中国诗词大会》都实现了形式的独立创新，这既是中华优秀传统文化所赋予它的能量，也是中国电视人不懈的努力。

同时，必须认识到任何节目都有其生命周期。《中国汉字听写大会》《中国成语大会》《中国诗词大会》的巨大成功，必然引起各电视台以及文化投资机构群起效仿。同类同质节目多了，必然会造成观众的审美疲劳。而任何类型的节目一旦扎堆，那么这类节目的生命周期也就快要结束了。为此，必须像商品生产一样，要生产一批，研制一批，储备一批，不断创新，才能保持生命活力。对于中华优秀文化传统的传播来说，尤其如此。

（六）建立完善的知识产权保护体系

中国历来是善于熙熙攘攘一窝蜂做事情，只要有利可图。当初上海辞书出版社出版的《唐诗鉴赏辞典》和《宋词鉴赏辞典》取得巨大成功后，就引起国内各出版社一窝蜂仿效。开始是一些确有实力的大出版社，精心组织，选择篇目，邀请撰稿人，将对中国古典文学的大众普及全面推向高潮。但是，很快一些并不具备实力的小出版社甚至是个体书商也加入进来，于是粗制滥造东抄西抄，满篇错字的仿冒货多起来，败坏了"鉴赏辞书热"的名誉。

《中国诗词大会》等成功之后，必然会推动社会资本在此类文化节目上的投资。野蛮生长的仿冒品和抄袭者，会毁掉苦心孤诣的创造者的胜利果实。

为了保护创新者的积极性，应该立法，将栏目形式的各种创新纳入知识产权保护的范畴。

第六章

历史之北京——传统文化之集大成者

中华文化源远流长，有着完整的价值体系。北京文化既是中华优秀传统文化的重要组成部分，又集中华优秀传统文化之大成。它以历史悠久，完整体现中华文化发展之进程，文化根脉茂盛，内容丰富深厚，而成为中华优秀传统文化最具代表性的地域文化。北京文化在其漫长的历史发展过程中，通过吸纳、融通、兼容的文化品格，使之既全方位地凸显出中华传统文化的优秀本质，又引领着中华优秀传统文化发展的方向。

一 北京文化与中华文化之关系

北京文化既是中华优秀传统文化的重要组成部分，又集中华优秀传统文化之大成。北京在漫长的历史发展进程中，所形成的开放性、包容性、兼容性、融通性、正统性、稳定性、集成性、主流性、自新性、体系性的文化特质，使之能够不断汇聚、吸纳、融合中华各地及外来文化之精华，将其萃取、转变为自己的文化基因保留、传承下来，并以较为完美的形式获得发展。

北京这个城市本身就是世界文化史的一个奇迹。无论是其外在形象还是内在精神特性，都使之成为中华优秀传统文化一个活着的、可以触摸的、当之无愧的范本。

（一）历史悠久

北京文化的历史发展经历了几个重要阶段。北京从远古偏远一隅的原始聚落，早早发展成为郡邑城市；从隋唐统一国家的北方军事重镇，再到燕云十六州的割据一方。在这个漫长的历史中，是北京区域文化形成并有突出表现的阶段，它与周围众多的区域文化圈，如齐鲁文化、巴蜀文化、吴越文化、荆楚文化等，在华夏大地上异彩纷呈，"各美其美"。当时以"燕赵文化"或"幽燕文化"而闻名的区域文化圈，均以北京为中心，突出的特点是尚侠重义，轻生死、重然诺，具有浓重的英雄主义情结，这与北京秦汉之前受边地民族影响，秦汉之后长期为北方军事重镇以及藩镇割据势力统辖的历史有直接关系。但这个时期的北京文化，只是中华文化的一个组成部分，一个支脉而已。幽燕文化的发展高峰是战国时期，秦灭六国，一统天下，地域之间文化的巨大差异逐渐消失。

再后来，随着政治地位的提高，北京文化地位也有了相应的变化。从辽政权的政治中心南京，金政权的政治中心中都，到逐渐成为江淮以北地区的文化中心，其影响也逐渐摆脱了区域文化的面貌，越来越展示出帝京文化的特色。

对于北京发展来说，元代是一个历史性的转折点。忽必烈建都北京，首次确立了其统一多民族国家首都的地位，元大都因而成为当时全国政治文化中心。明、清两朝，北京的帝都地位继续延续。后来，是中华民国（初）的国都，全国的政治文化中心，直至中华人民共和国的首都，北京始终雄踞全国政治文化中心宝座，长达千年之久。三千年的古城，千年的国都，这样悠久而辉煌的历史，不仅形成了如今北京城市的自然景观，也塑造了北京特有的人文风貌。北京已然代表了中华文化发展的脉络，而城市本身就是中华文化智慧的结晶。

北京是一个样板，一个传承与创新相结合、造就文化大发展大繁荣的样板。

（二）中华文明最重要的发祥地之一

北京历史悠久，是人类最早的文明发源地之一。从部落、方国、诸侯领地到北方重镇、帝国都城，直到现代化国家首都，历史演进的历史脉络异常清晰、完整、连贯。从距今七十多万年前周口店"北京人"早期人类生命的足迹，到距今一万八千年前新石器时代的"山顶洞人"，人类生活从游牧生活过渡到以农牧为主的原始定居聚落，北京人类生活形态基本成型。"黄帝擒蚩尤""大禹治水"可以算作古代北京最早的文学创作成果，它从一个侧面标明北京文化伴随着华夏最古老的文明一起诞生。西周初，即公元前1043年前后，周王朝在如今的北京地区先后分封了两个诸侯国——蓟与燕，这是以有文字可考的信史而言，北京历史的开始。春秋时，燕国灭掉蓟国并以蓟城作为自己的首都，蓟城就是今日北京的前身。到战国时期，燕国变得非常强盛，已经成为著名的"战国七雄"之一，蓟城也逐渐繁盛，成为与赵国邯郸、齐国临淄、楚国宛城并驾齐驱的著名城邑。

（三）中华优秀传统文化丰富的思想宝库

春秋战国诸侯争霸，诸子蜂起，百家争鸣，当时最重要的有儒、道、墨、法、名、兵、杂、阴阳、纵横九家，其中许多著名的学派就产生在北京及周边区域。

邹衍是中国古代除了儒家、道家学说之外影响最大的阴阳五行说的思想鼻祖，奠定了历史发展循环论的理论基础。邹衍一生主要活动于齐国和燕国，受其学说影响最大的也是这两个诸侯国。邹衍具有广博深厚的天文、地理、物候、农业种植学知识。他曾运用自己丰厚的知识指导燕地的农事生产。邹衍以谈天闻名于世，但绝非以此为目的，而是借谈天为当时的政治服务，正所谓"邹子养政于天文"。他在阴阳五行的基础上建立的"五德终始"说是其学说的核心。阴阳五行认为，世间万物都由金木水火土五行组成，并按照相生相克的次序进行循环。邹衍把流行的五行生克原理从自然界引入历史领域，解释社会变化、朝代更替、王位轮换，称为"五德终始论"。认为人类社会的历史变化与自然界一样，也受到五行相克次序循环变化规律的支配和制约，依照有德者居之、无德者失之的法则，一个个王朝从诞生到消亡，遵循这一法则，体现出历史的必然性。而人世间王朝国运的任何重大变化，都会在天上星宿运行中有所反映，如果想要运势长久，就必须了解规律，顺应其势，以德治国。这一理论因为涉及最高统治者的生死存亡和国运是否能够昌盛绵延，所以受到诸侯王孙的高度重视和广泛欢迎，所到之处，礼遇甚隆。司马迁《史记·孟子荀卿列传》分析说，"邹衍睹有国者益淫侈，不能尚德"，因而才"乃深观阴阳消息而作怪迂之变，《终始》《大圣》之篇十余万言"，但是"要其归，必止乎仁义节俭，君臣上下六亲之施，始也滥耳。王公大人初见其术，惧然顾化，其后不能行之……邹衍其言虽不轨，傥亦有牛鼎之意乎？"桓宽《盐铁论》也指出："邹子疾晚世之儒墨不知天地之弘，昭旷之道，将一曲而欲道九折，守一隅而欲知万方，犹无准平而欲知高下，无规矩而欲知方圆也。于是，推大圣终始之运，以喻王公列士……"（《盐铁论·论邹第五十三》）"邹衍以儒术干世主，不用，即以变化始终之论，卒以显名……邹子之作变化之术，亦归于仁义。"（《盐铁论·论儒第十一》）司马迁和桓宽都非常清晰地认识到了邹衍学说的实质所在，认为它源于儒学，只是因为要克服儒学传播不畅难以发生实际作用而进行的传播形式的变通和创新，其精神实质依然是"仁义""尚德"，依然是要通过"干世主"，规范"君臣上下六亲""王公列士"的行为而达到经世致用、匡世济民的目的。

　　荀子是战国后期伟大的思想家，其在秦汉之前的燕赵之地影响巨大，是构建燕赵文化的重要支点之一。他汲取了道、墨、名、法诸家之长，创立了自己博大的思想体系。同时，他也是伟大的文学家，对后世影响巨大，唐宋散文八大家就深受其影响。此外，与荀子前后或者同时代活跃于思想界的还有法家的慎子（慎道）、名家的公孙龙子，他们与荀子一样，共同打造了燕赵文化的思想根基。

　　这个时期的文学已进入了一个相对发达繁盛的时期，《诗经》中的《柏舟》《北风》《泉水》等，就出于燕赵之地。《战国策》中的《燕策》所辑录的就是发生在北京及附近地区的史实。

秦统一后，蓟城从过去燕国领地中心转变为秦王朝的北方军事重镇和交通枢纽，仍然是北方地区的政治、军事、经济中心。

对北京地域的思想文化产生了重大影响的是董仲舒，他提出"罢黜百家，独尊儒术"的主张，被汉武帝采用，奠定了此后两千年中国社会以儒学为正统的局面。两汉魏晋南北朝时期的北京，是儒学兴盛之地，出现了一些著名的儒学世家。涿郡安平的崔氏从西汉时就已经是名声显赫的儒学世家，并且长于诗文。魏晋南北朝时范阳的卢氏家族、渔阳的阳氏家族也都是闻名于世的儒学世家。书香传世是燕赵地区儒学文化得以传承的重要渠道和方式之一，在军事争霸或政权更迭频繁的社会动荡时期，这种渠道和方式显得尤为重要。以范阳卢氏为例，自汉至唐的历代名家有卢绾、卢植、卢毓、卢廷、卢志、卢谌、卢纶、卢度世、卢昶等人。这一历史时期，文人学者的私人授课是使儒学传承的另一个主要传播方式，到了北齐，蓟城恢复学校制度，文化教育得到了进一步发展。由此可见，北京在保存和延续中华优秀传统文化的文脉方面有着悠久的历史传统、畅通的渠道和完备的途径。北京地区以儒学为代表的传统文化传承、传播以及研究在先秦魏晋南北朝时期一直受到重视从而得到发展，表现出重视正统经典、教育昌盛的鲜明特点和悠久历史。

早在五代时期，就已经有汉地的儒生在辽统治中心上京传播儒学，而可以推断的是，最初的传播渠道正是通过北京（时称幽燕），许多著名的儒生就是在幽燕之地成长起来的。辽代的儒学大发展是在夺取了燕云十六州之后，辽太祖时代，儒、释、道三教之中，强调儒教为先。尤其是在燕云地区，为了笼络汉族文人，大力提倡弘扬儒学。辽太宗时，在北京（时称南京）就已经设立了太学。景宗和圣宗时，对儒学的发展更加重视，在南京设有太学，所属的州县又设有州学、县学。统和十三年（995），因为南京太学生人数太多，圣宗下令赐给太学田地和农庄作为办学的经费资助。对儒学的提倡与发展，使中华传统文化的文脉在有辽一代得以传承，获取了丰富的思想滋养，这是辽代文化发展的基础。儒学传播的另一个制度保障是科举。辽代在推行科举之前，对五代时参加科举考试获取功名者极为重视，到了统和六年（988），恢复科举，并且成为定制。辽代的科举自南京（今北京）而始，开始取士人数不多，到圣宗时数量大增，太平五年（1025），南京进士数量达到了七十二人。辽还以"借才异代"的方式，借用宋代科举人才为我所用，当时在汉地的辽官员，许多都是两朝科举文人，这部分人在北京地区最多，显贵者不在少数，他们本身成为中华传统文化的接受者、受益者，同时也是传承者和传播者。

金初文化建立发展的情况与辽初如出一辙，也是在"借才异代"的基础上发展起来的，且效果明显。所借之才来自辽、宋两个朝代，起点较高，有力地推动了文化水准的大幅度提高。金中都作为国家的政治、文化中心，设有国家及地方各级、各类学校，以传承传播文化，培养人才。在中都，国子监直属的学校有：国子学、太学、女真国子学、女真太学。金朝除了运用科举考试这一常规、传统的方式作为重要渠道进行人才培养外，对于经学、史学也大力发展。近代的经学大师对经典要义进行了深入的研究和阐释，代表人物有赵秉文、李纯甫、张行简。史学研究和普及的成就也很可观，许多大型文化工程在此时期集中完成，例如翻译、刻印、出版《贞观政要》《史记》《西汉书》等历代王朝史书。

作为全国政治、文化中心，作为世界上最有影响的城市之一，作为东方文化的代表，北京人文荟萃，文化发展始终居于全国引领地位。不仅形成各朝各代不同的发展特色，更形成了北京独有的首都文化特征。

二 北京传统文化特色

有着最多元的文化，形成了比较先进的文化理念，这体现在北京文化的基本特性上，如包容性（重于吸收和消化），兼容性（并行不悖，各美其美），多样性（丰富多彩，层次丰富，质地丰富），不保守，不排斥，敏感而不过度反应。

（一）北京本身就是多元文化碰撞融合而成的

《史记·五帝本纪》记载远古时代蚩尤、炎帝、黄帝之间的战争，表现了中原和古代燕山南北各部族之间的冲突，传说中的战场和建立的都邑都在如今的北京周边。"黄帝擒蚩尤"是中华民族的第一次大融合，就发生在北京地区。

魏晋南北朝时期，是中国历史上民族大融合时期，北京的幽燕地区，因为地处交通要塞和军事重镇，造成民众迁徙游移极为频繁，这就使之成为南北东西交流最为充分的地域。农耕文化与游牧文化更在长期的军事拉锯中，由于战争对抗实现了民族的交流与融合。

辽金是北京历史上至关重要的发展阶段。辽之南京、金之中都，循序渐进地完成了从北方军事重镇向北方政治文化中心功能的转化，为北京逐渐过渡为国家首都做了全面的必要准备。尤其是海陵王于贞元元年（1153）正式迁都，改燕京为中都，作为国家首都。定都北京，文化出现了新的元素，就是帝都文化，其中宫廷文化是最核心的新因素。但由于辽金统治区域仅限于北方，所以尽管北京已经显露出了帝京文化的部分特征，但还不是完全意义上的国家文化中心。

辽金是北京多元文化交汇和融合的重要时期。辽代的北京，二元文化并存，中原地区汉文化与契丹从草原带来的游牧文化并行不悖。金朝女真崛起于东北，攻辽灭北宋，金中都北京此时不仅有女真文化影响，还保留了一些辽代文化的遗存和影响，还由于统一，获得了北宋文化的新元素。当时的北京，作为金朝政治文化中心，北方不同区域文化也在此汇聚，多元文化的特性愈加显著。

元代是北京文化发展史的里程碑。元大都（今北京）于公元1272年被正式命名并成为大元帝国的首都。随着其国家政治、经济、文化中心地位的确立和巩固，开启了北京作为统一多民族国家首都长达数百年并延续至今的历史。同时元代也成为北京文化发展的分水岭，从此北京文化转变为"国家帝都文化"，更为广泛多样的文化与文明在此交汇、冲突与融合。首先，农耕文化与游牧文化再次融合，而此次的交汇与融合在广度与深度以及规模上，要远远地超出历史上任何一次。其次，江南地区文化开始北上，也使南北之间的文化交流融合再次出现。元统一之后，大量江南文人学者自愿或者被迫来到大都，大批江南演艺人员和书画名家也来到这里，从事文学艺术的创作活动，并很快在京城产生了巨大影响，促进了北京文化的迅速繁荣。最后，是西北各少数民族文化在大都以及各地传播。这些色目人进入中原，带来了伊斯兰教文化。其他宗教派别，如天主教、景教等，也都在大都城传播。

明代由于政权更迭，汉族统治当政，出于政治目的，曾尽扫草原文化影响，在迁都的同时，将元大都原有的宫殿夷为平地，使草原文化影响迅速消失，恢复了农耕文化独尊的局面。"靖难之役"后，重新定都北京，开始大兴土木，建造宫殿，营建园林，修建陵墓，使北京重新恢复了帝都气象，此后北京再次成为全国的政治文化中心。明代的北京，失去了多元文化兼容并立的特色，农耕文化至大。其次，皇权独尊的文化得到进一步强化。

清代，满清统治者入关定都北京，北京文化再次经历了巨震变化。因为居住格局的变化，形成了内城文化与外城文化的巨大差异。在内城的旗民文化包含了满、蒙、汉三种元素，满洲八旗表现出了更多关外渔猎文化元素，蒙古八旗表现出了更多草原游牧文化元素，而汉八旗则表现出更多的农耕文化元素。因此内城形成了一种综合元素共存的旗人文化。这三种文化元素在北京地域文化发展的历史长河中曾反复出现，更早的不说，就是北京建都后的数百年间，也是不断如潮水般涌起，消退，再涌起，反反复复——金朝女真族带来的是东北渔猎文化，元朝蒙古族带来的是游牧文化，明朝统治者大力提倡的是农耕文化，到了清朝，三种文化在北京重新聚合，并进一步发展成为一种全新的文化。

清代后期，中国被在工业革命中迅速崛起的西方列强觊觎，洋枪洋炮敲开国门的同时，西洋文化也随之涌入和传播，北京作为全国的政治文化中心，自然也就成为西洋文化传播的最重要场所之一。这个时期，北京文化发展进程中最显著的特征，就是出现了向现代化的转型。一场关于中国文化发展方向的大讨论在政治文化的精英阶层展开。一些勇于实践的先行者们，则开始全面向西方学习，从教育内容的调整，到政治制度的模仿和军事体制的改进，等等。

（二）城市文化层次丰富

与其他城市相比，北京的城市文化层次丰富。皇家文化所代表的精英文化、宣南文化所代表的移民文化、胡同文化所代表的本土市井文化、手工业和商业所代表的工商文化等，内容丰富，层次分明，文化特色极为突出。

最为独特的是比较完整地保留了皇家文化遗迹。在北京现存的七项世界文化遗产中，有四项是皇家文化的体现，分别是故宫、颐和园、天坛和明十三陵。而太庙、社稷坛、日坛、月坛、天坛、地坛、北海公园、景山公园、圆明园遗址等，也都与皇家文化有着密不可分的关系。相对于中国历史上曾经的故都，例如西安、洛阳、开封、杭州、南京，北京的皇家文化遗存虽历经浩劫，但是保存依然最为系统完整。

从文化类别上而言，极为丰富。

北京文化内部又蕴含着许多特色文化。这些都是历史发展中，由于功能区域的划分和人员聚落的特色而自然形成的，例如，东城的皇城文化，宣武（今属西城区）的宣南文化，西城的什刹海文化，北城的八旗文化，通州的运河文化，门头沟的永定河文化，丰台的花乡文化、昌平的皇陵文化、延庆的长城古驿站文化等。这些文化都表现出鲜明的个性特征。例如，皇城文化和皇陵文化是皇家文化的重要组成部分，而门头沟的永定河文化中，包括爨底下等古村落以及与之相关的历史和民俗。

如此多层次、多文化渊源、全面、有代表性、保存完整、具有典型价值的文化样本，是北京最宝贵的文化遗产，也是国家最宝贵的文化遗产。对北京传统文化的整理、提炼、总结，在全国具有示范推广的作用和价值。如此，才能够更好地发挥北京作为首善之区的引领和示范作用。

（三）历来名家辈出，各方面的文化人才汇聚

春秋战国先秦两汉时期，出现或者活跃于幽燕之地的文化人才并不太多，但是影响却足够大。除有思想家邹衍、荀子，儒学传承世家范阳卢氏、渔阳无终阳氏等儒学世家之外，还有燕国广阳的霍原、燕国蓟人平恒等。

之后，历代不绝于缕，并渐呈兴旺发达之势。

梁祚（402—488），北魏北地泥阳人，经学大师，久居蓟城，精通公羊《春秋》和郑玄《易经》，在蓟城设馆授徒，虽饥寒困窘，但著述不倦，撰《国统》及《代都赋》，行于世。

徐遵明（475—529），北魏华阴人，也是北方闻名的经学大师，年轻时游学燕赵，在范阳研究经学，后在幽蓟地区设馆授业多年，从者甚众，著有《春秋义章》三十卷。

北魏著名的地理学家、散文家郦道元，他的《水经注》是我国古代地理科学最伟大的著作。

隋唐时期，北京比以往诞生了更多在国内知名的优秀诗人和作家，他们是卢思道（约531—583）、魏徵（580—643）、卢照邻（约636—695）、张说（667—730）、苏味道（648—705）、高适、刘长卿等，大历十才子中卢纶、司空曙、崔峒也都在北京或北京附近地区。另外，还有"郊寒岛瘦"的贾岛以及吴可、卢汝弼、卢延让等。

辽代有李瀚、赵延寿、室昉、马得臣、张俭、杨佶、刘伸、王鼎、耶律俨等。金代有蔡松年（1107—1159）、蔡珪（？—1174）、赵秉文（1159—1232）、元好问（1190—1257）、韩昉（1082—1149）。

到元代，元大都北京的文坛可谓南北荟萃，人才济济，呈现出前所未有的繁荣与兴盛。成吉思汗末年，在全真道士丘处机定居燕京后，经常与之来往的就有李士谦、刘中、陈时可、吴章、赵昉、

王锐等。窝阔台汗初，元好问向耶律楚材推荐了大批文士，有王刚、王鹗、李献卿、李天翼、刘汝翼、张伯猷、李谦、高鸣、李冶、杨果、徐世隆、敬铉、李祁、刘郁、麻革、商挺、赵著、曹居一、王铸、杨恕等，其中有些在新政权有所作为。被称为元代开国元勋和文学奠基者的耶律楚材，原本也是金朝官宦。与耶律楚材同时，在燕京城中以诗文著称的还有赵著、吕鲲、郝经、李昶、王鹗等。忽必烈时代，刘秉忠、姚枢、郝经、许衡等都是非常重要的汉族幕僚，对当时政策的制定和许多重大决策起到过关键作用。在初建的翰林国史院任职的文士还有徐世隆、阎复等。在元初大都文坛负有盛名的学士还有杨果、孟攀鳞、王构、李谦、王恽、胡祗遹、雷膺等。

他们代表着当时北方文化的最高水平，在元初的文坛上占有举足轻重的地位。当时的大都，是全国文化中心，也是全国的戏剧中心。元杂剧发展的鼎盛时期，绝大多数杂剧作家、表演艺术家都在大都。杨显之、王伯成、赵明道、张国宾、秦简夫、庾天锡、王仲文、梁进之、费唐臣、石子章等著名的元杂剧作家，都活跃在大都，"元曲四家"中的关汉卿、王实甫、马致远都生活在大都。他们的作品，蕴含着深厚的中华传统文化内涵，《窦娥冤》中的贞孝，《救风尘》中的智勇，《赵氏孤儿》中的侠义，《破家子弟》中的勤俭，用民众喜闻乐见的形式，在传播中发挥着教化作用。而元杂剧的题材，大多也都是来自历史典籍。

明、清时代，北京作为汉文化之都，文化人才聚集，更是灿若星河，数不胜数，难以枚举。

三 北京传统文化优势的历史积累

北京文化发展史，始终是多元文化汇聚、碰撞、融合发展的历史，也是以儒学为核心的中华传统文化在更为广泛的区域传承、传播的历史。

（一）辽金时代优势的准备

民族融合与多元文化的交流借鉴，是辽南京文化大发展的一个重要原因。历史上，北京所处的古幽燕地区是契丹、女真、蒙满等少数民族吸收中原文化的一个重要前沿基地。公元 938 年，石敬瑭割让包括北京在内的燕云十六州后，契丹升幽州为南京，设立南京道析津府，也称燕京，北京从北方重要边镇上升为陪都。燕京本就是中华传统文化发达深厚之地，辽在建立政权的过程中，因为得益于汉族知识分子的帮助，逐渐认识到了以儒学为核心的中华传统文化的重要，不仅越来越重用汉族知识分子，而且契丹贵族统治阶层也开始受汉文化影响。辽尊崇汉唐，即使是皇帝也要研读《贞观政要》等经典。在民间，汉族、契丹混杂而居，后来又允许相互通婚，民族融合更加深入。契丹开始从单纯的游牧民族，转变为游牧文化和农耕文化相融合的民族，获得了文化碰撞骤变的能量优势。这种文化交流，并没有因为政权对立而终止，辽宋对峙时期，休战协议签订后边贸开通，双方的经济、贸易、文化交流始终非常活跃。由于北京特殊的地理位置、完备的城市功能以及军事上的特殊地位，自然成为贸易和交流的交汇点和最大受益者，无论是官方的还是民间的，不论目的地是辽上京，还是宋汴京，或者其他什么地方，都要在此（今北京）驻足停留，所以使北京这个幽燕腹地自然而然地获得了大量南北信息，充斥着各种新奇的文化元素。特别值得注意的是，这种交流从来都是双向的，南京在吸收接纳宋文化的同时，也将自己独具特色的文化辐射发散出去。例如，在文化时尚方面，宋就曾经深受幽燕地区服饰影响。宋朝曾下令禁止宫人和贵族妇女效仿辽人的装扮。当时的北京由于处于两种主要文化的交汇口，既吸收了中原的儒雅、精致，又具有北方的豪放、开阔、生机勃勃，逐渐形成了独具特色、内涵丰富的幽燕文化体系。吸纳中原文化的同时，契丹民族固有的文化在辽南京，即北京也得到了保存和发扬。

（二）元代绝对优势的形成

元代是在中国思想史、文化史、文学史上最为特殊的王朝。这个时期的文化发展和管理极为特殊。由于蒙古帝国在征服世界的过程中，更多的是依靠金戈铁马的武力，而统治区域在如此之短的时间内达到了如此之广阔的范围，而铁蹄之下东亚、中亚到西亚，以至到欧洲，文化差异是如此之巨大，简直令人眼花缭乱，目不暇接。因而，在神话般崛起扩张的行程中，他们根本无暇停下脚步，细细体味、慢慢接受被征服地的文化。相对来说，这个王朝又是短命的，只有百年历史，而且除了初期建立政权时候的疆场驰骋外，即使是建立国家政权后，宫廷斗争也没有停歇过，始终充满血雨腥风。后期更是天灾人祸，内外交困。整个社会充满动荡，缺乏应有的长期稳定。正因如此，元统治者与之前的唐、宋甚至辽、金，之后的明、清相比较，所接受的中国传统儒家文化浸润就显得如此之少，所受影响就显得如此之轻。他们又缺乏像辽、金那样少数民族政权对于以儒学为核心的汉文化发自内心的崇拜。所以，在制定国家文化政策时，就显得缺少对传统亦步亦趋的传承，表现出了一种特立独行的特征。

元代的首都在如今的北京，时称大都。大都多元文化特征极其鲜明突出。这与蒙古统治者的政治、民族、宗教、文化政策密不可分。与大都的城市定位、城市功能、发展历史、居民来源构成等诸多因素紧密相关。人口密集而民族众多、活动区域交叉点多是最基本的特点。在蒙元帝国区域内，当时北京人口数量之多堪称之最，元统治者将帝国内的臣民分为蒙古、色目、汉人、南人四等。四等人在大都高度密集，既相互影响融合，又有足以完整保持个性的文化群体甚至生活群落。蒙古人当时被称为"国人""国族"，政治地位和社会地位最高，生活在大都的蒙古人依然较为完整地保留着浓郁的草原游牧民族文化特色和生活习性。在皇城内，巍峨的宫殿旁的绿地上，始终搭建着草原游牧生活时刻不离的蒙古包，以解最高统治者及皇族的思乡之苦。大都的色目人，尤其是回族人，从商者甚众，聚集起巨额财富。随蒙古军队进驻中原，来到首都的还有漠北及西域的一些少数民族，他们聚族而居，形成村落。元代，维吾尔族人在政治、军事、文化各方面受到蒙元统治者信任与重用。维吾尔族廉希宪家族就是其中的典型代表，他曾为平章政事，官位相当于副丞相。其父布鲁海牙是成吉思汗的宿卫，做过断事官、宣慰使，职位也很高。其弟廉希贤曾任礼部尚书和驻外使节。贯云石一家三代都在元朝任官。大都西的畏吾村，成为维吾尔族兄弟聚居的地方，他们大多从商或者酿酒、冶炼，这就是现在北京海淀区魏公村（原称畏兀儿村或畏吾村）的由来。元人黄文仲在《大都赋》中赞"平则为西贾之派"，平则门位置就是今天的阜成门。在今昌平区和顺义区交界处的高丽营，自唐代起便有部分高丽人内迁，元代更盛，在今昌平境内的阿速村，当时都是少数民族聚居的地方。这些文化特点，数百年之后，从名称上依然能够看出当时多民族聚集的痕迹。蒙古贵族本着自由开放、兼容并包的态度，对东西方思想、南北文化一律平等相待，各种宗教除了奉佛教为国教外，其他如道教、伊斯兰教、基督教也一律听之任之，所以在大都各宗教门类、派别林立，活跃异常。

在思想史、文化史上，元朝是自汉代以来唯一没有明确严格以儒学思想为政治统治精神基础的王朝。但是，这并不意味着儒学思想发展的停滞和传承传播受限。蒙古统治者进驻中原之初，因为实用效果显著的原因，逐渐启用儒学人才，耶律楚材、杨惟中、姚枢、郝经、赵昉、陈时可等一批著名儒学家逐渐被委以要职，忽必烈是元初蒙古贵族中受儒学影响较大的，在其麾下，一大批儒士得到重用，如刘秉忠、姚枢、窦默、许衡、张文谦、王鹗、赵璧等皆是。但是这些人的儒学思想更偏重于经世致用，在征服南宋的过程中，又俘获了著名的儒学大师赵复，也将其送至大都，令其教授传播儒家学说。使程朱理学在南方独立发展百年后，得以首次北渡传播，与在北方独立发展起来的包括李纯甫、耶律楚材、王若虚等所信奉的儒学得以交汇。元灭宋一统之后，南宋著名的儒学大师吴澄也北上大都。如此，在大都形成了儒学门派林立的格局。正是由于统治者的不干涉，少管束，所以各个门派之间无拘无束，既自由争鸣，又相互影响、借鉴，共同促进发展，避免了一门独大、一统天下所导致僵化保守的弊端，这种自由与活跃对促进思想和社会进步是极其有益的。所以，蒙元统治者对儒学的"无为而治"，无论对儒学的健康发展，还是传承与传播的创新与繁荣都有着积极意义。

中原农耕民族和北方游牧民族共存交融构成了元代之前北京文化的基本特征。元代开始，作为统一帝国都城的北京文化更加多元，不仅吸纳了南北各区域各民族的文化精华，而且在内外文化交流上，也发挥出更加广泛的作用。中华文明和大都所代表的中华传统文化也通过交流得到了广泛传播。据记载，忽必烈就曾命令中书省平章政事赵璧用蒙文翻译了《论语》《大学》《中庸》《孟子》等儒家典籍，命令色目大臣安藏翻译了《尚书》《贞观政要》《资治通鉴》《申鉴》等重要的史籍经典，为蒙古统治者学习和了解汉文化提供帮助。到元朝后期，天历二年（1329），又设置了艺文监"专以国语（当时指蒙古语）敷译儒书"。当时的高丽和安南等国，也多次遣使大都，使儒学为代表的中华优秀传统文化得到了广泛传播。

历史上学校的建设和发展对中华文化的传承传播发挥着至关重要的作用。忽必烈在位时，大力推进教育，广建学校。至元元年（1264）九月一日，元廷沿袭唐制、仿照宋制，设立了翰林国史院。这本身就是对中华文化的学习与传承。至元八年（1271），为大力培育蒙古族统治管理人才，设立了蒙古国子学，用《通鉴节要》教育蒙古学生。至元二十四年（1287），又在大都设立国子监，隶属于集贤院。至元二十六年（1289）在大都设立回回国子学。大德七年（1303），大都新孔庙建成。随着国子监的建立健全，学校课程也逐渐规范化，确立了"凡读书，必先《孝经》《小学》《论语》《孟子》《大学》《中庸》，次及《诗》《书》《礼记》《周礼》《春秋》《易经》"（《元史》卷八一《选举志》）。至元二十五年（1288），天下学校达到两万四千四百多所，元大都是各类教育机构最为健全和数量最为庞大的地区。而教学的基本思想和主要内容是以儒学为核心，足见元代对儒学为核心的中华传统文化态度是尊崇的，传承与传播的主渠道畅通而健全。北京在其中获益最多，且影响远超地域疆界。

在谈到元代中华文化传承与传播的特殊性时，一个绕不开的话题就是科举。科举自产生建立开始，就是传承与传播儒学思想最重要的渠道和途径。科举即使是在辽、金这样少数民族统治的王朝也没有彻底中断过。而以汉族为首建立的统治政权更是严格遵循，将之奉为有效治理国家、教化百姓、选拔人才的法宝。但是唯有元代是自隋代建立到晚清结束这延续一千多年的科举历史中的一个异数。蒙元统治者对于科举制度始终抱着一种可有可无、游移不定的态度。元前期，窝阔台汗九年（1237），以守成必用文臣为理由，开科取士，并释放了被俘为奴的汉族儒士。但是之后又取消了科举。延祐（元仁宗年号，1314—1320）、至治（元英宗年号，1321—1323）年间虽然一度恢复，但其后也是断断续续的。科举的不连贯，阻断了文人士子进身仕途的传统出路，使其彷徨苦闷，无所依托。但是在另一个方面，却又从思想和社会固定角色中解放了他们，仕途无门，投身创作，促进了文学的繁荣，这是元杂剧兴盛发展的重要原因之一。这也是一个悖论，举业不兴，对儒学思想的传承与传播是一个阻滞，因为人们缺乏了"学而优则仕"的动力，但是，文化的传承有其惯性，长期受到传统文化浸染和系统接受儒学思想教育的知识阶层，当他们把精力全身心地投入杂剧创作时，也就创新了传播形式，开辟了传统文化新的传播途径，他们创作中所反映出来的思想取向、价值观念等，通过杂剧等形式，有效地影响了更为广泛的民众。

科技的进步为文化繁荣发展提供了有力支撑，也为中华文化的广泛传播提供了保障。元朝的出版业很发达，木板活字、锡活字、泥活字等多种技术发明得到了普遍应用。先进的制版印刷技术使经典典籍以及戏曲小说这些广受欢迎的文学作品得以广泛传播，元大都发达的书肆业为传统文化的传播以及依靠文学传承传播中华优秀传统文化创造了不可或缺的条件。而交通的发达为文化传播提供了便利条件，元朝的交通无论是陆地还是海上，系统完善而发达，驿道驿站遍布全国，甚至延伸到边远的国界边缘。元代的对外图书贸易非常繁荣,以高丽、日本、安南最多。延祐元年(1314),高丽忠宣王曾在大都大批购书;元代对日本的图书贸易主要通过海路进行;大德五年(1301),安南使者邓汝霖在大都的书肆购买了大量图书。① 大都当时的书肆业非常发达,使文化对于市民生活的影响力更为突出。由此可见,在元大都时代,作为首都的北京,在传承与传播中华文化的作用上已经非常突出,显现出其他任何地方所不能替代的地位和全方位的优势。

除了"物"的传播外,更根本有效的传播在人。元朝的"大一统",使阻隔甚久的南北交流沟通得以实现。这种南北文化交流意义深远、影响巨大,为元代文坛不断注入生机和活力。江南的典雅清秀、精美婉丽,北方的雄浑壮伟、豪放率真,通过交流融会,相互影响,使各自文风发生了极其微妙的变化,南方文士消除了纤弱靡丽,北方文士增加了清雅周密,共同将文学推向了新的高度。南来的文人北上大多驻足元首都,这对大都文化繁荣起到了积极的促进作用。较早到大都任职的"南人"有陈孚、贡奎、程矩夫等。其后虞集、袁桷、邓文原、揭傒斯等也先后来到大都任职。以民间讲学、游访甚至是定居等各种形式来到大都的越来越多。仁宗皇庆、延祐年间(1312—1320),科举一度恢复,名噪一时的江南才子欧阳玄、杨载、范梈、宋本、宋褧等人,便是借着科举来到大都的。

大都文化在交流中的意义不仅在于吸纳,更在于传扬与传播。北人南下的其实也很多,由大都出发较早到江南任职的"北人"有胡祇遹、卢挚、燕公楠、高克恭、陈思济、鲜于枢等;民间的交流更是如潮涌动,贯云石定居江南,曾对那里的文坛产生过不小的影响。刘因、白朴、关汉卿、马致远、曾瑞、秦简夫等几乎所有重要的北方文学家都曾经先后前往南方。这种交流对于文学发展的巨大影响是显而易见的。江南文人的创作中大量出现北方风物,而元曲与杂剧也开始在南方普及,以至于到后期,元曲的中心竟然干脆从大都转移到了江南杭

---

① 田建平:《元代出版史》,河北出版社2003年版,第13页。

州，开启并促进了当地及其周边地区戏曲的极大发展，并且影响了几百年，直到清代乃至现当代。

宗教是中华传统文化中一个重要的组成部分，无论是外来的佛教，还是本土的道教，无论是原有的，还是后传入的，都对人们的生活产生了重要影响，并逐渐沉淀成为民族心理的一部分。元初著名的政治家、开国元勋、元代文学的奠基人耶律楚材曾向燕京著名的禅宗领袖万松老人行秀学习佛法。他秉承万松老人"以儒治国，以佛治心"的理念，在帮助忽必烈立国安邦实现宏伟霸业中，深得佛、儒诸家所长。国家重臣、元大都的规划设计者、元代著名文学家刘秉忠也是出身佛门。他本是稍后于万松行秀的禅宗领袖海云印简的弟子，经海云推荐，辅佐忽必烈，深受重用。耶律楚材与刘秉忠都是儒释道三者集于一身的中华优秀传统文化塑造的典型代表。

元代宗教多样，竞争激烈。为广收信众，各宗教派别在传播上屡出新招，不断创新，其中许多形式对于中华传统文化的传承与传播具有借鉴价值。各种宗教在扩大势力谋求发展的过程中，不仅运用各种手段，争取最高统治者的支持，也利用各种方式扩大影响，其中常用的是密切与社会名流尤其是文化名流的关系。在元人的传记中，可以看到文人与宗教界人士的来往密切。许多文学家的世界观受到深刻影响。另一个为人们所忽略的问题是，宗教对文化传播方式的影响。这个方面值得特别研究。

（三）明代北京文化绝对优势的发展

明朝建立，最高政权重新回到汉族统治者手中。明初建都南京，永乐元年（1403）正月，改北平为北京。这是中国历史上第一次出现北京这个称谓。永乐十九年，即公元1421年正月，正式迁都北京。北京政治中心的地位确立后，进一步发展成为全国的文化中心。

早在建国之初，明政权就非常重视文化保护。公元1368年，徐达攻占元大都时非常重视保护这座古城的典籍文物，进城后迅速有效地对整个城市进行了接管，派人把守各个宫殿，使之免遭抢掠焚毁；封存府库图籍，使之免于流失损坏。明政府迁都北京之后，这里不仅是全国的政治中心，也是科学技术、文化教育中心，更是人文荟萃之地。在此设立了培养和选拔人才的专门机构。当时不设太学，而设国子监。它与贡院、钦天监、太医院、四译馆等都是文化教育管理机构。同时国子监又是最高学府，时称崇教坊。北京的国子监，是在原来元大都国子监旧址上扩建而成的，建有孔庙、讲堂、图书馆、图书刻印处和学生宿舍，规模宏大。国子监的学生来源主要是官僚贵戚子弟以及全国府、州、县选拔的高材生和少数民族，另外还有来自高丽、越南等国家的留学生，学习的内容主要是四书五经、八股文以及程朱理学。国子监为统治阶级培养了大批人才，在永乐宣德年间，监生达到万人以上，在明代中叶一般也保持在五六千人左右。北京府、州、县学生，除了可以进入国子监外，其余的还可以进入顺天府学习。这些都充分体现出明代北京文化教育事业的发展与繁荣。

除了为国培养一般的通才外，明政府对科学技术和专门人才的培养也很重视。太医院、钦天监是培养医学、天文学专门人才的学校。又建有四译馆，又称四夷馆，学生可以在此学习少数民族或外国语言和文字，其中有藏、蒙、维、傣、缅甸文和梵文等，并从事翻译等工作，以加强国内各个民族之间、邻邦国家之间的文化交流和往来。

明代北京书肆遍京城，修典著录刊印，学术繁荣，官藏、私藏蔚然成风，人才济济，文化昌盛，科学技术也相应蓬勃发展，明朝277 年间，北京的文化丰富多彩，科学技术硕果累累。明代北京长城集战国时期秦、赵、燕及北魏、北齐、隋、唐、金等诸国长城之大成，不断延续，不断完善，已成为庞大的军事防御体系。明代北京长城从山海关蜿蜒向西，在平谷的将军关进入北京市界。东西横跨密云、怀柔、昌平、门头沟六个区县，沿着燕山山脉和军都山内侧山脊，呈环抱北京、拱卫京师之势。修筑明代北京长城，凝聚了徐达、华云龙、谭纶、戚继光、于谦等军事家、建筑学家及劳动人民的智慧和汗水，已经成为北京的标识，是贡献给全人类的宝贵文化遗产。

明朝将科举考试制度化，地方有各种级别的考试，全国各地通过乡试中举者会聚北京，参加贡院三年一次的全国最高级别科举考试。科举制度为以儒学为核心的传统文化传承传播提供了渠道和源源不断的人才保障。

围绕科举的各种考试经济蓬勃发展，全国会试地北京自然也就成为考试经济最发达的地方。北京的书肆兴起于辽代，经过金、元两代的发展，明代北京的书肆行业有了长足发展。与此相应，明代的刊刻印刷技术有了很大的提高，前门外打磨厂与西河沿都是著名的民营刻印中心。明末，手抄的邸报已经开始用活字排版印刷。

明代初期，程朱理学在思想领域占有统治地位。到明中叶，程朱理学的支配地位开始动摇。以王守仁（1472—1528）为代表，反对程朱理学的客观唯心主义，发展主观唯心主义，创立了自己的哲学体系。因为王守仁曾在自己的故乡阳明洞筑室讲学，后人称他为阳明先生，其思想称为"阳明学派"。王守仁的学生王艮等人，不但反对程朱理学，而且对当时的君主专制也给予了尖锐的抨击，被称为"王学左派"。这派的代表人物还有颜山农、梁汝元、李贽等，都是当时著名的学者，对北京的思想界和文化界影响深远。

从历代盛衰兴亡中汲取经验和教训的明统治者大力提倡文治，非常重视历史文化和古籍图书的编纂和整理工作。重要举措之一就是开始了史无前例的超大规模的文化工程——《永乐大典》的编纂。据记载，参与其事的竟达三千人之多。《永乐大典》序文说该书历时五年而成，朱棣赞扬它"上自古初，迄于当世，旁搜博采，汇聚群书，著为奥典"，共二万二千九百三十七卷，计三亿七千万余字，是我国历史上规模最大的一部类书。无论当时最高统治者的出发点和目的如何，这项规模宏大的文化工程，终究已经成为中华民族历史上弥足珍贵的文化遗产。

金元以来，北京说书文化非常流行，是最大众化的一种文化消费形式。许多双目失明的人，都以说书为生。他们"演说古今小说，以觅衣食"，据姜南《蓉塘诗话》卷二《洗砚新录·演小说》载，当时是"北方最多，京师特盛"①，他们绘声绘色地演讲古今故事，受到普通大众的欢迎。明朝文化的世俗化程度已经达到了空前高度，这对传统雅文化的发展产生了非常明确而深刻的影响，也使说唱文学、小说、戏曲等为代表的俗文学在辽金元崛起后，到明代发展成为声势浩大的文学创作潮流。

明朝后期，中外交流日益频繁，西方传教士大批来到中国，其中许多著名的人物如利玛窦、南怀仁、汤若望等人长住北京，从事文化交流活动，在北京历史上留下了重要一页。

（四）清代北京文化绝对优势的进一步巩固及其成就

清朝前中期，是中国历史上空前强盛的阶段。这个多民族国家，疆域版图空前扩大，多民族的凝聚力空前加强。北京不仅是多民族统一国家政治中心，同时也是全国文化中心。

满族发源于东北，与蒙古族有地缘接近的优势。入关前，就已经建立起比较稳固的满蒙联盟。之后又与西藏地区的蒙藏统治者建立了联系，与新疆地区的关系也日益频繁密切。定鼎燕京之后，建立了专门处理民族事务的理藩院。康熙年间，更是完成了收复台湾、平定三藩，驱逐沙俄、大破准噶尔等统一大业，真正实现了这个多民族国家的大一统。作为京师的燕京，不仅成为全国各个民族的政治中心，同时成为多民族文化展示、交流、融合的中心。

按照清朝制定的制度，外蒙古、新疆以及西藏的王公贵族、宗教人士和上层人士，要分班轮流进京朝觐，每年有一定的班数，称为年班制度。年班人数众多，规模宏大，并且各有贡献，将有着浓郁民族文化特色的风习和物事源源不断地带入京城。这使得北京成为名副其实的多民族文化荟萃之处。清廷对于来自边疆的年班，给予十分隆重的款待，规制严格，但形式多样，给人以常见常新之感。比如宴饮、杂技、音乐、舞蹈、戏曲、烟火娱乐等，不一而足。而且，清廷对于

---

① （明）姜南：《蓉塘诗话》卷二《洗砚新录·演小说》（《续修四库全书》本），中华书局1991年版。

参加年班的各族人士也都有非常丰厚的赏赐。如精美的绸缎、瓷器、手工艺品、茶叶等。这样又使得清廷思想、京师文化和先进的生产技术、科技文明等一起，借助连绵不断的年班队伍远播四方。

与历朝历代相比，清代北京的文化功能得到了空前的发展和前所未有的加强，而且具有自己的鲜明特色。

第一，皇帝尊崇文化的表率作用异常突出。

在中华人民共和国之前的北京建都史上，仅有明朝是汉族建立的统治，其余的辽、金、元以及清朝，都是少数民族建立的政权。但是唯有清朝对于汉文化的重视与尊崇达到了前所未有的高度。清朝的十二个皇帝都能用汉语交流、阅读汉书、书写汉字，并用汉语写诗作文。尤其是康熙、乾隆两位长寿皇帝，更是历史上罕见的博学之士，对汉文化有极其深厚的功底，甚至达到了许多汉族最高统治者都无法企及的高度。这对整个清代汉族文化的发展起到了非常大的表率作用，产生了深刻的社会影响。

第二，人才聚集效应更加明显。

来自全国的饱学之士半数聚集北京，在京为官，或在文化机构从业，定居于此；另半数虽然散居全国各地或者各个地域中心，但大多也都有过游学访问北京的经历，或长或短在此进行重要的文化访学、交流。尤其是自康熙时期以来，天下儒学名士竞相来到京师，讲学之风盛行。国外学者也很多，使北京不仅成为一个多民族统一的国家文化中心，随着对外交流的广泛，也成为著名的世界文化之都。

人才聚集的理由众多，而且非常复杂。行政的原因在于这里设置有全国最高的文化机构——翰林院和最高学府——国子监。科举制度的最高考试也在此举行。大批定期来京的科举士子们携带多种文化种子，在京师交汇、碰撞、传播、融合，与北京地域原有文化相生发，形成了特有的活跃度极高的京师文化。康熙十七年（1678）为延揽山林隐逸之士而开设的"博学鸿词"科，其意义远远超出考试本身，大大推动了儒学繁盛气象，被称为"旷世盛典"。

第三，整个清代，巨大的文化工程连绵不断，且成就斐然。

康熙大帝非常重视文化教育，以文化工程聚集人才，成为惯例。或者说正是因为北京文化人才的大量聚集，客观上为这些巨大的文化工程顺利实施奠定了雄厚的基础。康熙皇帝首先招揽大批学者，编修《明史》，以史为鉴。同时还依照学术类别，编纂各类书籍。如《康熙字典》《佩文韵府》《全唐诗》《历象考成》《数理精蕴》《渊鉴类函》《词谱》《曲谱》《律吕正义》《律历渊源》《清文鉴》《皇舆全览图》等书，总计60余种，2万余卷，大多有很高的实用价值。雍正一朝，编修刻印图书的数量也十分可观。此时开始于康熙年间的《古今图书集成》终于刻印完成，它是继明《永乐大典》之后最大的类书。到乾隆时期，更多文人聚集北京，纂修书籍规模更大。无论是图书的编纂或者刊刻印刷，都进入了全盛时期。例如《通鉴辑览》《续通志》《续文献通考》《续通典》《皇朝通志》《皇朝文献通考》《皇朝通典》《大清会典》《大清律例》《大清一统志》。清代总结传统文化的热情达到了前所未有的高潮，规模之大也是此前历代所没有过的。

清廷在编修这些皇皇巨著时，往往要设立一个以此立名的相对长期稳定的文化机构。例如，为修《明史》，开明史馆。为修纂《四库全书》，设四库全书馆。在修书的过程中，除了编修官员之外，还特别注意发挥翰林院词臣和庶吉士的作用，把修书作为培养馆阁人才的重要途径。根据光绪《大清会典事例》卷一千四十五记载：康熙年间，因为编修各种书籍，需要人才甚多，翰林院编检接近二百人，庶吉士也有五六十人之多。编修《四库全书》，参加纂修的人多达三百六十人，仅誉写人员就多达三千八百二十六人。

第四，在北京形成了若干个文化聚集区。

或者以人文荟萃著名，或者以文化行业兴盛显赫。清代北京宣南一带，形成了全国游宦士子的聚居区，这与清初汉族官宦名士大多居住于此有关。宣南地区不仅成为文人墨客聚集谈艺论文、诗酒酬唱之所，也是切磋思想、交流学术的中心。清初的士人团体有著名的"燕台七子"；康熙年间有"海内八家""都门十子"等；到了清朝中叶的乾隆年间，又有"江左三大家"、新"江左三大家"等；嘉庆年间则有著名的"宣南诗会"等。怡园、寄园都是当时著名的文人雅士宴集雅会之地，米市胡同东侧的保安寺以及槐树斜街等也是清初士子聚集的地方。自然，武英殿更是一个大师荟萃、名家云集的场所。

除此之外，由于京师内府修书的兴盛，也带动了外城以琉璃厂古旧书业为中心的文化市场的形成。据乾隆年间李文藻所作《琉璃厂书肆记》一文介绍，当时此地经营古旧书籍的书肆达到29家之多，可见已经具有相当规模。琉璃厂书肆的鼎盛时期正是《四库全书》纂修之时。① 正像武英殿的文化精英们来自全国各地一样，琉璃厂的商业精英们同样来自全国各地。这些书商实际已经成为沟通南北学术的桥梁，对于学术的交流和文化的传播发挥着重要的纽带作用。聚集区中既有竞争，又有合作；既有分工，更有配合。所发挥的能量、所产生的聚合效应是巨大的。

第五，共赏性通俗文化的发展成就了巨大的文化市场。

宫廷的王公贵族和民间文人士子、百业之徒，在某些文化爱好方面达成了前所未有的一致性，例如戏曲、小说，雅俗共生成为这些文学产品的共同个性。

这个方面最突出的就是戏曲。乾隆年间，每逢节日、月令、庆典等都要演戏，专门排戏、习艺的就达一千多人。外城戏院林立，如太平园、四宜园、查楼等，集中在前门左右，每天演出连台本戏，受到市民阶层的热烈欢迎，戏曲俨然成为京师人生活的一个重要组成部分。受到广泛欢迎的还有曲艺，例如，八角鼓本来是满族曲种，在民间尤其是上层流传。乾隆年间，由于弘历喜欢这种曲调，曾经命人编写新歌词，命太监演唱。八角鼓流传京师后，发展成为一种坐唱形式的曲种，并且吸收了多重汉族曲艺元素，其内容又往往描述京师本地的风俗时事，所以深受民众喜爱。

小说《红楼梦》《镜花缘》都是雅俗共赏深受朝野追捧的文学作品。

---

① （清）孙殿起：《琉璃厂小志》，北京古籍出版社1982年版，第4页。

第六，文化名牌大量产生，影响更加广泛。

有清一代，尤其是康雍乾盛世，产生了许多著名的文化精品，它们树立起来的品牌，产生了极大的商业效应。在京师，经朝廷立项牵头编纂刊刻的书籍称为"府本"，质量一般都很高，即使在当时也是藏书家热烈追捧的对象。琉璃厂成为书肆和古玩艺术品一条街。书肆中经营的图书品种非常丰富，而且质量精良。无论是贵重的宋版珍籍还是当朝最新刊刻的流行书刊，无论是坊间精刻还是民间流传抄本，无所不包。① 书肆行业中也涌现出一些闻名京城的老字号，例如，二酉堂，早在明代就有，被称为"老二酉"。"五柳之陶""文萃之谢""鉴古之韦"也都是书肆中的顶级行家。

第七，清代的宫廷绘画取得了前所未有的成就。

应清帝之邀，全国各地甚至来自欧洲的著名画家，来到京师清廷供职。他们创作以朝廷政治、军事、文化为内容的美术作品。这些作品被称为"院画"。王翚、王原祁、焦秉贞、冷枚、蒋廷锡等，都是这个方面的杰出代表。另外，少数民族画家，如满族的唐岱，外国画家，如意大利人郎世宁，北京本地成长起来的书画人才，如米寿都、米汉倬父子，都是当时备受瞩目的书画大家。文化艺术的发展是相互借鉴、相互影响的，宫廷绘画的长足发展，有力地推动了整个社会文化艺术氛围的营造，促进了民间绘画的兴盛。

第八，文化繁荣与思想禁锢、文化封锁并存。

但清代文化发展繁荣之下，有着可怕的思想禁锢和文化封锁。最重要的就是科举考试制度，尤其是以八股文作为考试内容，极大地禁锢扼杀了人们的思想。加之文字狱的极端残酷，引导、逼迫人们向着考古、技艺等纯学术和纯技术方向发展，所以清代的演算、地理、历史、金石、目录学等取得了很高的成就。

纂修《四库全书》，对古籍进行整理，由此而保留了众多的历史典籍文献，这是它不可抹杀的重要贡献。但是，在编纂的过程中，出

---

① （清）孙殿起：《琉璃厂小志》，北京古籍出版社1982年版，第100—102页。

于统治阶级的偏好和对于封建统治秩序维护的需要，将能够启迪人们思想解放、反对异族统治或者是封建统治，甚至仅仅是与统治思想不那么合拍的书籍大量禁毁，这无疑是繁荣表象之下另一种形式的文化灭绝运动，对文化遗产的继承造成了无法弥补的损失。

第 七 章

当今北京传承传播中华
优秀传统文化优势

北京有着古老、悠久的历史，丰厚、多元的传统文化积淀。但是，她却并未像世界其他历史古城一样，由于历史背负过于沉重，而变得步履蹒跚，走向衰朽。北京，这个古老而又充满生命活力和蓬勃朝气的文化名都，在现代化的进程中，依然保持着旺盛的前行动力，在科技、文化等诸多方面具有极强的创新能力。这些，都是北京能够继续传承与传播中华优秀传统文化的优势所在。

一 中华优秀传统文化传承与传播的引领者

北京中华优秀传统文化的传承与传播优势包含着两个方面的内涵，它既是对北京历史上形成并一直延续的全国文化中心地位的再次确认，又是基于对北京当今城市定位和资源优势的深刻认识和精准把握。

作为国家首都，全国政治、文化、科技、教育中心，国际交往中心，北京的文化聚集效应和辐射效应突出，这是北京优秀传统文化传承与传播的优势。

（一）中央政府对首都北京文化建设高度重视

北京在自身历史发展进程中，始终把文化建设放在最为重要的位置。在城市发展战略规划上，北京对建设全国文化中心的目标、功能、地位的认识是一个逐步明确、提高、强化、细化的过程。自 1949 年中华人民共和国成立之后，其功能不断被反复确认，而内涵不断清晰、明确、丰富，可实施性不断加强。

中华人民共和国成立后，北京作为中华人民共和国的首都，重新确立了全国政治文化中心的地位。但在新政权确立之初，受当时政治环境、经济条件和执政者认识水平的制约和影响，在北京的发展规划中，工业、商业甚至是重工业、农业始终都占有相当的比重，全国文化中心的功能在多头并进全面发展中并没有得到特别的强调和突出。即使到 1973 年《关于北京城市建设总体方案》中，所提出的城市发展目标竟然是要把北京建设成为具有现代工业、现代农业、现代科学文化以及现代城市设施的社会主义首都。虽然北京是全国文化中心的地位从未被撼动，但是由于对文化发展方向和北京特殊的城市功能、定位认识的模糊与偏差，北京文化发展的道路并不平坦，城墙拆毁，水系填埋，古城风貌被破坏等，都是发展导向错误带来的严重后果。改革开放后，北京市的发展规划明显回归理性，由无所不包的全面发展，逐渐向突出文化功能转变，文化功能的地位被提到前所未有的高度。1983 年出台的《北京城市建设总体规划方案》（以下简称《方案》）是北京发展中具有里程碑意义的纲领性文件，《方案》中把北京城市定位为"全国的政治中心和文化中心，国家级历史文化名城，国际旅游城市"。其他功能的减少和弱化，意味着将北京政治文化中心功能提升为核心功能。中共中央、国务院就《方案》给予北京市委、市政府的第一条批示是："北京是我们伟大社会主义祖国的首都，是全国的政治中心和文化中心。北京的城市建设和各项事业的发展都必须服从和充分体现这一城市性质的要求。要为党中央、国务院领导全国工作和开展国际交往，为全市人民的工作和生活创造日益良好的条件。要在社会主义物质文明和精神文明建设中，为全国城市作出榜样。"在第四条中又特别指出："北京是我国的首都，又是历史文化名城。北京的规划和建设，要反映出中华民族的历史文化、革命传统和社会主义国家首都的独特风貌。对珍贵的革命史迹、历史文物、古建筑和具有重要意义的古建筑遗址，要妥善保护。……（旧城改造）既要提高旧城区各项基础设施的现代化水平，又要继承和发扬北京历史文化城市的传统，并力求有所创新。"近年来，北京的发展基本上沿着这一思路不断丰富完善，强调通过对城市历史文化的传承和现实文化的不断创新，来促进北京全国文化中心的建设。2011 年，中共北京市委通过了《发展文化中心作用加快建设中国特色社会主义先进文化之都的意见》，中共十七届六中全会又特别提出"要发挥首都全国文化中心示范作用"。

中华优秀传统文化属于精神层面的文化遗产，但是其传承与传播却离不开物质的介质作用。优质的公共文化服务为中华优秀传统文化的传承与传播提供了良好的条件和氛围；历史文化名城的保护，增强了人民对中华文化的感性认识，增强了民族文化的感召力和自信心；文化创意产业的发展，提高了中华文化的传播力和影响力。三个方面如三驾马车，为北京中华优秀传统文化的传承与传播提供了优质环境。

（二）城市定位更加突出明确

党的十八大之后，北京的城市定位进一步明确。2014 年 2 月，中共中央总书记、国家主席习近平在北京视察工作时指出，要明确城市战略定位，坚持和强化首都全国政治中心、文化中心、国际交往中心、科技创新中心的核心功能，深入实施人文北京、科技北京、绿色北京战略，努力把北京建设成为国际一流的和谐宜居之都。在首都博物馆参观北京历史文化展览时，强调说，搞历史博物展览，为的是见证历史、以史鉴今、启迪后人。要在展览的同时高度重视修史修志，让文物说话、把历史智慧告诉人们，激发我们的民族自豪感和自信心，坚定全体人民振兴中华、实现"中国梦"的信心和决心。

2014 年 9 月，北京市委常委会召开会议，讨论通过了《深化文化体制改革加强全国文化中心建设的实施意见》，意见强调，北京要更好地发挥首都的凝聚示范、辐射带动、展示交流和服务保障功能。要继承好优秀的历史文化，继承好改革开放以来勇于创新的传统，通过鼓励文化创新，创作出一批具有强大影响力的精品力作；我们要搭建好平台，不但为北京的文化单位服务，还要为中央和全国各地的文化单位服务，通过促进文化交流，努力推动社会主义文化大发展大繁荣；我们还要不断提高文化辐射力，对全国文化事业和文化产业的发展起到示范带动作用，同时积极推动文化走出去，增强中华文化的影响力。①

北京以全国政治中心、文化中心、国际交往中心、科技创新中心为核心功能，就要求在弘扬中华优秀传统文化这个关系国家发展战略的重大问题上，必须在全国起到引领和示范作用。因而应该成为今后相当长的一段时间内北京市委市政府的工作重点和重心所在。

（三）文化实力雄厚

要把历史文化资源的优势转化为现实传承与传播的优势，需要对优秀传统文化的发掘、整理、保护，需要公共文化服务平台的建设和维护，需要文化创意产业的大力发展和创新。

作为历史文化名城，北京对于文化资源保护、发掘极为重视。在文物保护、历史文化名城保护、非物质文化遗产的申请与保护及其文化内涵的发掘、传播方面进行了战略性布局和制度建设以及法律法规制定，管理较之以前更加常规化、制度化、精细化。2014 年《北京市地下文物保护管理办法》颁布实施。《北京市基层公共文化设施建设标准》《北京市基层公共文化设施服务规范》和《首都现代公共文化服务体系示范区创建标准》等修改完成。

为了推动文化产业发展，根据国家发展战略和文化产业发展系列政策，北京市加强了文化创意产业统筹规划，《北京市文化创意产业提升规划（2014—2020）》《北京市文化创意产业功能区规

①　汤一原：《研究深化文化体制改革，加强文化中心建设》，《北京日报》2014 年 9 月25 日。

划》等编制完成。全国首个国家级文化产业创新实验区获得批准，2014 年 12 月落户北京。创新实验区设定建设文化产业改革探索区、文化经济政策先行区和产业融合发展示范区。在区内重点推动创意设计、动漫游戏、演艺娱乐、艺术品交易、数字文化、文化贸易六大产业发展。

北京是全国文化中心和国际交往中心，是国际化程度很高、影响力较大的世界城市。在中国城市竞争力研究会 2014 年发布的《GN 智慧城市评价指标体系》中，该指标体系由智慧城市基础设施、城市管理、城市经济、人文科学素养、软件环境建设、市民主观感知等指标组成。现在比较通行的做法，是借助全球评价指标体系来衡量一个城市的综合实力和竞争力、影响力。全球影响力，全球市场、文化和创新等综合实力，是指标体系的重要内容。近年北京在全球城市竞争力的排名中，名次有了大幅上升。在全球管理咨询公司科尔尼公司和芝加哥全球事务委员会与《外交政策》杂志 2014 年联合推出的第四届全球城市指数中，北京从 2012 年的第 14 位上升到了第 8 位。但是与纽约、伦敦、东京、巴黎相比，还是存在一定的差距。在中国城市竞争力研究会 2014 年发布的《2014 中国城市分类优势排行榜》中，依据《GN 智慧城市评价指标体系》，中国大陆有北京等 9 座城市入选宜居城市，北京在中国台湾的台中之后，为所有入选的中国大陆城市中排名第一的城市。而在英国权威财经金融杂志《经济学人》旗下智库分析机构 Econmist Intelligence Unit 公布的 2014 年度全球宜居城市排行榜中，北京位于第 74 位，是所有入选的中国大陆城市中排名最靠前的城市。在上海师范大学都市文化研究中心发布的 2014 年《全球城市公共文化服务发展报告》中，对全球公共文化服务能力进行排名，数据显示，北京在国内的排名居于上海、香港之后，位列第三。分析显示，北京的每 10 万人口书店数量、文化和创意产业从业人员数等指标位于前列。

借助《中国城市分类优势排行榜》等每年发布的系列数据分析，可以进行北京与国内重要城市综合竞争力与文化竞争力的比较，从而明了北京在国内城市体系中所处的位置。根据中国社会科学院发布的《2014年城市竞争力报告》，北京的城市文化竞争力在全国294个城市排名中位居第三，仅次于香港和上海。在中国城市竞争力研究会发布的《2014中国城市分类优势排行榜》中，北京的城市文化竞争力位居全国第三，仅次于香港和上海。而在创新城市指数排名中，依据经济、政治、科教、文化、生态等相应的创新指标，北京、上海、香港等均未进入前十。在深圳大学文化产业研究院发布的《中国城市创意指数（CCCT）》排行榜中，北京的创意城市指数位居全国城市第二名，稍逊于上海。《2014中国城市分类优势排行榜》中，北京在人力资本教育竞争力、城市科技竞争力、城市文化形象竞争力三项指标中均雄踞第一的位置。参考了中国人民大学文化产业研究院2014年发布的相关指数，由钟君、吴正杲主编的《中国城市基本公共服务力评价》中，北京在由生产力、影响力、驱动力三大内容组成的文化产业综合指数以及文化消费指数两项排行榜中，均雄踞榜首。但是在公共文化服务基本要素满意度的排行榜中，在参与排名的国内38个主要城市中，位置却低至第24位。① 这是一个令人吃惊的结果。

以上的指标排名说明：

第一，北京虽然不再把建设全国经济中心作为目标，但是在以经济社会和环境资源为测评标准的指标体系中，北京的城市综合竞争力依然位居前列。经济是各项事业发展的基础和保障，雄厚的财力，可以为文化发展提供充足的资金支持。第二，在综合城市竞争力和城市文化竞争力以及创意城市建设几项指标排名中，北京稍逊于上海或香港，但均处于全国城市前列。第三，北京在人力资本教育竞争力、城市科技竞争力、城市文化形象竞争力等方面具有比较突出的优势。优质的人力资源是文化发展的决定因素，科技是文化发展和创新的助推器，可以开辟文化发展的新途径和新方式。而城

---

① 参见李建盛主编《北京蓝皮书：北京文化发展报告（2014—2015）》，社会科学文献出版社2015年版，第19页。

市的文化形象，是文化发展的结果，也是提升城市文化影响力的重要因素。这三者互为因果，三者的优势可以形成优势的良性循环。第四，在文化产业综合指数排名和文化消费指数排名中，北京雄踞榜首，既说明了北京在文化产业发展中的实力，也表明了北京具备了行业发展旗手的号召力和影响力。文化消费指数的高企，说明了北京文化发展的群众基础和文化发展的生态环境良好。而公共文化服务基础要素满意度排名的落后，并不能简单地理解为北京的公共文化服务落后于其他城市。满意度不高，一是说明在这个方面北京还有极大的发展空间；二是说明北京民众更加重视文化生活，这与"文化消费指数"排名首位是相一致的。他们对于公共文化服务有着比其他城市更高标准的要求，这种需求可以转变成为文化大幅度发展的内在驱动力。

中华文化"走出去"是文化传承传播的重要步骤，它能在一定程度上说明文化的影响力和竞争力。通过各地组织申报，相关部门进行评审，商业部等部门依据《文化产品和服务出口指导目录》，对2013—2014年国家文化出口重点企业和出口重点项目进行了统计，结论是文化出口企业的数量和出口项目的数量两项北京均位居首位，且优势明显。出口企业数量，北京比位居第二的广东多12.5%，出口项目上北京比位居第二的上海高出3倍有余。这与北京是全国文化中心和国际交往中心的地位是相匹配的。

二　北京文化政策与文化环境优势

优秀传统文化在新的历史时期、新的社会生活、新的技术手段之下的传承与传播，必须依靠创新来实现，而规范与秩序是建立良好文化生态的先决条件和重要基础。文化发展的规范与秩序，包括法律健全、管理科学、激励机制完善等。这不仅是时代文化发展繁荣的基础，也是优秀传统文化传承与传播创新的必要条件。

（一）法治环境

现代版权制度是开发和利用知识资源的基本法律制度，通过维护文化艺术创作者和传播者的合法权益，鼓励作品创作和传播，是促进文化发展与传播的基础性、保障性制度。知识产权被称为"制度文明典范"，它不仅是国际文化交往中的基本准则，也是文化发展繁荣的重要保障。版权涉及广、渗透性强，版权产业包括广播影视业、图书期刊出版业、戏剧创作业、音像录制业、计算机软件业等。版权保护是否完善，已经成为衡量文化发展以及文化产业投资环境的重要指标。北京将知识产权为主的版权建设提高到战略发展的高度，2011年，党中央国务院就明确提出要把北京建设成为全国的"版权之都"，2013年首都版权产业联盟成立。作为首都，北京在版权资源拥有、版权市场要素聚集、版权监管力量配置和版权服务体系建设等方面，在全国地域或城市中均名列前茅。全国目前只有三家国家级版权贸易基地，全部都在北京，体现了中央政府对北京文化发展的倾向性支持。2002年以来北京市陆续成立了北京版权保护中心等机构。并陆续推出了"正版工程""护航工程""远航工程"等，司法、行政两手共抓，实施版权保护。经过十年不懈的努力，北京著作权登记数额显著提高，占到了全国总额的一半以上。北京国内版权贸易中心的地位已经形成。北京在版权创造、运用、保护、管理方面较之国内其他地域或城市，具备较为显著的比较优势，但是距离"版权制度"的标准差距还很大，有很长的路要走。主要表现在版权创新能力不强，版权开发、代理、贸易等方面的市场机制不健全，熟悉法律、懂管理、善经营、掌握技术的高端人才匮乏，许多单位以及个人的版权意识淡薄。这些对优秀传统文化传承与传播创新都会形成潜在的巨大影响。

在文化传承与创新的过程中，版权保护极为重要。在产业化运行上，它涉及版权的创作、复制、发行、交易、传播等整个环节。2015年6月4日，国家知识产权局发布《2014年中国知识产权发展研究报告》，报告从知识产权创造、运用、保护、环境4个方面，对全国及各省级区域2014年之市场全面发展状况和2010—2014年知识产权发展状况，进行了较为全面的评价和分析。其中，2014年，在全国地区知识产权综合发展指数排名中，北京位居第二，仅次于广东，比上年提升1位。

（二）人才优势

北京集中了全国最多的一流高等院校和科研院所，集中了最多的国家级新闻出版机构，集中了最具规模、管理最为完善的高等级的公共文化服务设施，集中了全国最优质的文学艺术机构和团体。这里优秀人才荟萃，不仅有从事各个行业的顶级人才，而且有跨行业、跨领域的复合型人才；不仅有专业文化领军人物，而且有杰出的文化管理和经营人才。除了高等院校、科研院所每年培养着源源不断的本科生、硕士生、博士生外，每年从世界各国一流院校回国的海归以及全国各高等院校培养的文化人才也都大量聚集北京。

（三）文化产品生产以及品质优势

文化的发展繁荣，离不开经济发展、物质资源的雄厚基础，也与科技发展紧密相关。历史上，造纸术与印刷术都起源于中国，这些当时属于"高科技"的发明不仅改变了传统文化传播的形式、渠道，促进了新的文化体式的形成，也极大地加速了中国文化在国内外传播的速度和广度，提升了中国文化在世界范围内的影响力，改变了人类文明的进程。之后，无论是电影产业的辉煌，还是电视的普及以及之后计算机技术的广泛应用，每一次科技创新，都会给文化的传播带来革命性的巨变。

中国优秀传统文化的传承与传播创新，同样离不开科技发展的驱动。文化与科技融合是当前文化发展的重要趋势。北京对科技与文化之间密切的互动关系认识深刻，多年来一直努力致力于科技文化融合战略。2014年3月，国务院发布了《关于推进文化创意和设

计服务与相关产业融合发展的若干意见》，同年 4 月北京正式推出了
《北京技术创新行动计划（2014—2017 年）》（以下简称《计划》），
《计划》明确把设计作为促进北京科技与文化紧密融合的重要途径，
把创意设计作为提升产业核心竞争力和城市品质、服务全国科技创
新中心建设的重要手段。同年 6 月北京又发布了《北京文化创意产
业提升规划（2014—2020 年）》（以下简称《规划》），《规划》把培
育动漫游戏、移动互联网应用、视听新媒体、3D 打印等新兴文化业
态作为文化和科技融合的重点项目。《规划》在"基本原则"部分
指出："鼓励创新，内涵发展。以大文化观布局谋篇，营造鼓励创
新、宽容失败的发展环境。……推动文化内容、形式、手段创新。
加强知识产权保护，鼓励原创作品创作、开发、制作与传播，加大
对原创作品采购、扶持和奖励力度。充分挖掘利用首都历史文化资
源，采取有效措施，努力将资源优势转化为产业优势，走内涵式发
展道路。"《规划》对包括广播影视、新闻出版等传统行业以及广告
会展、艺术品交易等优势行业和新兴的融合业态，如文化金融融合
方面的发展目标和具体路径以及相关的政策鼓励原则，作了全面具
体的规定。

文化贯穿社会生活的各领域各行业，呈现出多向交互融合态势。
随着社会快速发展，文化创意产业中内容为王越来越成为不二法则。
中华优秀传统文化的思想精髓在提升产业核心竞争力的过程中，通过
创作、设计、传播、品牌构建等手段其价值日益凸显，科技手段的运
用通过创意与设计又反过来为传统文化的传承与传播提供了巨大的能
量。文化与科技的内在连接通过创新完成。

（四）吸纳优势

作为全国科教文化中心，北京科学、文化人才高度汇聚。不仅高
等学校科研院所聚集着大批科研工作者，而且各文化艺术团体中文学、
艺术的创作、生产人才荟萃，优秀的高级经营管理人才数量众多，其
中不乏各行业各领域旗帜性的领军人物。

文化创意产业大军迅速壮大。据北京市国有文化资产监督管理办公室与清华大学国家文化产业研究中心联合发布的《北京文化创意产业（2014）》显示，北京文化创意产业的从业人员已达 152.9 万人。而与版权相关的产业增加值占国内生产总值比率为 9%—12%，接近欧美发达国家城市的整体水平。

（五）辐射优势

北京是世界文化交流中心之一，其影响力是由两个方面所决定的。一个是由历史上的文化地位所决定的："北京作为中国的首都，关于北京的集体记忆又可以上升为关于民族国家的记忆。这座有着八百年古都历史的城市，因其鲜明的政治意味和深厚的文化积淀，在民族想象的构建中所承担的角色自然不是上海、广州、香港等城市可同日而语的。"另一个是由现实的文化实力所决定的。国际水平的文化展览、演出以及各种形式的文化交流活动很多。每年的国际文化交流活动极为丰富，是世界看中国的窗口，每年北京的文化对外贸易出口量在全国名列前茅。北京基于国家首都的高度、全国文化中心的地位、历史文化名城的声望、文化创新之都的实力，文化传播力和影响力具备了其他城市所没有的优势。

（六）创新优势

多元文化交流是创新的必要条件和触发器。作为首都，每年全国性的各种文化活动很多都在北京举办。如全国戏曲展演、全国民间文化交流，一般来说会通过各种渠道来到首都汇聚，提高了北京文化的品位。

作为中国迎接外来文化的窗口，每年各种文化交流活动之多在全国当数首位。世界电影节、戏剧节、音乐节等各种国际间的文化交流活动，使北京尽得世界多元文化沐浴。注定了北京是一个文化的前沿，更容易从世界文化发展中获得灵感，这些为本国文化传承与传播提供了难得的借鉴和积累。

三　北京发挥弘扬中华优秀传统文化 优势还有极大现实空间

北京公共文化设施规模大、层次多、品类齐全，但是许多文化设施闲置，并没有真正地发挥应有的作用，造成了极大的浪费。以基层公共文化服务设施为例，2014 年全市建有各类文化设施包括文化馆、街道文化服务中心、乡镇文化站等 6691 个，市、县两级公共文化设施覆盖率达到了 100%。但是许多基层公共文化设施存在功能单一化、内容空心化、模式陈旧化等弊端，并不能有效地发挥文化服务功能。同样，北京投入巨大的公共文化服务数字化建设工程，包括文化信息资源共享平台、数字文化社区、公共电子阅览室资源、公共图书馆计算机信息服务网、数字化教育平台、北京市少年儿童图书馆等，都没有充分发挥作用，这固然与北京居民的文化消费习惯有关，但是与宣传引导不够和内容更新慢、互动性不强、学术性过高等关系更为密切。

文化创新必须与理论创新、制度创新、科技创新融合发展。中华优秀传统文化传承与传播是从思想到实践的系统性工程，其创新不可能是孤立的，它必然与理论创新、制度创新、科技创新等协调发展。

应该全面、深入研究中华优秀传统文化传承与传播的历史规律，借鉴世界各国保护和传承传播本民族文化的成功经验，在现实与历史的对比中，在中国和世界的对比中，有所发现，有所创建。将一些基本问题搞清楚、说明白，从理论上作出总结，从而制定出切实可行的新的发展思路。只有在理论上有所突破、有所创新，中华优秀传统文化的传承与传播才能真正迈入新的发展阶段。

制度创新，就是要遵循文化发展规律，调动一切可以调动的力量，发挥人的主观能动性，提高创新积极性和创新能力。这就要求彻底清理那些对弘扬中华优秀传统文化不利的各种规章制度，从有利于培育人、优化资本、集合社会多方面资源、鼓励创新等方面制定政策，加大质量优秀、品种丰富、适于不同人群的富含中华优秀传统文化精神的产品供给，满足社会迫切需求。

要打破思想樊篱，通过热烈拥抱最新科技、使用最新科技，通过互联网、新媒体、新技术、流行文化等新方式，推动中华优秀传统文化在广大民众间的传播与传承。

弘扬优秀传统文化，说到底是要落实到社会生活实践中去，提供的产品应该具有思想性和艺术性双优的品质，要有丰富的品种和民众喜闻乐见的样式。学术研究者要有对文化及国家发展最高战略的认识，要有长远的整体的格局，要有世界的眼光和胸怀；文化艺术产品的生产者，要有大国文化工匠的意识，倾注情感，精心推敲，争取生产出无愧于时代，在世界上产生影响的文化经典。

文化的竞争，说到底是人才的竞争。北京作为国家首都，具有吸引文化人才的天然优势。今后要在使用人才、发挥人才优长、提高人才创新能力方面充分挖潜，提高整体产出的质量和数量。北京应该在建立友好合作、公平竞争、整体繁荣、实现跨越的文化环境和高端平台方面下功夫。通过建立健全知识产权保护的相关法律，提高执法能力和执法力度，在充分保障文化创新者权益、完善全方位保障人才机制等方面下功夫。争取将一流人才吸引进来，并通过相应的激励机制，使之发挥最大作用，为提升北京文化产品的生产能力和品质提供智力支撑。

北京作为国家首都，文化水平和文化产品质量代表着国家的水平和质量，而且在全国具有方向引领和示范作用，所以应该在传播力上下功夫，建立高端文化传播体系，探索传统媒体与互联网新媒体融合的新途径新方法，创构世界文明的全新经典，提高在全国乃至世界传播场中的影响力和号召力。

丰富的中华优秀传统文化历史资源，是北京向世界展示中华文化独特魅力的最大资本，人才是将资本优势转变为现实优势和财富的关键所在。通过发掘历史上的中国智慧、民族精神，通过利用一切可以利用的方式方法，讲好中国故事。在内，我们要用最健康的文化产品滋养我们的人民，聚拢我们的人心，提高民族的文化自信，改变整个社会的精神面貌；对外，我们要实现多国家、多民族、多文化之间的沟通，实现国际生活中的双赢与共赢。

第八章

当下传统文化传承与传播
面临的主要问题

中共中央办公厅、国务院办公厅于 2017 年 1 月 25 日印发了《关于实施中华优秀传统文化传承发展工程的意见》（以下简称《意见》），并发出通知，要求各地区各部门结合实际认真贯彻落实。

其中的"加大宣传教育力度"与本课题直接相关性最为密切，特分层次抄录如下，便于一一对照：

- 综合运用报纸、书刊、电台、电视台、互联网站等各类载体，融通多媒体资源，统筹宣传、文化、文物等各方力量，创新表达方式，大力彰显中华文化魅力。

- 实施中华文化新媒体传播工程。充分发挥图书馆、文化馆、博物馆、群艺馆、美术馆等公共文化机构在传承发展中华优秀传统文化中的作用。编纂出版系列文化经典。加强革命文物工作，实施革命文物保护利用工程，做好革命遗址、遗迹、烈士纪念设施的保护和利用。推动红色旅游持续健康发展。

- 深入开展"爱我中华"主题教育活动，充分利用重大历史事件和中华历史名人纪念活动、国家公祭仪式、烈士纪念日，充分利用各类爱国主义教育基地、历史遗迹等，展示爱国主义深刻内涵，培育爱国主义精神。加强国民礼仪教育。

- 加大对国家重要礼仪的普及教育与宣传力度，在国家重大节庆活动中体现仪式感、庄重感、荣誉感，彰显中华传统礼仪文化的时代价值，树立文明古国、礼仪之邦的良好形象。

- 研究提出承接传统习俗、符合现代文明要求的社会礼仪、服装服饰、文明用语规范，建立健全各类公共场所和网络公共空间的礼仪、礼节、礼貌规范，推动形成良好的言行举止和礼让宽容的社会风尚。把优秀传统文化思想理念体现在社会规范中，与制定市民公约、乡规民约、学生守则、行业规章、团体章程相结合。弘扬孝敬文化、慈善文化、诚信文化等，开展节俭养德全民行动和学雷锋志愿服务。

- 广泛开展文明家庭创建活动，挖掘和整理家训、家书文化，用优良的家风家教培育青少年。挖掘和保护乡土文化资源，建设新乡贤文化，培育和扶持乡村文化骨干，提升乡土文化内涵，形成良性乡村文化生态，让子孙后代记得住乡愁。

- 加强港澳台中华文化普及和交流，积极举办以中华文化为主题的青少年夏令营、冬令营以及诵读和书写中华经典等交流活动，鼓励港澳台艺术家参与国家在海外举办的感知中国、中国文化年（节）、欢乐春节等品牌活动，增强国家认同、民族认同、文化认同。[①]

　　由于文化传承渠道的损毁与变化，全社会大多数人对中华传统文化缺乏深刻认识和全面理解，更谈不上融会贯通。以为所谓经典，就必须浩繁复杂；所谓传统，就是不可撼动的、不能更改的、僵死的、教条的；所谓文化，就必须是高、大、上，难接地气的。缺乏启迪与实践，缺乏亲切感。所以在宣传上出现了生搬硬套。

　　对照《意见》要求和多年来在中华优秀传统文化传承与传播方面

---

① 新华社北京 2017 年 1 月 25 日电，中共中央办公厅、国务院办公厅印发了《关于实施中华优秀传统文化传承发展工程的意见》。

的现实状况，进行深度清理，发现要实现既定目标，还有很多工作要做，还有很长的路要走。概括起来主要存在以下几方面的问题。

一　内容认识方面存在的问题

本课题研究的是中华优秀传统文化传承与传播方式创新的问题。但是，却不能回避什么是中华优秀传统文化，其核心内容是什么，我们弘扬中华优秀传统文化的根本目的是什么等基本问题。

这是因为，内容决定形式。只有下大力气和苦功夫对内容进行全面的挖掘、整理、分析，才能真正将宝贵的文化遗产转变为现实的精神财富。

在进行中华优秀传统文化传承与传播方式研究中，我们必须明确这样的基本前提，那就是中华优秀传统文化是发展变化的，是始终成长前进的。内容创新是文化生命力的源泉，是文化不断增强吸引力、影响力和竞争力的内在要求。中华优秀传统文化要保持生命活力，就必须在保持内在核心本质的同时，对其不断作出符合时代精神的新认识、新解释、新阐述，目前在对中华优秀传统文化基础解释方面存在着明显的不足。

（一）对传承意义认识不足

继承性是文化发展最重要和最基本的规律之一。任何一个国家或民族的文化，其发展的历史，都必然是既要维护和保持本民族的文化传统和特色，又需要适应时代，作出反映时代并为时代服务的变革。对此，马克思、恩格斯、列宁都发表过精彩的论述。毛泽东也曾经指出："学习我们的历史遗产，用马克思主义的方法给以批判的总结，是我们学习的另一个任务。我们这个民族有数千年的历史，有它的特点，有它的许多珍贵品。对于这些，我们还是小学生。今天的中国是历史的中国的一个发展；我们是马克思主义的历史主义者，我们不应当割断历史。从孔夫子到孙中山，我们应当给以总结，承继这一份珍贵的遗产。"① 习近平同志在有关弘扬中华优秀传统文化的系列讲话中更是反复强调，中国共产党自成立之日起，就既是中华优秀传统文化的忠实传承者和弘扬者，又是中华先进文化的积极倡导者和发展者。

因而，传承中华优秀传统文化，是中国共产党在意识形态建设方面的选择，也是国家富强、民族振兴的必然需求，是未来国家发展的重要战略决策之一。有人将其视为文化战线方面的事情，认识不足，重视不够，存在糊涂思想，这方面应该切实加强宣传和引导。

（二）良莠不分——认识误区

这是一个常常被人忽略的问题。之前并没有特别觉得这是一个问题，但是通过实际调查，发现这个方面不仅存在问题，而且有的问题还非常严重。对中国古代文化缺乏认真的整理、严格的甄别，将一些消极的、落后于时代的、有负面作用和可能产生不利影响的思想内容错误地归于优秀传统文化的框架之内，造成了人们思想的混乱。将内容芜杂、良莠不分、糟粕的东西作为精华大力宣传，会产生极坏的影响。

例如，将风水算命作为传统文化号召者大有人在。严重的时候，党员甚至是党员干部，丧失对共产主义的信仰和对党章的遵循，大搞封建迷信，甚至将算命先生的话当成金科玉律，言听计从。婚丧嫁娶去抽签，升官发财去算命，甚至单位的大门口怎么盖，大型项目什么时候启动也听风水先生的。其实这些打着风水旗号的又有几个是真懂堪舆的？不过是打着算命看风水的旗号到处招摇撞骗罢了。可是因为社会引导不够，吃亏上当者竟然大有人在。

又例如，在北京某大型居民小区的文明办宣传墙贴上竟然赫然张贴着《二十四孝图》。中国的孝文化历史悠长，从汉代开始，举孝廉已然成为社会治理的制度之一。在今天，社会主义核心价值观依然大力提倡孝文化。但是传统社会的孝文化，有许多留下了深深的封建思

---

① 《毛泽东选集》第 2 卷，人民出版社 1991 年版，第 533—534 页。

想烙印，有些是违背人伦道德甚至是与现实法律相违背甚至发生冲突的。试想，如今决定张贴《二十四孝图》的人自己能够做到这样的孝行吗？如果社会上真的有人按照二十四孝来行事，那么造成的严重后果到底应该由谁来承担呢？事实上，中国的孝文化一直都没有消亡，全国也都曾有过不少的好典型。对这些符合社会主义核心价值观，又与中国传统伦理道德相契合，同时符合宪法法律规定的，才是符合新时代的孝文化。可惜在当下，孝文化的标准是什么，应该树立什么样的孝子典型，这方面的研究和关注都很少。上级只有理念的倡导，却没有具体行为的指导，所以导致了宣传部门这种不顾时代发展，直接生搬硬套。这种将传统社会的孝文化不管是精华还是糟粕，不加甄别，不加区分，直接作为新时代社会生活的宣传倡导，必然会把中国的孝文化引入"死胡同"。不仅不能改变当下物质至上、不知感恩的社会风气，而且还由于脱离实际的过高的道德标榜，带给人们畏难反感情绪，适得其反。这种现象虽然并不普遍，但是其负面影响却不可小觑。

（三）文化泛化——层次混乱

传承与传播中华优秀传统文化，首先要非常明确什么是中华优秀传统文化，其实质和精髓是什么。其中价值观、民族精神、发展理念等才是优秀传统文化的灵魂与核心。

现在对中华优秀传统文化的定位存在着极度泛化倾向。凡是与文化沾上边、与传统沾上边的，都统统冠以中华优秀传统文化的名号。这样难免造成重点不突出、内容不明确、层次不高等问题。与之相对应地就造成了忽视中华优秀传统文化灵魂的问题。《周易》云："关乎人文，以化成天下。"文化的主要功能就是教化。就是要将代表人类进步的人文精神，包括人生信念、价值观等，通过潜移默化的作用，使其能够内化于人心，影响人们的思想，转化为人们的行为准则，起到塑造人、提升人的作用。这样才能发挥文化的社会功能。如果我们传承与传播中华优秀传统文化偏离了这个方向，就难以实现文化繁荣发展的战略目标。

中华优秀传统文化内容丰厚，涉及社会生活的方方面面。有意识形态的，有人生价值的，有人文精神的，有人伦道德的，还有传统技艺和社会习俗的。面对浩如烟海的中华优秀传统文化，即使是专家学者毕其一生，也很难成为通才。对于普通民众来说，更是学海无涯千般艰难万般难懂了。这个时候，就需要有组织地整理国故，做筛选、整理、梳理、解释、阐释等基础工作。

以往在中华优秀传统文化的推广传播上，我们可能更重视的是那些有文化标识的，偏重于物质的，例如中华武术、太极拳、中医、刺绣、狮子舞、大红灯笼、中华饮食等民俗活动，为人们所熟悉的多是中医文化、饮食文化、养生文化、武术文化、书法技艺等。对传统文化传承与传播的途径和方法缺乏系统性的研究和统筹，缺乏主动引导，这种支离破碎的传承与传播方式，很难使人们对传统文化形成整体的、全面的了解和正确辩证的认识。

中国的传统节日烙刻着中华民族集体的深深的历史记忆，是中国传统文化的标识。每一个中国传统节日都承载着中华民族千百年来流行的风俗习惯。在历史溯源、民间传说、独特情趣中蕴含着广泛深厚的民族情感，体现着民族文化的彼此认同。在传统文化宣传中，许多是借助文化产品来实现的。文化产品与普通产品不同，既有文化属性，又有商品属性，是具有意识形态价值功能的特殊商品。但是在商家趋利之下，许多文化产品性质被扭曲歧解了，甚至以讹传讹，丧失了原本的意义。这在许多节日中被体现得最为明显。由于对传统节日内涵缺乏必要的了解，也由于商业追求利益进行的曲意宣传，所以呈现出娱乐化、空心化、物质化的倾向。在调查中发现，民众尤其是青少年，对于春节和中秋节了解得比较多一些，而对于元宵节、清明节、端午节、重阳节等节日的了解多浮于表面，甚至只是知道这个节日应该吃些什么，对为什么有这个节日，这个节日能够给人什么样的启迪并不了解，也缺乏了解的意愿。例如清明节，本是缅怀先人、追思前贤、回顾家世、传承家风的节日，但是却被各种墓地炫耀豪华所替代；又如中秋节，本是强调中华民族注重家庭和睦、友善孝悌，但是却成了商家推销高档宴饮、高档月饼的商机。由于对中国传统节日内涵宣传不够，很多节日被严重物质化，甚至出现了"祝福端午节快乐"这样背离传统宗旨的各色祝福。在本课题的社会调查问卷中，能够准确地说出各个中国传统节日来龙去脉和纪念意义的很少，更多的人还停留在"端午吃粽子""中秋吃月饼""春节吃饺子""元宵节吃汤圆"这样的层面上。人们能够讲出哪家粽子好吃，什么牌子的月饼有名，饺子有多少种，汤圆的馅料怎么样，但是作为中国人却不知道这些节日是怎么来的，为什么要过这些节日，这是令人忧虑的。近年来，韩国在积极就"端午节"申遗，我们许多人想不通，但是却没有意识到这背后所体现出的民族文化遗产遗失的巨大悲哀。

现在一提弘扬中华传统文化，到王府井大街走一趟，问一百个人恐怕能有一百零一个答案。有的人认为传承传播中华优秀传统文化，就是埋头故纸堆，研究古代学术；有的人认为就是游长城、逛故宫、看古迹；有的人认为就是背诵三字经，练习毛笔字；也有人认为就是打打太极拳，拉着二胡唱京剧；还有人认为就是清明扫墓、中秋赏月、端午吃粽子。

毫无疑问，这些都说明中华文化内容丰厚、层次丰富，学之不尽、取之不竭。但是对普通文化水平不高的民众而言，也会带来不少认识上的困惑和遵循方面的疑难。调查发现，比较普遍的现象是以偏概全、以小概大。认知上的缺陷，带来了学习和践行方面的极度偏离。曾经有家长跟我说，"古人说了，半部《论语》治天下。我就让我儿子从小背诵《论语》，全文背诵，将来就让他当国家领导人。我儿子以后肯定能当大官"。

社会上以营利为目的的各类"国学班"更是良莠不齐，教职人员自己对中华文化尚且没有基本科学的认识，对蒙童进行所谓"国学"教育，只能让这部分青少年对传统文化产生厌恶和抗拒心理，将严重地影响他们对文化尤其是中华优秀传统文化正确的认知。

（四）避重就轻、以偏概全——定位误区

对中华优秀传统文化介绍不全面。中华优秀传统文化涵盖的内容极为丰富广泛。首先它是多元文化集合的概念，包括儒家为主的先秦诸子百家，也包括佛教等外来文化；包括轴心时代的古老学说，也包括历朝历代对这些学说的重新阐释、发现和发展。所以，对中华优秀传统文化的解释和说明必须是全方位的、系统性的。只有这样才能达到协调与平衡，例如儒、释、道三教，在中国数千年的历史发展进程中始终都是各有其弊端、各有其积极作用。即使是在同一个人身上，在不同的时期不同的境遇下，所偏重的也是不同的。古代知识分子讲求"达则兼济天下，穷则独善其身"，当仕途通达顺畅的时候，可能儒家"济世泽民"的思想就体现得充分一些，但是当遭际坎坷，命运多舛的时候，可能道家"独善其身"的洒脱就略胜一筹，唯有如此，才能求得解脱痛苦。中国隐逸之宗陶渊明之所以千百年来备受官员或知识分子推崇，就是因为这是仕途不畅、政治理想不能实现、精神痛苦时的心灵避难之所。我们既然要传承传播中华优秀传统文化，就要力图比较全面、系统地展示它的博大精深和丰富多彩，以取得民众的了解和认同。

更大的一个问题是，我们的政府部门，很多具有决策权的领导干部，对中华文化缺乏全面科学认识。他们把一些较低层次的文化现象或者文化产品当成优秀传统文化的精髓和全部，这样极容易产生对真正传统文化的破坏。20多年来，毁掉真正的古代文化遗迹，而浪费大量的金钱和社会资源，搞出一堆假古董的事情层出不穷。这些其实都是由于不懂文化而造成的。

曾经在微信看到一篇歌颂河北文化的文章。说河北有哪些文化名人，文章列举了一些影视界或者曲艺界的演员。细看了一下，文章列举的这些人大多数属于祖籍河北，本人实际上已经是第三代移民了。他们大多数不仅没有生活在河北，甚至跟河北没有太多的联系，就更说不上河北对他们的成长和事业有什么贡献了。更何况，这些演员只

是"有名"而已，也算不上有什么大的成就。但是河北这种"攀亲戚"的心理，却显得极为可怜可悲，不过是想增强一点儿文化自信，却越发显得文化的肤浅与自卑。事实上，河北古代值得骄傲的文化名人还少吗？就以元代来说，紫金山书院曾走出过很多影响元代生活的大政治家、思想家、军事家、科学家、艺术家。例如，河北邢州走出来的刘秉忠，是"大元"的命名者，是首都"大都"的规划者和设计者。可以说没有刘秉忠，就没有元代，没有元大都。还有邢州的郭守敬，他对元代科技和水利的发展做出了巨大贡献，他让京杭大运河的航船直抵什刹海，他的地动仪和天文仪在全世界享有盛誉。真定（今河北正定）的白朴，是元杂剧四大家之一，他的作品至今还活跃在戏剧舞台上。这些赫赫有名的人，应该成为激励河北重视教育、重视人才培养的典范和榜样。但是，如今又有几个河北人知道这些曾经的辉煌呢？所以，如果不引导民众走向高层次，那么可能文化的传承就只能在民俗、技艺等的圈子里打转了。

重形式，轻内涵；眼界不高，层次低下；支离破碎，缺乏系统。这些是普遍存在的问题。

（五）因循守旧——缺乏科学更新

弘扬中华优秀传统文化的根本路径在于保持中华优秀传统文化内在基因和文化神髓的基础上，推动其现代化和世界化。中华优秀传统文化体现了中华民族文化的个性、特殊性和文化价值魅力，这是文化传承的根基。但要使之得到更多人的认同和共鸣，就要使之与时代性和现代性相结合，这是中华优秀传统文化传承与传播内容创新的方向。中华优秀传统文化之所以能够留存到现在，依然保持着旺盛的生命活力，是因为它时时吐故纳新，进行符合时代的内容兴替。

对传统文化应持科学分析态度。习近平总书记在强调继承和弘扬中华优秀传统文化的同时，也强调要对传统文化进行科学的、具体的、历史的分析，表现出辩证唯物主义的科学史观。他说："传统文化在其形成和发展过程中，不可避免会受到当时人们的认识水平、时代条件、社会制度的局限性的制约和影响，因而也不可避免会存在陈旧过时或已成为糟粕性的东西。这就要求人们在学习、研究、应用传统文化时坚持古为今用、推陈出新，结合新的实践和时代要求进行正确取舍，而不能一股脑儿都拿到今天来照套照用。"①也就是说，中华文化经典不是金科玉律，对待传统文化也必须坚持科学分析态度，坚持历史唯物主义的批判精神和文化发展的辩证观。所谓的传承，并不是全盘接受，不是陈陈相因、抱残守缺，而是更替继承。"更替"是为了"继承"。只有作出符合时代精神的更替，才能够继承并发扬光大。

社会上有两种思潮值得关注。一种是受"文化大革命"影响较深的。他们认为五四运动是先进的思想运动，就是要打倒孔家店，鲁迅等思想家革命家都主张批判儒学。儒学是剥削阶级的思想基础，与无产阶级思想是对立的，与社会主义国家的性质是不相容的。提倡儒学，就是复辟倒退。另一种思潮是儒学救国。他们认为马列主义来自西方，并不符合中国实际。而延续几千年并且在中国始终占有统治地位的儒学，才是中国特色的文化思想。这两种思潮有几个共同的特点：一是偷换概念，将儒学等同于中华优秀传统文化；二是用名词概念代替基本判断。两种极端的社会思潮都很不利于社会发展，应在科学分析的基础上，予以旗帜鲜明的批判，廓清其中的基本理论是非。

例如，中华优秀传统文化的核心就是仁爱，所谓"仁者爱人"，仁的具体表现之一就是民本思想。红军时代的"人民万岁"，雷锋的"为人民服务"等，都是"仁爱"思想在新时期的反映。

（六）高大上空——缺乏实践引导

还有一个非常普遍的错误思想，就是认为中华优秀传统文化是思想运动，是上边的号召，与自己的实际社会生活无关。我们在人群随机抽样调查中，持认识错误的比例是非常高的。不少人在被问到"中华优秀传统文化对你来说重要不重要？"时，有的回答说："也许重

---

① 习近平：《在纪念孔子诞辰 2565 周年国际学术研讨会暨国际儒学联合会第五届会员大会开幕会上的讲话》，《人民日报》2014 年 9 月 25 日。

要，但我不清楚。"也有的会说："不关吃喝拉撒睡，所以就可有可无，反正没有金钱重要。"

这与人们对中华优秀传统文化"是什么""为什么"等认识不清密切相关。

但是当被问到与传统文化相关的比较具体的问题时，人们的反应则显得明朗许多。例如"你对培养孩子勤奋好学、勤俭节约的品质怎么看？""你认为家庭和睦、夫妻相敬如宾重要吗？""你认为环境改善会提高你的幸福感吗？""人际交往中，诚实守信对你来说是不是可有可无呢？"这些问题的回答，人们都比较正面，而且判断和选择都比较趋向一致。

习近平同志在论述中华优秀传统文化的当代价值问题时曾深刻提出："2000 多年前，中国就出现了诸子百家的盛况，老子、孔子、墨子等思想家上究天文、下穷地理，广泛探讨人与人、人与社会、人与自然关系的真谛，提出了博大精深的思想体系。他们提出的很多理念，如孝悌忠信、礼义廉耻、仁者爱人、与人为善、天人合一、道法自然、自强不息等，至今仍然深深影响着中国人的生活。中国人看待世界、看待社会、看待人生，有自己独特的价值体系。中国人独特而悠久的精神世界，让中国人具有很强的民族自信心，也培育了以爱国主义为核心的民族精神。"① 既然中华优秀传统文化与中国人的生活息息相关，就应该紧紧围绕社会生活这条主线，深入研究分析古人在人与人、人与社会、人与自然的关系等方面表现出来的智慧，深刻揭示中华优秀文化的当代价值。思想来源于生活，那么还应让思想回归生活、指导生活，体现出最深刻的人文关怀，而不能形而上。在制度设计、渠道构建以及传播方式上，都要充分体现出这样一个特征。

由此可见，在进行中华优秀传统文化传承与传播工程时，必须做好的一项工作就是要对中华优秀传统文化的内容进行甄别、筛查、整理。应该改变重学理、学术，轻通俗、普及，偏重于理论阐释，缺少

---

① 习近平：《在布鲁日欧洲学院的演讲》，《人民日报》2014 年 4 月 2 日。

具体社会行为指导，偏重于轰轰烈烈的运动式的动员，缺少春风化雨长期的精神润化，重文化符号，轻核心价值的种种弊端，要化繁就简，注重把那些历史上证明是有用、现实中证明是适用的符合时代精神的内容提炼出来，进行阐述生发，变为可以引导民众行为的切实可行的具体规范。

（七）　对困难估计不足与信心不够同时并存

课题组做了大量的街头采访和问卷调查，事实上，对恢复和弘扬中华优秀传统文化未来的成效，现在存在着两个方面的倾向。

一种是极度的悲观主义者。他们看到的黑暗面很多，对社会存在的种种丑恶现象极为不满，上至官场贪腐，下至奸商遍地，还有人与人之间极度地缺少诚信，都让他们痛心疾首。极致的结论是"中国人早晚要害死中国人"。完全丧失信心，以消极被动不作为来应对。

另一种是盲目的乐观主义者。认为现在中央也号召了，地方政府也加紧宣传了，所以希望毕其功于一役，短时间就能见到成效。

两种认识都是不客观的，对于开展工作都有负面影响。要使民众充分认识到，中华优秀传统文化的弘扬是一个长期的历史过程，有始发而没有终点。但是经过全民族的努力，一定是一个日日向好的过程。

二　传承方面存在的问题

（一）　对传统文化的传承规律认识不透彻

科技进步，带来生产方式的改变，整个社会生活的变化更是翻天覆地。传统时代的几代同堂不见了，大批农民工远走他乡，为生计而奔波。农村中剩下了年迈的父母和幼小的孩子。越来越多城市家庭的孩子离别父母，远渡重洋，开始了"洋插队"。如果这个时候还希冀采用家庭代际传承的办法，恢复中华优秀传统文化的传承渠道，其实已经很难实现了。

同时，必须看到，旧有渠道被破坏的时候，新的渠道建立会成为必然。

从历史的变迁来看，当旧有的传承和发展渠道或模式遭到损毁、破坏后，一个有生命力的文化，依然会遵循着它自有的生命轨迹找到新的突破口和生长点，并且可能生长出更具特性的产品。例如在元代就曾经发生过这样的巨变。元朝，一个蒙古族政权主导下的国家，所有的中华传统文化传承，便以新的形式和面目出现。科举废弛，书院却开始发达，蒙元最高统治者及其贵族，并不理解中华传统文化，但是却采取了较为宽容豁达的态度，这种态度导致其所秉持的文化政策甚至比以往的中原政权统治还要宽松。例如在整个元代，没有形成文字狱，在思想上也没有形成严格一统的国家意识形态的统治，这就给文人以更大的思想自由。国家主持的经典印刷工程也不曾中断，而针对蒙古、色目人的中国传统文化传授则开创了全新的局面，所教授的课程是典型的四书五经，出现了一大批少数民族理学家和文学家。元杂剧是最为丰硕的成果，它大多数取材于传统文化题材，但是却有了全新的解读，英雄主义、人文关怀、法治意识等开始觉醒。

（二）建立和修复新的传承渠道的方向不清晰

时代已经走入 21 世纪，科学技术迅猛发展，人们生活发生了天翻地覆的变化，甚至家庭结构也完全与传统社会迥然相异。在短短的几十年内，中国更是从 80% 的人从事农业生产，过着日出而作日落而息生活的传统农业社会（社会管理、政治结构、生产方式等都与之相匹配），一步迈入了信息时代。中国向世界敞开了大门，中国人也走向了世界，感受到世界文化的多样性。在此情况之下，如果让学校现代教育完全退回到传统科举时代以"四书五经"为核心的课业，无异于自毁未来。把家庭传承作为主要渠道，更是缘木求鱼、刻舟求剑。须知，中国传统文化教育从学校到家庭已经中断了几十年，不要说青少年父辈们没有受过传统文化熏陶，就是祖辈也很少有人系统地接受过传统文化的正规教育。他们所能传承的是从更上一辈人言传身教得来的道德伦理教育，以"老规矩"的方式、以"怀旧"的面孔讲述给晚辈。系统是谈不上的，方法的科学性更是值得怀疑。因为那些"老规矩"是不是符合现代生活，是不是应该抛弃的封建残渣，并不是每个家长都能很好抉择的。

三　传播方面存在的问题

（一）对传播形式创新的重要性认识不足

这是个挺能说明问题的例子。被誉为"当代毕昇"的王永民教授，有着强烈的民族文化责任心。他发明的"五笔字型"是世界上占主导地位的汉字输入技术，是可入史册的"不亚于活字印刷术"的原创性重大发明。正是这个"把中国带入信息时代的人"，对汉字在信息化时代的命运有着深刻的历史忧虑。早在 2006 年他就在《瞭望》撰文《警觉提笔忘字和汉字的沙漠化》，指出计算机时代，拼音输入导致了汉字的形神俱灭。他分析了世界文明生死存亡的经验教训，指出文字是民族文化的核心基石，文字消失了，民族文化也将不复存在。对中华民族而言，"没有汉字就没有中华文化"，就没有辽阔地域多民族的团结统一。他认为"爱汉字就是爱国"。为了坚守汉字阵地，他投入大量资金、技术、精力进行汉字输入技术的二次革命，发明了"数字王码"和王码微电脑"键字通"。试图以最简便、快捷、易学、好用的"形码汉字输入技术"来替代国人普遍使用的拼音输入法，改变国人对汉字集体性遗忘。但是面对几亿人业已形成的输入习惯，拥有技术过硬、应用便捷、高度准确、物美价廉等优点，品质功用都堪称顶级的王氏输入法，在市场推广上却举步维艰。因为最初的录入，是以英文键盘的录入方式为统一模本的，当手指关节的运动与大脑的链接形成固定路径、机械性的运动已经进入下意识状态的时候，改变显然真的太晚了。这就像人，当习惯双腿交替迈步向前行进的时候，即使说还有跳跃、如蛇一般扭动等更有效的前进方式，估计人们依然还是会采用最初的方式，对下意识状态的改变其实是极其困难的。如此情形之下，孤军奋战的王永民，所展现的只能是唐·吉诃德大战风车的悲壮。

（二）形式创新事半功倍

僵局如此顽固，突破毫无希望。然而，有一天局面发生了令人惊喜的、彻底的改变，而且是以一种轻松、活泼，令人耳目一新的形式，这就是关正文策划、举办的《中国汉字听写大会》在央视的热播，它与同为关正文策划执导的《中国成语大会》相得益彰，两个栏目的收视率屡创新高，达到同期平均收视率的 4 倍。汉字书写、成语掌握，借助电视这种最有力的传媒平台，加入时尚元素，借鉴娱乐方式，达到复苏汉字汉语的目的。大会提出的宗旨就是让冰封在古籍中的文化复活，让新一代能够书写、应用、欣赏中华文字之美，能够理解、体悟成语中蕴含的人类智慧，掌握正确的表达应用方式。如今看来，他们的目标达到了。甚至，大会所产生的广泛社会影响，远远超出他们当初的预期。看来，形式好、方法对，才能更好地达到传承弘扬民族文化的目的。

四　借鉴方面存在的问题

（一）借鉴不是照搬

世界上不同的文化各有自己的认识体系、价值体系和审美体系，其中价值观是民族文化的核心内涵。一个国家国民素质和精神状态是其文化的外在表现。

对本民族文化保护的研究近些年被重视起来。这些研究，总是会提到英、美、日、韩经验。但是在借鉴这个问题上，抄袭和仿冒的成分大于借鉴创新。首先在思维和话语体系上，还都是照搬国外的做法，未能看到其文化保护的核心精神和实质内容，而是针对一些具体做法的学习借鉴，尤其是制定政策时，更是如此。我们的各种文化保护条例和激励措施，很多都是国外政策的中译本。

（二）解决方案最终必然立足本国

其实中国文化问题还必须立足中国来解决。例如中国存在的大量留守儿童问题、农民工子弟教育问题、大量低龄国外留学生问题，这些都是中国所特有的，外国文化传统保护的方法，很难全面囊括、解决中国传统文化的问题。所以，中华优秀传统文化的传承与传播，还需要中国人自力更生，发挥自己的智慧来解决。

五　政策方面存在的问题

（一）缺乏完备的相关政策配套

尽管说近些年已经出台了不少中华优秀传统文化传承与传播的鼓励文件和号召，但在具体落实上，一般是物质形态的多，非物质形态的少；有形的多，精神上的少；可考量的多，暂时无法建立考量标准的少。

而且相关政策并不完备，落实起来存在很大难度。

各个部门所管辖的范围出台的政策多数也是各自为政，多部门之间缺乏协调和配合。这样很多的政策由于出台部门不同相互矛盾，很难落实。例如，当《中国汉字听写大会》《中国成语大会》这样高质量的文化传承类节目制作完成之后，却面临着电视台对广告和收视率严苛标准要求的瓶颈，而无法在主要频道的黄金时段播出。当民众对文化栏目的需求还没有完全激发出来的时候，要求一个新兴的文化栏目面对一个成熟的、明星阵容强大的娱乐节目在开始就拼广告，简直就是要将这个充满希望的新生命扼杀在摇篮中。这并不是哪个人与这些好的优秀传统文化过不去，而是人所制定的那些规定成了挡路石。

所以，应该对旧有的政策和管理办法等及时进行清理，发现与当下新要求所不相符的应该及时予以纠正和更新。

（二）道德代替法律，将把传统文化引入死胡同

社会上存在着一种非常可怕的道德苛求现象。有些人站在道德的制高点上，对社会上所发生的现象横加指责甚至刻毒诅咒。媒体曾报道过北京某大学退休的高龄教授身处空巢困境的情况，网络上骂声一

片，将口水吐向老人60多岁的身在异国、罹患癌症的唯一女儿。且不说这个女儿是否还活着，就是活着，恐怕自顾不暇的她确实已经难以照顾高龄母亲了。这个时候，社会应该发挥的是保障作用，所应该启动的是志愿者服务系统，而不应该是孝文化卫道士的面孔下无情的谩骂。

应该检讨，我们的法律是不是在为社会主义核心价值观保驾护航？法律的规定是否符合中国人现在的实际生活，保护了各方的合法权益？例如，现在房价居高不下，很多父母为了孩子结婚，倾其一生积蓄，为孩子交付首付，但是他们将来养老的权益如何保障？还有，很多年轻夫妻将孩子的养育义务推给年迈的父母，那么他们对老人的未来又应该承担什么样的义务？这样的新问题，不应该只是社会公序良俗所提倡的，也应该是法律和社会保障体系所应该全面考虑的。

（三）缺乏激励创新的机制

受到条块分割行政划分等旧有体制的限制，许多具有创新价值的文化产品缺乏应有的发展平台和发展机会。

中华优秀传统文化在历史上很多时候都是借助文化艺术的形式进行传承与传播的。文化艺术产品需要一个公开的、平等的、竞争的平台。我们现在的许多政策都是政府部门给钱给物，但是给谁、给多少，却都是由相关部门说了算。至于效果如何，就只能看决策部门的认识和管理水平了。为了保证资金使用的风险可控，决策部门一般都倾向于将资金分配给国有的、大型的文化单位和部门。这样虽然资金使用上管理风险降低了，但是资金使用的效率并不一定能够达到最优。结果往往都是以效率风险换取了管理风险。

六　规划方面存在的问题

（一）高端发动

党的十八大以来，中共中央总书记、国家主席习近平同志多次发表弘扬中华优秀传统文化的讲话，并多次作出指示。这显示了以习近平总书记为核心的党中央对国家发展战略的高瞻远瞩和对民族复兴高度负责任的精神。

系列讲话将意义、目标、方向、内容、精髓都讲得非常透彻，极大地提高了全党和全国人民对弘扬中华优秀传统文化的深刻认识。这是具有战略意义的，是关乎民族生存和发展的千年百年大计，是实现"中国梦"必不可少的基础和根本。

（二）顶层设计

习近平总书记的讲话指明了今后一个历史时期文化发展的方向和文化工作的重点。但是要落到实处，还必须有相关的顶层设计。这个设计应该是建立在广泛调查研究基础上的，借鉴了历史上和国外成功、失败经验的，密切结合当下中国生产和生活发展实际的切实可行的发展方案。顶层设计，应该包括对任务的明确，对责任的落实，对检查标准的制定，对阶段成果的验收。而其中最为重要和需要先行的是根据目标和任务设置相关的负责机构。目前来看，这些方面还有太多的工作需要做。

更何况还有很多的事务没有人来管，例如在广大农村的留守儿童，还有远离父母在异国他乡求学的少年留学生，还有虽然有父母陪伴，但是父母却实在无暇顾及的农民工子弟，对他们进行中华优秀传统文化的教育，通过什么样的渠道和方式更有效？这些实际上现在都是很难落实的部分。

（三）缜密落实

我们弘扬中华优秀传统文化，目的并不是要口号喊得多么响亮，旗帜举得多么高，也不是要发多少论文，出版多少论著，在报纸杂志上出多少宣传文章，甚至不是让孩子们背诵多少篇诗词歌赋。而是要用优秀的文化滋养民众的心灵，是要协调人与人之间的关系，是要保持我们对大自然的尊重，是要提高全民的文化素养。说到底是要落实，通过民众的日常社会行为一一展现出来。而这些是一个巨大的工程，设计在前，重在落实。

过去我们做了很多工作，例如总结出了"五讲四美三热爱"，例如概括出"北京精神"。可以说这些都集中地体现了中华优秀传统文化的内在精神。但是高度概括有余而细化不足，民众以及青少年不知道如何在社会生活中实践。

（四）自说自话——受众误区

缺乏对受众的基本了解和深刻研究，例如，对中华优秀传统文化传播对象要进行统计、了解、划分。他们的社会层级、文化水准、年龄阶段、生活习惯、消费偏好、休闲时间、娱乐方式、关注问题、心理状态以及对中华优秀传统文化的了解、认知程度、学习意愿、期望和目标等，要有系统的全面的研究和了解，建立切实可行的渠道，采用行之有效的方式方法。要充分认识现代科技、现代传播手段带来的冲击同时也是机遇，要了解青少年所思所想，更要深入研究他们文化接收的渠道、途径和方式，有的放矢。

（五）没有实践意义的文化，如同空中楼阁

传统文化传承与传播成败的关键在于实践。当年陶行知的乡村运动之所以能够取得比较突出的成就，产生巨大的影响，就是因为陶行知推崇杜威的实用主义，用以取代传统教育模式，他结合中国国情，在学习西方的同时，对基础教育进行本土化的探索，强调教育为改变生活服务，强调实践的重要性。

有研究者指出，熊十力、牟宗三等新儒家之所以未能实现儒学的真正复兴，就在于其理论上有致命的缺陷，即"实践论的缺失"。①

---

① 吴光：《新世纪儒学复兴的十大标志与未来展望》，《衡水学院学报》2011 年第 4 期。

第九章

创新是中华优秀传统文化传承
与传播的必由之路

创新，包括传统文化的创造性转化和传承与传播渠道和方法的创新，这是由文化的本质所决定的。文化在本质上是一定社会政治和经济的反映，反过来又为一定社会的政治和经济服务。社会发展了，政治和经济发生了巨大变化，必然在文化上产生相应的反映并反过来为社会政治和经济服务。中华优秀传统文化也不例外，也要适应当代社会政治、经济发展的变化和需求。因而，不仅需要对其作出符合时代精神的阐释、补充、拓展和完善，而且应该建立符合时代发展的传承渠道、传承模式，确立新的符合社会现实的传播方式和方法，使中华优秀传统文化能够切实发挥服务社会、服务民众、改善全社会精神面貌、提高全民道德水平的作用，承担起实现中华民族伟大复兴的责任。

习近平同志提出的要"努力实现传统文化的创造性转化、创新性发展"①，为中华优秀传统文化创新指明了方向。

一 创新是时代发展变化的需要

（一）对传统文化作出符合时代精神的阐释

我国优秀传统文化博大精深、源远流长、积淀深厚、内容丰

① 习近平：《在纪念孔子诞辰 2565 周年国际学术研讨会暨国际儒学联合会第五届会员大会开幕会上的讲话》，《人民日报》2014 年 9 月 25 日。

富。其之所以能传承千年而不衰，就在于它是一个开放的、包容的、可以不断阐释、不断充实的体系，允许人们在坚守其神髓的同时，对它不断地作出符合时代精神的阐释。中华文化中"天人合一"的生态理念，讲仁爱、重民本、守诚信、尚和合、求大同的生活哲学，"先天下之忧而忧，后天下之乐而乐"的爱国情怀，"己所不欲，勿施于人"的推己及人的社会公德和"厚德载物""自强不息"的民族精神，时至今日，依然是民族必须秉持的基本理念，也因而成为社会主义核心价值观的基础。对于我们处理自然与人、人与人、人与社会、个体与国家、国家与国家、精神和物质等的关系都具有深刻的启迪作用。

同时我们必须看到，中华传统文化中确实也存在着一些与时代不相协调的、不相适应的部分，需要进行辨析，例如传统文化中与小农经济基础相适应的那些生产生活理念，有些就与当今市场经济条件下追求效率、实行开放、提倡法治有明显的距离；又如传统文化中那些因强调"义"而忽视"亲"的部分，强调族群利益，而忽视个人自由的思想观念，就与现代社会尊重每一个个体生命和权利的道德标准存在着冲突。这些与现代精神明显违背的部分，可以解释清楚，作出判断。

中华优秀传统文化是中华民族长期历史积淀的成果，具有高度的稳定性。但同时它又不是固化的、僵死的，而是充满生命活力时刻发展的。这就要求我们要从现实出发，结合当代生活所遇到的新情况、新问题，取其精华，去其糟粕，不断对其进行有的放矢的研究，挖掘符合时代发展的思想内涵，作出符合时代精神的阐释，赋予其新的生命活力。正如习近平总书记在中央政治局第十二次集体学习讲话中所强调的那样，"要使中华民族最基本的文化基因与当代文化相适应、与现代社会向协调""把跨越时空、跨越国度、富有永恒魅力、具有当代价值的文化精神弘扬起来，把继承优秀传统文化又弘扬时代精神、立足本国又面向世界的当代中国文化创新成果传播出去"。

党的十八大报告提出："倡导富强、民主、文明、和谐，倡导自由、平等、公正、法治，倡导爱国、敬业、诚信、友善，积极培育和践行社会主义核心价值观。"这三个倡导分别从国家、社会、公民三个层面阐述了精神层面的价值取向。"富强、民主、文明、和谐"反映了国家发展的方向，"自由、平等、公正、法治"是社会主义社会的本质属性，体现了社会文明的基本精神和价值标准；"爱国、敬业、诚信、友善"则是对个人层面的道德要求以及应当树立的行为准则。上述三个层面的 24 个字所表述的社会主义核心价值观，是以中华优秀传统文化的精髓为根基，又在吸纳当代国际社会共同价值理念的基础上提出的，是对中华优秀传统文化的升华和现代性的综合阐释。

而这还远远不够，要想将这些价值观有效地转变成为公民行为准则，转变成为整个民族共同的价值追求，转变成为可实现的国家梦想，还需要进行具体的、形象生动的、感染人打动人说服人的详细解读；还需要有规划、有步骤、有落实、有督促、可考察的具体路线图。

（二）语言的变化

中国古代文化典籍多是用文言文写成，也许对于当时的人们来说不存在语言障碍，但是对于生疏了古汉语，交际基本上使用白话文语言的现代人来说，学习古籍还是存在着许多阅读困难，所以应全面进行"中华古代文化经典注释工程"，组织专家学者注释翻译古籍，根据读者文化程度的不同，分档次地选择篇目，进行难易不同的注释解读，配套出版。

历朝历代都有对文化典籍的解释和传播，无不打着时代的烙印。对历史上存留的文化成果要进行全面的甄别梳理，为民众做好筛选工作，并用现代语言，作出符合时代精神的解释。

（三）生产方式的变化

变化着的时代，产生了许多新的情况和新的问题，许多是传统社会中所没有遇到过的。例如，现在依然提倡孝文化，但是传统社会中所提倡的"父母在不远游"在当下的大多数家庭是没有办法实现的。

尤其是广大农村青壮年如果守在父母身边从事农业生产，只能维持最低的生存保障，不要说对父母尽孝，连自己的家庭经济都很难支撑。这个时候如何践行孝文化，就是要根据时代的变化，给出新的建议和引导。

（四）社会结构的变化

时代变了，社会生产方式变了，人们的家庭结构、生活方式也发生了变化。越来越多的乡村变得"空心化"，家庭变成了"单细胞"，代之而起的是"企业文化"，是"社区文化"。在此情况下，传承体系和传承渠道也必须有相应的变化。

例如，传统社会中许多手工业技艺都是师徒相传，传承方式是一对一的口传身授。在长达数年的学徒过程中，师父对徒弟严格要求，徒弟对师父要奉为父长。所传授的不仅是技艺，更是工匠精神。在现代化的背景下，这种人身管束的关系无法建立，很多年轻人受到市场经济的影响，多外出打工而不愿潜心学习。这样，使很多传统技艺丢失的同时，与行业相关的文化传承也彻底断绝了。好在近年来建立了非物质文化遗产传承人制度，许多传统的技艺才得以保留。而所蕴含的工匠精神，相信在新的环境下会有所留存。

（五）生活方式的变化

随着中国经济的腾飞，人们的生活富裕了，家庭的生活方式也发生了很大的变化。例如，传统社会的年节，在北方多是冬天休耕时期，人们可以看戏听书，接受传统文化的滋养。而今，但凡有假期，人们除了看望父母家人外，大多数都选择旅游，休闲旅游成为一般家庭必要的生活方式。现在国内旅游景点，不管是人文古迹，还是自然景观，旅游观光的中国人多是"上车睡觉，下车撒尿，景点拍照"的套路。一路走来，除了能够在朋友圈晒景点照片，炫耀"去过"外，简直就没有什么其他的收获了。其实，如果旅游景点的主管部门和经营者注重人文精神开发，像央视《远方的家》《记住乡愁》那样，讲家风，讲民风，讲一方水土下人们的美德与传承，是可以使这些观光者有更多精神收获的。

前些年很多古村落，不开发经济落后，但一开发，就对自然环境和人文生态造成极大的破坏。文化和旅游业为主的文化产业，本来应该相辅相成、相得益彰，最后竟然成了此消彼长的生死冤家。近年来积累了一些经验，取得了一些成绩。主要的改进是不再迎合游客猎奇的低俗要求，对民俗做脱离文化本体的过度开发，导致传统文化被肢解、歪曲、误解，人们认识到过去那种破坏式的开发利用只能破坏宝贵的资源。失去了传统文化传承的文化景观，必然成为没有生命力的僵死的景点，难以对人们保持恒久吸引力。开发和保护并存，才是良性循环之道。

随着人们眼界的开阔和认识水平的提高，具有优秀传统文化内涵的人文精神是文化产业的灵魂和基础已成为人们的共识。过去的政策强调做强、做大，因此只是对大型文化品牌进行扶持帮助，给予倾斜政策。现在我们发现，有时候小的也很美，近年来兴起的特色小镇和民宿，强调的就是小而宜居的环境，强调的就是人与自然的和谐共处。其神髓正是中华优秀传统文化中所倡导的天人关系、人人关系。这个时候如果过度地、掠夺式地、功利性地开发，一味地强调大，强调强，反而会脱离原有环境，破坏其原有的文化生态，文化的神髓也就不复存在了。一般来说在专家和学者指导下，进行全面评估，使文化资源能够得到合理、有序、科学、适度的开发利用，彰显其中蕴含的文化的独特魅力，才会成为有价值的文化旅游优质品牌。

（六）社会公共文化服务体系的变化

30年前，午后的大柳树下，端着饭碗的人们随意围坐在一起，评说村中后生们的德行；打麦场的夜晚，听断文识字的人讲古论今；秋收后的戏台上，看穿街走巷的乡村剧团来演绎忠孝节义的故事。而今，这样的场景已经成为遥远的过去，多数青壮年都已经远走他乡，或者在城里打工，或者在县城买房。村中留下的只有破败的老屋和未被儿女们接走的风烛残年的老人。这个时候，如果传统文化传承的着力点还是乡规民约，还是族谱祖训，显然就不合时宜了。

随着城镇化步伐的加快，城市建设中，公共文化服务设施将进一步完善。博物馆、图书馆、文化馆、少年宫、艺术馆、体育馆、文化广场、社区文化站，按照一定的人口比例进行配置，当是未来发展的方向。

公共文化场馆应该成为传承传统文化的重要场所，适合这种场所的传承方式，也会成为一个重要的研究课题。目前来看，在首善之区北京，博物馆、图书馆以及社区文化站等，有些已经尝试着迈出了可喜的步伐。名人讲座、文化交流、书画研习、读书会以及健康讲座等，都广受欢迎。这类活动受众面广泛、传承内容丰富、形式多样、文化氛围浓郁，一般都能取得良好效果。但与发达国家相比，我们在公共文化场所，在传承和传播中华优秀传统文化方面的开发和利用还很不充分，形式不够灵活多样。

充分利用公共文化场所来传承和传播优秀传统文化，应该是未来的一个发展方向。政府在加大公共文化设施投资力度的同时，应该将这些设施的充分开发、利用研究纳入议事日程，除了政府的直接投资外，也应该鼓励和扶持民间对优秀传统文化创新项目的投资和展示。

同时文化场馆类型应该更加丰富，有些空白应该填补。在国外，各类专业化很强的文化场馆很多，如文化类、艺术类、自然类、民俗学和人类学各有特色，可以满足不同公众的文化需求。由于得到学校和科研院所的支持，很多场馆的功能都得到了深度、充分的开发。而我国公共文化服务尚处于初级发展阶段，各个城市和地区的统一行政管理色彩浓重的"标配"较多，特色和个性不足。北京市公共文化设施虽然数量最多，品种最丰富，但是作为全国文化中心，作为中国戏曲元杂剧的中心，作为京剧之都，竟然没有一个可以与国剧影响匹配的京剧博物馆，这实在说不过去。提升公共文化场馆的使用效率，强化文化传承效果，并结合家庭、社区以及其他机构，使文化场馆成为中华优秀传统文化传承的重要场所，建立有效的社会传承渠道，将是今后的努力方向。

（七）人的变化

最大的变化是人的变化。以青少年为例，现在的青少年多是独生子，是四二一家庭结构中的中心和重心。他们备受关注和宠爱，物质生活极大丰富，但是却又非常孤独，情感极度脆弱。如果用传统社会"棍棒出孝子"的粗暴方式，对其进行传统文化教育，必定会引起他们极大反感和抵触，效果一定会南辕北辙，事与愿违。新新人类，需要认真研究，认真对待。对青少年的传统教育应该是全方位的，生动、具体、富于审美意义的，而非刻板的、生搬硬套、死记硬背的灌输型、说教式。

过去的传播，我们习惯了政治化训导模式，从内容到形式，从思想到语言，连篇累牍，喋喋不休，但是效果却不一定理想，甚至引起反感。其实我们不妨换位思考，用民众所熟悉的语言，根据他们的文化背景和思维方式、根据他们的体认能力，用他们能够理解的语言，通过讲好故事的方式——把最平凡生活中那些优秀的，但是普通人通过努力也可以做到的优美的故事讲述出来，晓之以理，动之以情，达到打动、规范、引导的效果。

利用讲故事的方式来传达抽象的理念和价值观，有着非常好的效果。美国 CNN 有一档玩牌节目，名字叫《60 分钟》，这个节目的收视率在长达 40 多年的时间里，始终名列前茅。它的特色就是主持人善于讲故事。通过跌宕起伏的情节、幽默风趣的语言将大批观众紧紧吸引在屏幕之前，而自始至终所传达出的却是美国的价值观。这成为世界电视的一个成功范例，也是完全可以复制的经典。

讲好中国故事，要改变以往就米下锅——我有什么就给你什么的方式，改为量体裁衣——根据你的需要来量身定制。这就要求：第一，要研究受众——研究好他们关注的现实问题，研究好受众的文化背景和心理需求，研究好他们的思维方式和认知能力，争取把故事讲得感人肺腑，能够触及人心最柔软的地方；出的主意贴心贴肺又胜人一筹，让人豁然开朗；说的话入情入理，掏心掏肺，设身处地。这样才能走下神坛，使人易于接受。第二，要有实践的可行性。故事要具体化、立体化，所谓榜样的力量是无穷的。那么这个榜样一定是有血有肉，有着和受众一样的境况，甚至更加艰难悲苦的遭遇，但是却有着优秀传统文化的执着，最后坚持下来改变了命运。第三，讲好故事，就要能够娴熟地使用故事语言，包括悬念、冲突、细节，等等。

二 创新是世界文化相互交流的必然和需要

全球贸易成为时代不可抗拒的洪流。交通、通信的飞速发展，资讯的发达，使世界交往和交流更加便利。国际间交往日益频繁，各民族各文化群落之间的交流和接触日益常态化。多元文化的冲击涤荡，必然对旧有的封闭的传统文化有所冲击和触动。文化是国家富强和民族复兴的"软实力"，代表着在世界政治、经济、军事对峙中国家的话语权和影响力。这也是一场不进则退、不兴则亡的生死博弈，对此人们必须作出相应的反应和正确的抉择。

（一）留学生是民族文脉的延续者，文化传播必须跟着走出去

随着改革开放，越来越多的中国人走出国门，到世界各国各地从事商贸、文化等活动，甚至直接出国定居。他们以及他们的后代，均面临着原生文化的问题。台湾地区出国潮比大陆早，所以这个问题暴露得也比较早。在20世纪七八十年代，有大量的文学作品反映当时所谓"香蕉人"的苦闷。所谓香蕉人就是文化上与母国文化断裂，他们接受西方教育，认同西方价值观、道德观、人生观，但还是黄皮肤、黑眼睛、黑头发的中国人，但是除了这些外，内心已经完全西化了。

语言要有时代性的对接。互联网时代，随着经济全球化，不同文化之间接触的频率越来越高，相互影响也越来越大。如果想要使中华优秀传统文化的传承与传播成为民族的自觉，就不能做鸵鸟，闭眼不看、闭嘴不提面临的新情况、新问题。体现实践精神，才能使之成为

有益于民众的富有新鲜生命力的活的精神力量。

这些都是新的世界潮流之下出现的新问题，应该积极应对，正确面对。尤其是中国发出"一带一路"倡议后，中国与世界的交往将更加频繁，文化间的冲突与融合也将成为常态。只有接受变化，迎接变化，主动创新，才能有发展和繁荣。

2010 年 8 月，国家广电总局批准国际台开办了中国国际广播电视网络平台 CIBN，CIBN 秉承"依托国际在线多语种网站，使用 61 种语言向全世界传递信息，是全球媒体使用语种最多的传播平台，具有对全球 98% 人口的母语覆盖能力"①。

（二）海外文化中心和来华留学生应该成为传播中华传统文化的友好使者

我国自 1988 年开始在德国、法国、西班牙、埃及、俄罗斯、蒙古、韩国、日本、墨西哥、泰国建立了海外中国文化中心，作为中国政府推广中国文化的海外基地。这些中心承担着举办文化活动，提供服务信息，开展教学培训的职责。通过语言教学、音乐会、展览、讲座、汉语比赛、影视展播等，介绍中国文化，为海外提供文化服务。经过多年运作，"中国文化中心"的各种活动趋向常态化，日益成为弘扬和传播中华优秀传统文化的重要阵地。

广大的来华留学生，既是中华文化的学习者，同时也是中华文化的传播者，他们中的优秀分子成为中国文化国际交流的使者。

在国际文化交流中，首先应该建立独立的话语权体系，话语权的缺失使我们舆论引导能力有限；处于话语权强势地位的西方，对于中国的负面宣传较多；中国的媒体体系尚不成熟，传播效果较差，难以形成广泛影响。

---

① 赵达：《中国立场　世界眼光　人类胸怀——中国国际广播电台台长王庚年谈创办 CIBN》，《光明日报》2011 年 1 月 25 日。

三　科技进步的需要

传统社会中民族文化的传承方式基本上是点对点的传播，无论是教育渠道也好，代际传承也好，还是社会传承也罢，基本属于串联式结构，偶有并联方式发生。而今，随着网络的发展，传播方式也有了革命性的变化，任何文化的传播速度和传播范围，都是传统社会所无法想象的，实现了网络时代的"云结构"传播。

互联网具有天然的"无国界"特性，是文化传播的重要阵地，过去我国对文化的宣传媒介还主要停留在报纸、杂志、广播、图书、电视等传统介质上，而未来，网络媒体、手机媒体将发挥越来越大的作用，通过这些新媒体，借助文字、图像、动画、音频、视频等多种手段，最大限度扩展受众面，提高信息传播的有效性，将是中华优秀传统文化传播应该重视和进一步加强的手段。文化的传播，必须创建多渠道、立体化的新模式，适应民众生活方式、阅读习惯、文化消费习惯、时尚追求目标的改变，充分利用智能手机、电脑、户外显示等终端设备，使文化与科技充分融合，推动中华优秀传统文化的传播。

（一）推进文化与新科技融合，提高中华优秀传统文化影响力

信息化、数字化、网络化打破了传统的文化壁垒，推进了文化传播方式的更新换代和全面升级。文化与新科技的进一步融合，对文化载体、传播手段、传播受众都产生了深远影响，对文化内容和形式创新也起到了根本性的促进作用。

我国拥有丰富深厚的历史文化矿产，资源优势巨大，要使这些优势不被埋没、浪费、荒芜，就要通过科技手段促进文化传播创新，发挥其巨大潜力。要紧紧抓住三网融合、云计算、物联网等技术发展的机遇，加强对传统文化传播渠道和方式的创新，提升有效传播半径和传播效率。要利用现代科学技术和手段，通过虚拟技术、三维动画以及网络技术等，传播优秀传统文化，使之更加贴近时代，符合现代人

的阅读习惯和审美情趣。要大力发展优秀传统文化通过动漫、游戏、网络、数字传输等手段的传播，推进优秀传统文化创新内容与高科技的紧密结合，提升内容品质、传播效率，通过打造高度原创的优秀产品，生产更多的为民众高度认可广受欢迎的文化知名品牌。

（二）挖掘中华传统文化遗产，用新技术讲好中国故事

由于创新能力的不足，我国丰富深厚的优秀传统文化资源并没有形成现实的文化优势和影响力。许多优质资源白白闲置浪费，甚至被其他国家开发利用。例如，"木兰从军"的故事尽管在我国世人皆知，耳熟能详，但是却仅仅停留在古代诗歌以及传统戏曲中，并没有及时转化为大众尤其是青少年喜闻乐见的形式。美国根据中国木兰从军的故事，开发出动画影片，风靡世界，即使在我国——故事的原生地竟然也同样取得经久不衰连续热播的佳绩。中国特有的动物，被称为活化石的熊猫，其形象深受世界人民的喜爱，中国的武术更是享誉世界，成为中国特有的文化符号。美国据此开发出了三维动画篇《功夫熊猫》，同样在中国赚取了数亿美元。韩国和日本也不甘落后，他们利用中国古典名著开发出了基于《三国演义》和《西游记》的动漫和游戏，同样取得了令人瞠目的经济效益、品牌效益和文化传播效应。与经济上的损失相比，我们更大的损失实际上是文化阵地、文化受众沦陷和流失的损失。不可否认的是，中西方在价值观念、意识形态、审美情趣、情感表达方式上都存在着明显差异，美日等西方发达国家凭借着雄厚的经济实力和信息技术优势，将他们的价值理念、生活方式源源不断地输送到世界各个角落。同时他们又充分借用世界各地文化资源，通过嫁接移植的方式，旧瓶装新酒，利用好的故事、好的形象、好的情节，加上好的创意，将自己的文化输送出去，成为深入人心进行文化征服的利器。所以，无论是多么宝贵的文化资源，只要我们不利用，放弃了，就等于缴械投降，不仅丢失了阵地，而且将自己的宝贵财富拱手让人，成为他人威胁我们文化生存和发展的利器。这是尤其危险，让人感到忧虑的大问题。

（三）发挥数字出版优势，开辟传统文化传播新途径

随着信息技术突飞猛进的发展，当前文化传播越来越依赖于高科技的应用。20 世纪 80 年代后，特别是近十年来，数字化技术、3D 动画技术、网络技术、大数据、云计算进入出版、影视和演艺等文化领域，使文化传播发生了革命性的变化，数字信息传播已经发展成为与文字、图片、音频、视频等信息内容并行，与纸质、电子、网络、卫星通信同时存在的多媒体、全媒体传播方式。电子图书、数字报纸、互联网期刊、网络动漫、网络游戏、手机出版、数据库等日益丰富的数字出版形态正在改变着大众的阅读方式和娱乐方式，为文化消费和精神生活开辟出新的空间。

数字出版产品形态的广泛性与兼容性、数字传播方式的互动性和多样性等优势，使数字出版成为优秀传统文化内容传播新途径。中国文化面临挑战，同时这也是一个难得的机遇。但是现在存在着对技术革命之于文化传播的深刻意义认识不足、重视不够的问题。与西方欧美发达国家相比，对文化与科技主动融合的意愿不够主动、强烈、积极，这是造成文化影响力、竞争力有待加强的重要原因。必须马上行动起来，抢占数字出版传播的新高地，这是增强中华优秀传统文化辐射力、影响力的必然要求。

其优势在于：

1. 传播成本低、传播速度快、覆盖面广。随着计算机技术、通信技术、网络技术、流媒体技术、显示技术等全面进入数字时代，从编辑加工到复制传播，再到接收、阅读、观赏，传播的成本大幅降低，而基于网络全球化的便捷传播方式，也使其覆盖面更为广泛，人们可以打破地域、民族、文化圈的局限，随时、随地、随意地收看世界各地出品的文化产品。而产品数量的浩繁和检索的便利，使文化品牌越来越显示出重要的意义。

2. 有利于消融、降解、减少世界上业已形成的文化壁垒所造成的阻滞。数字出版可以降低或绕开文化传播中国家制度、意识

形态、宗教挟制等森严的壁垒，通过旅游、饮食、艺术、武术等蕴含中华优秀传统文化的有效载体，将中华文明和民族精神传播出去，在世界舆论中争取话语权，展现真实的国家形象和民族精神面貌。

3. 数字出版技术能够及时反馈受众感受，满足其文化需求，增强传播的针对性、实效性。网络技术和数字技术的特性，使实时反馈成为可能，通过网页评论和投票等互动功能，可以及时搜集网站的点击率以及受众调查数据，了解传播效果，针对不同受众的特点提出针对性更强的传播方式，更大规模地满足受众的个性化需求，使大幅度提高传播质量和传播效率成为可能。

四　顺应世界新的文化消费潮流的需要

（一）通过文化与科技创新相融合，不断提升传统文化的感染力、吸引力

随着数字技术的成熟和普及，随着互联网日新月异的发展，人们的社会交往方式、文化消费习惯都发生了革命性的改变。

人们对文化产品往往具有喜新厌旧的心理偏好。即使对传统文化吸纳学习已经形成了较为稳固习惯定式的人，也依然希望有"小别重逢"不断变化的惊喜。而对于那些对传统文化知之甚少或有误解偏差的人来说，误读误解使他们觉得传统文化深奥、难懂、呆板、与己无干。如何将他们吸引过来，领进这个神圣殿堂，第一步其实是最为困难也是最为关键的。这就要求对他们的文化消费方式有所了解，通过文化创意和科技与文化融合创新不断提高传统文化的吸引力。互联网传播、电子游戏的设计，都可以为传统文化的传承与传播插上腾飞的翅膀。

文化传播过程中，人是主要因素和主要媒介。

（二）国外文化传播途径的经验和启示

1. 美国经验

美国是世界经济、军事、科技强国，同样是文化强国，其文化影响力居于绝对优势地位，这种优势表现为吸引力、影响力和领导力。

首先，他们以强大的大众传媒来传播美国文化，推广美国的价值观。美国拥有世界上一流的电影、新闻电视、报纸、广播、互联网等全种类的大众媒体。他们通过广播、电视、图书杂志、互联网等渠道，使用声音、文字、影像等，采用全方位覆盖，传播美国文化的价值观。美国的电视是全球普及率最高、覆盖面最广的大众媒体，美国的有线电视新闻网（CNN）在全球电视新闻节目中占据主导地位。他们的电视剧和综艺娱乐节目同样覆盖了全球大多数国家。在传统的传媒行业，美国出版占据世界图书销售总额的30%，报纸杂志的发行同样位居世界首位。在互联网传媒方面，美国更是具有得天独厚的优势，不仅技术、资金实力雄厚，更是全球互联网的诞生地和影响最大的网络平台集中地。雅虎、谷歌、微软等全世界最大的门户网站都集中在美国。在增强文化软实力输出美国价值观方面，美国可谓不遗余力，尤其是看重对全球青少年的影响。通过高等教育，美国吸引着世界数量庞大的各地青少年学习美式英语，每年参加托福考试的国际学生人数屡创历史新高，2013学年至2014学年，攀升至90万人。而托福试题的内容涵盖了美国历史、地理、人文、政治、经济、科技等文化的方方面面。这就意味着，世界上每天都有大量的青少年通过托福考试，全面地接受着美国文化的教育。与此同时，美国还通过输出流行文化，影响着世界各地的青少年。通过打造大批的影视明星、体育明星、音乐明星等，来主宰影响世界青少年的兴趣爱好，并在其中不断传递美国的价值理念。

2. 英国经验

英国科技发达，文化底蕴深厚，他们创造的制度文明在许多国家和地区还在沿用。英语作为世界上使用最广泛的交际工具，起着类世界语的作用，有着无可争议的地位和影响力，是其强大的文化软实力的具体体现。英国除了通过专业化国际化的传媒体系，增强全球舆论影响之外，还通过出版、音乐、电影、电视、广播、游戏软件、艺术品交易市场、古董拍卖市场、手工艺制品等，引领文化时尚潮流。据统计，每年有大约 650 个国际性的专业艺术节在英国举行。英国是世界上拥有最多的具有国际影响力的剧作家、电影制品人、歌唱家、舞蹈家、作家的国家，英国充分利用他们成熟高超的市场运作能力以及技术优势和人才优势，生产着畅销世界的电影、音乐、报纸、杂志，引导左右着世界艺术品、古董拍卖品的行情，不断增强着国家的文化软实力。英国除了拥有牛津、剑桥等一大批世界知名的高等学府，吸引着世界各地最优秀的莘莘学子，还有一大批诸如大英博物馆、自然历史博物馆等世界著名的博物馆、图书馆、艺术馆、科技馆，吸引着来自世界各地成千上万的人们，这些文化设施和文化品位，无处不彰显出英国民族文化的境界，引领着世界文化的审美意趣，左右着价值取向。特别需要强调的是，英国是世界上最早有意识地将科技与文化相融合，提出文化创意产业发展理论的国家，他们在彰显英国文化软实力的同时，依靠文化创新，获得了巨额的财富。

3. 法国经验

法国是个文化传统悠久、特色鲜明的国家。作为文化大国，法国非常注重保护本土文化的独立个性。为抵御外来文化入侵，他们制定了严密的法案和行之有效的措施，通过国家立法扶持本土传统文化的保护与传播，同时在将法国文化与流行文化相结合方面，也采取了非常聪明的支持、引导方针，变"堵"为"疏"，在流行文化的形式中镶嵌进法国文化的灵魂，不仅吸引了本国的青少年，也对其他国家的青少年产生了巨大影响。法国首都巴黎号称是"浪漫之都"，它的优雅与精致，品位与品质，使这里的一切都成为一个衡量标尺，标志着高贵、时尚、艺术，进而使人们接受它的电影、时尚杂志、香水、服装、配饰以及各种奢侈品。法国人在赚得盆满钵满的同时，赢得了民族文化的自信心，并将自己的文化理念随着那些物质的产品，传播到了世界所有能产生影响的地方。

4. 日本经验

日本是个弹丸岛国，在历史上，长期以来深受中华文化影响。近代，随着军事、经济实力的攀升和科学技术发展，文化也呈现出繁荣之势，在不断吸纳西方文化精神的过程中，开辟出独立发展的道路。日本除了新闻出版和广播电视等传统媒体产业极为发达之外，还闯出了以动漫为开路先锋，传播日本文化的一片全新天地。日本是世界上最大的动漫生产国，享有"世界动漫王国"的美誉。世界上60%的动漫产自日本，在欧洲比例更是高达80%。除了动漫之外，他们还注重衍生品的研发、设计、生产，基于动漫的机器猫、铁臂阿童木、奥特曼等形象，为世界各国青少年所熟悉、所热爱。孩子们在购买、欣赏、炫耀、相互赠送、收藏甚至是多年以后回顾这些玩具的时候，实际上都是在内心中一遍又一遍地回顾着动漫的故事，重复接受着日本文化的影响。

5. 韩国经验

韩国是深受中国传统文化影响的国度，历史上同属中华儒学文化圈。至今孝悌诚信等儒家文化精神，依然在其国民的社会生活中发挥着重要的影响和作用，是人们行为的规范和准则。同样因为受儒学影响，韩国有非常强烈的国家意识和民族意识，强调爱国和民族团结。韩国将传统文化与现代流行文化形式相结合，大力发展影视剧和游戏产业——运用现代化传播手段来传输传统文化的内容，韩剧注重细节处理，人物形象刻画，在日常生活中表现伦理规范。传统文化意味浓郁的韩剧，深受中国和东南亚民众的欢迎，深受华侨韩侨的欢迎。韩国成为美国好莱坞之后文化传播最为成功的国家，"韩流"所到之处，服饰、化妆品、整容、美容、音乐、服饰便如秋风扫落叶一般，青少年纷纷归化，形成了世界上最为壮观的"哈韩"一族，这不仅给韩国带来巨大的经济效益，更大大提高了韩国的国际形象，使一个弹丸小国在世界上拥有了较大的话语权。如今韩国的国际地位，很大程度上要归功于他们的文化，归功于他们将儒学文化运用得炉火纯青。

中国传统文化的传承与传播，要顺应文化传播的规律和文化消费的潮流，要使更多的人接触到中华优秀传统文化，只有多接触，才能熟悉、了解、认知和接受。

五 创新而不舍旧

首先，提高对形式创新重要性的认识。形式创新并不意味着喜新厌旧，而是通过多渠道、多手段、多方法改变过去普遍存在的重内容轻形式、重目的轻效果的观念，将形式创新提升到文化发展战略的重要地位。

（一）文学创作应该始终是传播中华优秀传统文化的重要方式

文学艺术创作从来都是弘扬民族精神的重要手段。中国当下的文学艺术创作并不令人满意，总的来说是有数量没质量、有新作少突破。从种类上看，品种繁多，电影、电视剧、戏剧、曲艺、小说、诗歌等，行行一片兴旺。从数量上看，各有各的门道，保持着旺盛的生产。但是能够产生影响的好作品却少之又少。例如图书，尽管中国的图书出版品种和数量均居于世界前列，但是并没有形成过硬的品牌。创意好、故事好、形象好、设计好的原创作品并不多，所形成的影响力有限。

我们的文学作品，不是主旋律太突出了，而是要么缺少主旋律，要么表达的方式不太高明。对比世界上的文化强国，我们还有很长的一段路要走。以电影为例，美国大片《阿甘正传》《拯救大兵瑞恩》《阿凡达》全都有着极为饱满的思想、充沛的情感，弘扬了高尚的思想，不仅有震撼的场面和高科技的拍摄，更有打动人心的形象和情节。主旋律意味着生命力、感召力和凝聚力，体现了国家文化实力和民族形象。而我国在弘扬主旋律方面的能力不得不承认确实是偏弱的。我国投资巨大的所谓大片或者电视连续剧，尤其是那些以中国古代历史故事为题材的作品，并没有深入地挖掘中国历史上曾经有过的令世界瞩目的高度政治、经济、科学等精神物质文明，挖掘中华传统文化中崇德重教、中庸平和、以义制利、仁爱孝悌、自强不息的文化内涵；而是热衷于宫闱争斗、骨肉相残、阴谋权术、畸形情恋等，完全不见中华文化中的仁义礼智信，甚至连正常的人际关系和朴素的人性都看不到，到处都是人性的丑恶、心灵的扭曲和社会的不公。仿佛有着几千年文明史，曾经为世界所景仰的皇皇中华竟然是由愚昧、落后、扭曲、黑暗、畸形构成的。"厚黑学"对人心的毒害极为严重，常常听人观后总结说："你不害人，人就害你。""好人不长命，坏人活千年——与其当那窝囊的好人，不如做个痛痛快快的坏人。"这种将"丛林法则"推广到人类社会生活的做法，是与仁爱、诚信、守序、廉耻、自尊、智慧、刚毅等相违背的，严重毒害着中国人的心灵，改变着人们的行为规则，侵蚀着人们正确的价值观，同时也损害了中国和中华民族的国际形象，消解了中华文化的影响力，损毁了中国的软实力。

习近平总书记在文艺工作座谈会上讲话中强调："我国作家、艺术家应该成为时代风气的先觉者、先行者、先倡者，通过更多有筋骨、有道德、有温度的文艺作品，书写和记录人民的伟大实践、时代的进步要求，彰显信仰之美、崇高之美。"文学艺术创作，应该积极发挥对中华优秀传统文化传承的导向作用。

文学创作，也有一个去产能加强供给侧改革的问题。现在粗制滥造、肤浅无聊、假冒抄袭的东西太多，应该在加强知识产权保护力度监管的同时，提高社会监督功能，文学艺术评论要切实起到辨别是非、褒贬优劣、引导文化消费的作用。

（二）《守则》应该成为切实可以遵守的规则

一些旧有的文化存在形式，并不一定要完全废止，有的时候只要进行必要的"改造"，便可重新获得生命的活力。一个很好的例子是教育部颁布的《中小学生守则》（2015 年修订）。

过去的《守则》一向因为大而空泛的表述而饱受诟病，有人对几个国家的小学生守则做了比较：

中国小学生守则：

1. 热爱祖国，热爱人民，热爱中国共产党。

2. 遵守法律法规，增强法律意识。遵守校规校纪，遵守社会公德。

3. 热爱科学，努力学习，勤思好问，乐于探究，积极参加社会实践和有益的活动。

4. 珍爱生命，注意安全，锻炼身体，讲究卫生。

5. 自尊自爱，自信自强，生活习惯文明健康。

6. 积极参加劳动，勤俭朴素，自己能做的事自己做。

7. 孝敬父母，尊敬师长，礼貌待人。

8. 热爱集体，团结同学，互相帮助，关心他人。

9. 诚实守信，言行一致，知错就改，有责任心。

10. 热爱大自然，爱护自然环境。

英国小学生守则：

1. 平安成长比成功更重要。

2. 背心、裤衩覆盖的地方不许别人摸。

3. 生命第一，财产第二。

4. 小秘密要告诉妈妈。

5. 不喝陌生人的饮料，不吃陌生人的糖果。

6. 不与陌生人说话。

7. 遇到危险可以打破玻璃，破坏家具。

8. 遇到危险可以自己先跑。

9. 不保守坏人的秘密。

10. 坏人可以骗。

日本小学生守则：

1. 不迟到；进校后不随便外出。

2. 听到集合信号时，迅速在指定场所列队；进教室开门窗要轻；在走廊和楼梯上保持安静，靠右行。

3. 上课铃一响即坐好，静等老师来；听课时姿势端正，不讲闲话，勤奋学习。

4. 遇迟到、早退、因故未到等情况，必须向老师申明理由，有事事先请假。

5. 严格遵守规定的放学时间，延长留校时间要经老师许可。

6. 上学放学时走规定的路线，靠右行，不要绕道和买零食。

7. 遇地震、火灾等紧急情况时不惊慌，按老师指示迅速行动。

美国小学生守则：

1. 称呼老师职位或尊姓。

2. 按时或稍提前到课堂。

3. 提问时举手。

4. 可以在你的座位上与老师讲话。

5. 缺席时必须补上所缺的课业。向老师或同学请教。

6. 如果因紧急事情离开学校，事先告诉你的老师并索取耽误的功课。

7. 所有作业必须是你自己完成的。

8. 考试不许作弊。

9. 如果你听课有困难，可以约见老师寻求帮助，老师会高兴地帮你。

10. 任何缺勤或迟到，需要出示家长的请假条。

11. 唯一可以允许的缺勤理由是个人生病、家人亡故或宗教节日。其他原因待在家里不上课都是违规。

12. 当老师提问且没有指定某一学生回答时，知道答案的都应该举手回答。

法国小学生守则：

第一部分：我不应该

——取笑他人

——伤害他人

——侮辱他人

——闲言碎语

——影响他人学习

——玩学习用具

——损害自己、他人和学校学习用品

第二部分：我应该

——上课好好学习，课后认真复习

——认真听讲

——尊重师长，团结同学

——举手发言

——倾听他人讲话，轮流发言

——端正姿态

——进教室前安静放置个人物品

——正确使用学习用具

第三部分：我有权利

——学习

——犯错并寻求帮助

——在尊重同学言论的情况下自由表达自我

——完成学习后自己支配和管理学习用品

——课间休息时自由放松

　　对照着来读，不难发现，中国的《小学生守则》与世界上其他几个国家同类文本的巨大差别。首先缺乏准确定位。既然是《小学生守则》，就应该反映对小学生的要求，而此《守则》可以说是放之四海而皆准的多用守则，中学、大学甚至是任何一个岗位上的工农兵学商几乎都能用。其次，《守则》规定多是理念性、概括性极高的标语口号式的表述，而缺乏具体的细节可操作性、标准可执行的要求。最后，缺乏人文关怀。只有要求，没有反映出对学生的保护和关爱。

其他几个国家的《小学生守则》各有特色，英国更关注人性、关注生命安全，注重法律意识的培养；日本对小学生的行为举止作了很详细具体的规定，体现出重礼仪、守规矩的特征，而且针对日本是个地震多发国家，对小学生遇到灾情如何处置作了特别的提醒；美国在强调纪律的同时，重视权利、义务和责任；法国则清晰明了地直接告诉孩子们该做什么、不能做什么、自己的权利有哪些。

虽然各有特色，但是其他国家的《小学生守则》读过之后，可以立刻明了自己可以做什么，不能做什么，遵守哪些规定就不逾矩。中国的则是看多少遍可能还是一头雾水。我们不能期望中国的孩子比外国的孩子更早熟、更智慧、更具有理性的概括和理解能力。

教育部修订的《小学生守则》经过了基层调研、国际比较、多方参与、反复论证、集思广益的过程，凝聚共识形成的《守则》修订版，共9条，282字，涵盖学生德智体美劳全面发展的基本要求。它保留了2004年《守则》中仍具时代价值、体现中华传统美德、应长期坚持的内容，如热爱祖国、热爱人民、热爱中国共产党、诚实守信、珍爱生命等。凸显了培育和践行社会主义核心价值观、深化立德树人、传承优秀传统文化重在实处、细微处、具体处落实的新理念，引领和规范学生思想品德与言行举止。补充了一些更具可操作性、学生可以做到的具体行为规范内容，如主动分担家务、自觉礼让排队、不比吃喝穿戴等。增加了新时期学生成长发展中学校、社会和家庭高度关注的内容，如养成阅读习惯、文明绿色上网、低碳环保生活等。《守则》适应中小学生学习生活的新环境，遵循中小学生认知规律和语言特点，表述生动、带有诗歌韵律，朗朗上口，充分体现出以学生为本的教育理念。修订版的《守则》广受学生、家长和老师以及社会的赞誉，大家认为，可遵循、可执行、可衡量的《守则》才是可以遵守执行的学生规则。

《小学生守则》在中国的各种类似表述中，只是一个具有普遍意义的典型范本。在比较中，我们可以非常清晰、深刻地感受到与国际上的差异。这并不是中国人在思维方式或者是表述习惯上与外国人不同，而是理念和定位上的巨大错位。当传统被破坏后，新制定的很多守则、公约大抵都是顶着大帽子唬人了。所以，中华优秀传统文化在传承与传播上，应该有大格局的气派，有从小事情做起的耐心。

六　优秀传统文化传承与传播创新的基本思路

（一）中华优秀传统文化传承与传播的根本目的在于实践

倡导弘扬中华优秀传统文化并不只是一个学术要求，也不只是一个民族需要一面旗帜作为号召，更不只是国家需要一个体现形象的外在装潢；而是要用统一的精神凝聚起广大民众，改善社会环境，造福绝大多数人的生活和命运。这是一个实践的课题，所以必须以实践效果作为衡量标准。

既然是实践性课题，就必须把握好时代性、科学性、民族性、大众性等特征。在充分了解中国基本国情、国家发展道路的基础上，根据对当前社会问题的深入研判，制定出文化的应对措施。国家的发展观、安全观、环境观，公民的伦理观、义利观，社会的民主观、法治观等，都要全面进入这个话语体系。

（二）重视哲学社会科学发展，建立中华优秀传统文化体系的学术话语权

哲学社会科学是文化的重要组成部分，是系统化、理论化的文化形态，处于文化结构的最上层。要想进一步增强中国文化的国际影响力和学术话语权，赢得国际理解和认同，增强国家文化软实力，就必须进一步加强哲学社会科学对于中华传统文化体系的研究，占领学术的制高点，赢得国际文化体系中的话语权。这就要求：第一，不断优化学科结构和体系，围绕国际新情况新变化、国内的新问题新常态进

行基础研究和应用研究。传统学科要与新兴学科优势互补，促进哲学社会科学与自然科学的相互了解、相互渗透。第二，要始终贯彻"双为"方针，坚持学术为社会服务，为最广大人民服务的宗旨，实施"上接天线下接地气"的方针，认真搞好调查研究，善于发现问题、提出问题、辨别问题、作出判断，提出切实可行的发展策略。第三，推进学术创新。作为哲学社会科学工作者，要有开阔的视野、创新的意识，虽然是以中华传统文化为研究目标，但是立足点必须是当下，是中国的现实问题，是国际日益复杂多边环境下的中国问题，所以一定要有国际视野，有人文关怀，有掌握现代传播学新领域知识的意识，在汲取中国传统思想文化精华和借鉴世界各国各地区文化成果的基础上，构建出一套中国人听得懂、好理解、容易认同的理论话语体系，用以解决和回答中国的现实实践问题。第四，要有社会发展战略的格局，从文化发展历史规律的角度、从世界文化变迁的动向、从文化与科技生产力相互关系的联系，认识和把握新时期中华优秀传统文化发展的方向、路径和目标。

（三）推动中华优秀传统文化与流行文化创新融合

在中华优秀传统文化传承与传播的过程中，统治上层以及知识精英起到了引导方向、决定内容的关键作用，但在传播的过程中，却始终与大众流行密不可分。

大众文化消费一个主要的来源就是流行文化。大众流行文化被越来越多的人所认识，被越来越多的国家所重视。在世界文化发展趋势中，大众的流行文化已经被提升到了有国际影响力的战略发展高度。这是由其作用和影响所决定的。

中华优秀传统文化是中国古代经过实践、历史检验留存的符合现代社会生活需要的文化经典，充满了崇高的理性。而流行文化是自娱和娱人相结合的消遣化的文化消费活动，其特点恰恰是轻松的、平易的、浅近的、亲民的，尤其是注重感官享乐，回避逻辑推理与深度反思，在传播中有效地消解了经典传播中关于文化的高低之分、雅俗之别，具有超越社会阶层、超越年龄阶段、超越文化定位的市场穿透力。在传播上大众参与贯穿始终，通过感官刺激加以推动，因而一般传播速度非常快，且具有强烈的感染力。

20世纪90年代之后，受国外电视娱乐化的影响，我国电视的流行化趋势也日渐显著。《超级女声》这样的全民选秀节目更是此起彼伏。这些栏目，一般来说，并无深刻思想情感内涵，但是却具有很强的一过性的感染力，令人兴奋放松。流行文化制造了稳定的消费群。

不可否认，当今的流行文化与传统社会那种因为宗教、因为审美、因为猎奇的自然形成不同，往往都是商业运作的结果，受众都是被提前策划有目的制造和培养起来的。所以相对于传统文化，流行文化表现出非常强烈的前瞻意识。它以快乐为宗旨，最大限度地贴近社会消费心理，虽然为正统文化阶层所不屑，但是却拥有广阔而蓬勃的市场。

数字技术的发展和广泛应用，使流行文化传播如虎添翼。流行文化成为大众传播最成功的范式，它存在于我们周围的所有生活细节之中，无处不在、时时刻刻地影响着民众的生活。流行文化和经典文化之间是可以相互转换的，就如出版行业的畅销书可以转换为长销书，而长销书，又可能因为某种契机转化为畅销书。如《三国演义》《西游记》《水浒传》《红楼梦》在产生之时都是"洛阳纸贵"的流行文化，但是随着时间的沉淀，被奉为中国古代白话小说经典。而当它们相继被拍摄成电视连续剧的时候，又转化成为流行文化的一部分。可见，流行文化可以以传统文化思想为内核。同样地，传统思想也可以借助流行文化的躯壳来传播。所以，不应该抱残守缺，以鄙薄的态度，一概地视流行文化为浮躁、浅薄、粗鄙、无厘头的代名词而加以排斥、回避。而是应该认真研究流行文化传播规律和特点，在中华优秀传统文化传承与传播过程中予以合理运用。

中国历来重视经典文化传播，上至国家主持的科考，下至官学、私学的教程，都以经典文化为纲要，而排斥流行文化。但是从古至今，流行文化却又始终是"野火烧不尽，春风吹又生"，展现出了无比旺盛的生命力。它兴盛于民间，受到民众的喜爱而广为流传，例如南北朝民歌、唐传奇、宋词、元曲、明清小说等无不如此。与此同时，它们也受到正统文人发自内心的喜爱和欣赏。开始时总是有人化名而作或者隐姓埋名而作，以至于到现在人们都无法考证"兰陵笑笑生"的确切身份。直到某种流行文化为正统所接受时，作者才堂而皇之署名而作，宋词就是一个很好的例子。但是，词终究还是"诗余"，无法与正统诗歌的地位相提并论。而追溯前源，仿佛是因为孔子的"诗言志"而划定了正朔分界。

这是一个历史的误解。备受孔子推崇并亲自整理的《诗经》，当初并没有统治阶层所授予颁发的"许可证"，它们都是起于民众的自发的吟咏。其实一种文学艺术样式有没有价值，不在其外在形式，而应该在其内涵。

如利奥塔指出，"文化就是作为有意义的东西被接受的存在"。也就是说文化的意义在于它同人们的社会生活紧密地联系在一起，来源于生活实践而归于引导社会实践。传承传播中华优秀传统思想，目的不是就传承而传承，就传播而传播，而是为了最终能够引导民众的生活行为，通过制定体现先进文化理念的规范和准则，最终将其落实到现实生活中去。

经典文化以理性原则为支撑，由教育、大众传播、国家干预等行为得到强化。流行文化突破地域、阶层、国界和族群文化的障碍，呈现出超越地域性和民族特性急速传播的形态。在时间上，经典文化有其长久的恒定性，而流行文化多变，一般会骤然而起，火爆时轰轰烈烈，消亡时转瞬即逝。值得特别强调的规律是，流行文化始终最直接而有效地反映民众生活，而民众生活也随时改变着流行文化。经典文化传承依靠正统的、稳固的渠道来传承与传播，如学校教育、图书流转、代际传承。而流行文化，则更多的是采用最为新颖别致的形式，借助最为时尚的手段，如起于民歌的词、曲、杂剧、小说，比如手机、网络等。它总是戴着娱乐的面具，以平易、亲善、轻松、富有感染力、煽动力等让人欲罢不能的方式来传达、传递、传播它的文化内涵。其实经典同样能够借助这些，以便走得更快、更远。以元杂剧为例，它照样可以宣传正义、诚信、爱国、爱民这些中华优秀传统文化的思想理念；而以散曲为例，它照样可以传扬清正廉洁、清心寡欲或者爱情忠贞等美好的追求和情感。

网络小说是绝对的流行文化，每个网络大咖都有着数十万乃至上百万的粉丝，《中国成语大会》将那些影响巨大的网络作家请上了参赛台，真是一个富有挑战而结局却是双赢的策略。成语是中华独有的经典文化，是偏重精致、典雅、理性、书面的雅文化。而网络作家基本上是天马行空，充满浪漫想象，这与严谨、理性的成语似乎不搭。但二者结合的效果，却出奇制胜。成语，因为有了电视竞赛、网络作家参赛的典型流行文化包装和介入而具有了强大的市场号召力，打破了"文化人""学生"这些界限，将更多的青少年尤其是网络青少年吸引到了成语的世界。网络作家因为电视的广为传播而名声愈响，并因为对成语的深度接触，而使未来的创作更加丰富深厚。

中华优秀传统文化放下身价，拥抱流行文化，绝对是明智选择。这关系到对大众尤其是对青少年的争夺。我们如果排斥或者摒弃流行文化，把这块重要阵地让出去，就会使西方价值观乘虚而入。

对流行文化的忽略与轻视，使我们貌似经典的传统文化难以走向民众，在民众尤其是流行文化的主要受众青少年那里产生影响。从传承与传播效果考虑，从国家文化安全的角度出发，我们必须补上流行文化这个短板，这不仅可以阻止西方价值观借助流行文化乘虚而入，严重影响我国青少年，同时还构筑起基于中华优秀传统文化的社会主义核心价值观。韩剧《来自星星的你》就通过对爱情的唯美化处理，对传统伦理道德的现代化诠释，将科幻与现实情感相结合，将时尚与传统相对接，带给人耳目一新的感官享受，收视率屡创新高，在取得经济效益的同时，也将传统文化的内涵不知不觉地传递给了观众。同样也是流行文化的《功夫熊猫》，不仅借用了中国特有动物熊猫的形象，还将中国功夫、道教文化等中华文化符号等娴熟地运用其中，但是它所传达的依然是美国文化，是美国文化所推崇的个人英雄主义。

由此可见，什么着装和什么文化符号并不是最重要的，传达什么精神、什么思想、什么价值观才是最重要的。它是衡量姓"中"还是姓"外"的一个根本标尺。

与流行文化发展成熟的国家相比，我们对文化的传承与传播内容和方式都是落后的。要充分考虑不同受众的不同需要，在传播中不断总结经验，发现规律，提高效率。民众的实践是中华优秀传统文化可持续的最终动力。

（四）搭建平等竞争平台，集合各方人才优势

文化传承与传播中最关键的要素就是人，在中华优秀传统文化传承与传播中，需要的是有深厚传统文化根底，深谙传统文化神髓，对当下世界文化发展格局有清醒认识，对现代文化传播渠道和途径有清晰了解，能够熟练运用各种高科技新媒体等传播工具的人才，但是这样通古博今、东西通吃、科技文化皆精的通才全才全中国全世界也找不出几个来。但是善于组织、善于调动各种资源的战略人才还是有的。善于发现他们，使用他们，给他们创造机会，搭建平台，发挥他们的作用，这是政府部门应该承担的责任。

第十章

建言献策

中共中央办公厅、国务院办公厅印发了《关于实施中华优秀传统文化传承发展工程的意见》（以下简称《意见》），并发出通知，要求各地区各部门结合实际认真贯彻落实。《意见》的基本内容是：

一、重要意义和总体要求

1. 重要意义。2. 指导思想。3. 基本原则。4. 总体目标。

二、主要内容

5. 核心思想理念。6. 中华传统美德。7. 中华人文精神。

三、重点任务

8. 深入阐发文化精髓。9. 贯穿国民教育始终。10. 保护传承文化遗产。11. 滋养文艺创作。12. 融入生产生活。13. 加大宣传教育力度。14. 推动中外文化交流互鉴。

四、组织实施和保障措施

15. 加强组织领导。16. 加强政策保障。17. 加强文化法治环境建设。18. 充分调动全社会积极性创造性。

《意见》是今后一个时期内工作可遵循的纲领性的文件。本课题不再对此作系统性解读。而是就现实中存在的问题，结合北京的实际情况提出建议。

一　切实把弘扬传统文化置于国家 发展战略的高度来规划

（一）战略布局

1. 必须加强中华优秀传统文化传承与传播的宏观管理

中华优秀传统文化传承与传播是国家文化发展战略的基础和最重要的组成部分。

国家形象与文化紧密联系，中华优秀传统文化是国家文化最宝贵的财富和标志，是国家文化发展战略的基础和最重要的组成部分。

中华优秀传统文化与国家安全紧密联系；随着非传统安全领域的进一步扩大，文化安全管理在国家安全中的重要作用日益突出，中东局势的动荡，"台独"势力的抬头，"藏独""疆独"势力的蠢蠢欲动，都说明文化已经成为现代民族国家政权建设的一个重要方面。

中华优秀传统文化与国家经济发展战略相衔接，尤其在全球化的大背景之下，已经成为国家经济发展的新增长点，对提高我国经济发展的质量和水平至关重要。

所以，必须加强中华优秀传统文化传承与传播的宏观管理。

2. 当前我国在宏观和体制上还存在着薄弱环节

第一，中华优秀传统文化传承与传播的宏观管理决策机制不适应当前形势，缺乏权威性，一些重大项目的决策执行与监督难以有效运行。文化、教育、宣传部门难以形成步调协同的工作合力。

第二，缺乏中华优秀传统文化传承与传播决策咨询和评估机构。中华优秀传统文化传承与传播涉及众多行业部门，在重大项目实施的过程中，需要有相关的机构参与项目的决策咨询与评估，现在没有设置这样的部门。

第三，缺乏中华优秀传统文化传承与传播项目实施的非政府组织。

为了能够在新的形势之下，构建富有成效的中华优秀传统文化传承与传播管理体系，制订和实施构架文化战略规划，形成全方位、多层次、多领域、多渠道、多途径中华优秀传统文化传承与传播的重要保障，建议：

建立健全中华优秀传统文化传承与传播管理决策机制。为了提高决策和工作统筹的权威性，建立直接隶属于国务院的国家文化发展与文化安全工作专门委员会。委员单位可由中宣部、文化部、新闻出版广电总局、国务院新闻办、网信办、教育部、财政部等部门组成，统一协调处理重大政策的制定、重大项目的处理。

（二）顶层设计

明确强调将中华优秀传统文化的传承与贯穿上升为国家意识的层面，是社会主义核心价值观的重要组成部分。要建立中华优秀传统文化的传承体系，并将此作为最重要的基础性工程。这些工作的难度和复杂程度都很大，需要多方面的协调配合，因此，必须有周密的规划和完善的顶层设计。

从中华文化全面复兴的战略高度提出构建具有现代意义的优秀传统文化内容创新体系的理论构想和实践路径。制订中华优秀传统文化传承与传播的战略规划。加强对中华优秀传统文化传承与传播的宏观管理。坚持以中央统一领导，以政府为主导，统一谋划，统一部署，建立整体格局的工作机制。针对目前国学混乱的局面和现象，迫切需要研究制订中长期战略规划。在对中国文化现状、阶层等情况进行科学分析的基础上，提出中华优秀传统文化传承与传播的战略重点、目标定位和方式途径，有针对性地明确各个部门应该承担的任务，设计好战略发展路线图，以提高中华优秀传统文化传承与传播的整体性、协调性、实效性、长远性。

文化部、教育部、宣传部等组织专门的机构，分工负责。整合各种资源，如高等院校、科研院所、出版部门、媒体领域资源，进行有效的优化组合，组织多部门多行业多层次参与，充分调动各方面的积极性。

拓宽领域，把中华优秀传统文化传承与传播的工作拓展到文化出版、科技、教育、旅游、商务、外交、政府工作部门等各个方面，作为政府官员要把修德立身作为衡量干部的一个基本条件。

（三）机构设置

将中华优秀传统文化的传承与传播置于国家发展战略的高度，成立相关的领导机构；制订专门的独立的发展规划和指导意见，这应该是一个纲领性的文件，国家文化发展和教育发展规划要在此指导下制订。

建议设立中华优秀传统文化振兴工程推进委员会，由党和国家最高领导人担任总指挥。精心编制推行纲要及推行委员会组织章程。委员会的职责首先是研究决定工作总目标、总任务、基本内容等，规划工作步骤，进行全局的工作布局。其次是在工程推进的过程中，根据工作进度和效果以及随时可能出现的新问题、新情况，适时予以调整。再次是协调各个分委会工作中需要衔接的部分。最后是进行与中华优秀传统文化振兴有关的制度、法规配套建设。

《意见》中具体的任务都是由专门的机构和部门负责实施。例如提到："加强党史国史及相关档案编修，做好地方史志编纂工作，巩固中华文明探源成果，正确反映中华民族文明史，推出一批研究成果。实施中华文化资源普查工程，构建准确权威、开放共享的中华文化资源公共数据平台。建立国家文物登录制度。建设国家文献战略储备库、革命文物资源目录和大数据库。实施国家古籍保护工程，完善国家珍贵古籍名录和全国古籍重点保护单位评定制度，加强中华文化典籍整理编纂出版工作。完善非物质文化遗产、馆藏革命文物普查建档制度。"这些任务大部分都能找到相应的负责单位，如史志办、文物局、文献办、出版局、档案馆等。但是缺乏统筹机构，缺乏协调机制。

推进委员会最高机构为全体委员会议和常务委员会议，日常工作由秘书处负责。秘书处下设行政、计划、推行、考核等管理机构，日常具体的工作事项则由各个专门委员会具体制定并组织实施。

推行委员会下设的各个专门委员会根据分工不同，有各自的职责范围、负责内容、工作规范。

委员会的工作，根据《意见》纲要和主要内容来设置。

（四）建立完整架构

中国之所以成为文明古国，政治文明早熟是一个很重要的体现。

早在上古三代，中华优秀传统文化的传承与传播的渠道和方式便已经基本形成。这便是影响此后中国的"庠序"教育。《礼记·学记》载："古之王者，建国君民，教学为先。……古之教者，家有塾，党有庠，术有序，国有学。比年入学，中年考校。一年视离经辨志，三年视敬业乐群，五年视博习亲师，七年视论学取友，谓之小成。九年知类通达，强立而不反，谓之大成。"中华传统教育培育具有"仁义礼智信"品质的知识阶层，为社会树立榜样并传扬标准，最终实现由民众完成的移风易俗。

汉武帝采纳了董仲舒"罢黜百家，独尊儒术"思想，确立了儒学统治地位后，儒学的传承与传播渠道就被完善而稳固地确立了下来。《汉书·董仲舒传》载："立太学以教于国，设庠序以化于邑，渐民以仁，摩民以谊，节民以礼，故其刑罚甚轻而禁不犯者，教化行而习俗美也。"可以视作汉代对文化传承与传播顶层设计所作的渠道构建。

在中华优秀传统文化振兴工程中，最为重要的、根本性的工作也应该是传承渠道的构建。渠道建立了，有了稳固的途径，目标任务的贯彻就有了依托。

（五）目标管理

1. 总体目标分解为具体任务

拟设置的中华优秀传统文化振兴工程推进委员会代表国家层面制定总的目标，要将目标分解成为具体的、能分步实施的并且可以检验的阶段性目标，由各个分委会负责推进和落实。任务越是明确、步骤越是清晰越是易于实现和落实。要循序渐进，分步实施。

2. 建立健全中华优秀传统文化传承与传播的决策咨询与评估机构

传统文化的传承与传播是个专业性非常强的领域，应该开展跨历史学、传播学、社会学、心理学等专业的研究工作，国家应该充分依托中国社会科学院、北京大学、北京师范大学、中国传媒大学等高等院校的专家教授，依托中央电视台、中央广播电台、中华书局、人民文学出版社等新闻出版机构，建立多种形式的中华优秀传统文化传承与传播的决策咨询与评估机构来承担相关的决策咨询和评估任务。通过对传承对象、传承形式、传承内容等情况的专题研究，为政府决策和项目实施提供科学依据。

绩效考评是保证政策效果的重要手段。绩效考核注重效果和责任，以结果为导向，有助于规范修正决策程序，实现从"重规划"到"重效果"的转变，最终提高决策效率和投入效益。对于中华优秀传统文化传承与传播创新重大项目而言，通过开展绩效考评，对项目实施情况作出正确的评估和判断，并将评估的结果以及存在的问题及时反馈给决策层，有助于实施调整相关决策以及政府扶持和资源投入的力度，有利于进行指标监督，有利于政策、措施的落实。第一，推进政府支持下的重大项目实施情况的绩效评估与预算管理，支持一批国家重点文化项目，如国家重点古籍整理工程、国家重点古籍图书出版项目、国家重点古籍选译项目、两岸出版交流合作工程、物联网＋传统文化工程，要组织对这些重点工程实施情况进行评估，根据评估结果，调整推进力度和投入。同时加大对重点项目的预算管理，加强预算编制的科学性、准确性和严肃性。第二，建立完善传统文化传承与传播创新重点项目的绩效考评体系。逐步建立完善项目评估配套制度，设计可量化的指标体系，探索建立评估结果反馈与问责机制，加强项目实施管理，集中财力支持关乎国家文化战略发展重大项目的建设。在实施过程中，充分发挥第三方独立评估机构开展评估，发挥和运用信息科技手段，提高评估和反馈的质量、效益，作为随时可控及时调整的依据。

3. 用好各项文化发展资金

为了引导、支持、扶持和促进中华优秀传统文化传承与传播，从中央到各个政府相关部门都已经出台了一些配套的政策措施。中央和各级政府的发展基金和资金也不少。但是在实践中，我国的支持鼓励政策依然存在着明显缺陷。首先是，多头管理导致一些项目在实际工作中"婆婆"多、障碍多、关卡多，政策执行中容易出现扯皮推诿，导致政策再好，也难以落实，办事效率低下的局面。

要改变重设计、轻落实，重投入、轻效益，重政府投入、轻社会支持的局面，提高文化与文化产业的结合度，在社会效益为重的前提之下，形成文化与产业的良性循环，使得文化传播能够自觉运行。

所以要优化和完善优秀传统文化传承与传播的支持政策，鼓励社会力量投资，培育出重点企业、重点项目和重点品牌。

同时，必须及时建立并完善重大项目绩效评估与信息反馈机制，这是政府资金用对、用好的有效保障。

4. 广开资金渠道来源，建立文化产业融资平台

在政府投资的同时，可以发动社会力量。设立中华优秀传统文化传承与传播发展基金，以企业赞助、个人捐赠等形式筹集资金，建立支持中华优秀传统文化研究基金、传承与传播创新基金，以多种形式开展和实施相关项目。

与建立专项扶持基金相配合，要大力支持创新开发。可以由政府出面，通过建立文化产权交易所的形式，汇集中华优秀传统文化传承与传播方面的创意、投资、项目实施、人才等，集合各个方面的力量和各个方面的资源，通过产权交易，为优秀传统文化的企业或者项目搭建直接的融资平台。通过减免税等政策，调节鼓励引导社会资本进入文化领域。

（六）法律制度、社会资源配置的配套

段超先生在他的《中华优秀传统文化当代传承体系建构研究》一文中对保障体系的概括比较全面，他说："所谓保障体系是指保障文化传承良性运行的制度、法律、政策、措施，以及民间传承机制等方

面构成，还包括运行机制与监控与评估体系等。"①

中国传统社会，在以儒学为核心的传统文化传承方面形成了较为完备的体系。以三大传承渠道中最重要的渠道教育为例，就较为完善科学。据《汉书·儒林传》记载，（汉代）平民子弟中品行端正的少年可以进入学校学习，"太常择民年十八以上仪状端正者，补博士弟子。郡国县官有好文学，敬长上，肃政教，顺乡里，出入不悖所闻，令相长丞上属所二千石"。不仅提供受教育的机会，而且还通过各种途径为他们提供勤工俭学的机会，以帮助解决学费和食宿等问题，史书中这样立志成才的故事比比皆是。"家贫好学问，随师无粮，常佣以自给。"（《后汉书·循吏列传》）"为诸生拾薪，执苦数年，勤学不倦。"（《后汉书·承宫列传》）这并不一定说是打破了社会层级，这样做的目的在于，在全社会树立起遵循儒学礼教道德可以进入从社会底层向上流动通道的示范，引导民众奉行、遵守、响应、践行统治阶层所发出的尊奉儒术的号召。

要发挥政策的引导作用，制定较为完善的政策，来引导民众践行优秀传统文化所倡导的理念。例如，新加坡倡导孝文化，政府在进行组屋的发放时就充分考虑到要对那些给予老人照顾的家庭施予优先权。这样的智慧，中国古代也是很常见的。例如汉代推行孝道，让民众学习《孝经》，在选拔官员的时候，就有道德一票否决制度，如果有不孝敬老人的名声，那么这个人在仕途上是绝对没有前途的。同样有举孝廉制度，将尊老爱幼孝廉表现突出的道德典范推举出来，给他们官做，就发挥了很好的社会引导作用。《后汉书·百官制》："掌教化，凡有孝子顺孙，贞女义妇，让财救患，及学士为民法式者，皆扁表其门，以兴善行。"通过制度来净化社会风气。

当前反腐依然是我们党和国家面临的一项具有生死意义的重大任务。得民心者得天下。再多的对中华优秀传统文化的宣传，不如我们的党员干部率先作出表率。中华优秀传统文化强调修身齐家治国平天

---

① 段超：《中华优秀传统文化当代传承体系建构研究》，《中南民族大学学报》（人文社会科学版）2012年第3期。

下，强调立德立言立行，历史的实践证明，深受中华优秀传统文化浸润的有较高文化素养和道德境界的人，更能够胜任党和国家交付的重要责任和任务，更能济世泽民，成为为人民服务的践行者，把这样的人选拔进国家公务员队伍，承担起一定的领导责任，治国理政，不仅国家管理阶层将更加廉洁、高效，更具有人文情怀，能够改变官民关系，同时也会引导更多的人积极学习优秀传统文化，践行传统文化。中华优秀传统文化学习与践行必然进入良性循环过程，国富民强，全体国民迈向高度文明，这样的文化才能真正起到软实力的作用。所以，应该将中华优秀传统文化素养列入国家管理人才选拔标准之一。

我们现在出台的不少政策之所以饱受诟病，就是因为考虑不周。最后产生了看似合法、合规，却极不合情理、严重影响正常秩序、败坏社会道德的严重后果。例如，我们倡导家庭和睦，倡导为人诚实守信，但是有些地方却出现了大面积的"假离婚"现象，上至耄耋老人，下至新婚夫妇，排队到民政部门办理离婚手续，原来离婚分户，可以在拆迁、购房中获得重大的经济利益。这样的政策出台，就欠缺了对社会影响的基本考虑。又比如，大家都指责现在人心不古，遇到老人摔倒不扶。那是因为南京判案，确实将热心助人者推到了非常尴尬的境地。趋利避害是人的本性，我们倡导弘扬中华优秀传统文化，但是不能脱离现实，站在道德制高点上对人性进行指责，而是要从源头上发现制度的缺陷并及时予以纠正。

同时，必须尽快建立和完善中华优秀传统文化传承与传播的法规体系。为促进文化发展，我国逐步建立了一些文化管理的法规，如《文物保护法》《专利法》《著作权法》《教育法》《出版管理条例》《广播电视管理条例》《计算机软件保护条例》《互联网视听节目服务管理规定》等，但是从总体上来看，这些规定还不够完善。一些有创意的文化产品一旦产生了较好的社会影响并取得了较好的经济效益，市场上必然一哄而上，群起仿效。这实质上是对知识产权的强取豪夺，通过"乱马踏死英雄"的方式，不仅将创新者多年潜心创新的成果据为己有，而且最终将本来具有更广阔发展前景的产品扼杀于摇篮中。

为此，必须完善文化创意产业版权保护的法律法规，加大对盗版、仿造、假冒等侵犯知识产权行为的制裁力度。保障各类文化市场的有序健康发展。同时，加快传承与传播创新保护立法。随着大数据、云计算、平面媒体、互联网时代的到来，网络传播迅速发展，开启了人类生活新空间。电影、电视、传媒等过去的传统行业进入互联网某些领域，更加凸显了网络内容、网络视听、网络游戏管理工作的重要性、紧迫性。所以，要加快制定文化传播过程中新业态下的版权保护制度，构建一个崇尚创新、鼓励创新、保护创新的文化生态制度环境。

二 成败的关键在于能否获得民众高度认同与广泛参与

（一）以人民为中心，就是要坚定文化为人民的立场不动摇

需要强调的是，优秀传统文化的传播，目的是培育最广泛的民众，使更广大的人民得到传统优秀文化的滋养，焕发出精神活力，使社会主义核心价值观建立的基石更加稳固。习近平总书记为我们指明了努力方向："要使中华民族最基本的文化基因与当代文化相适应、与现代社会相协调，以人们喜闻乐见、具有广泛参与性的方式推广开来，把跨越时空、超越国度、富有永恒魅力、具有当代价值的文化精神弘扬起来，把继承优秀传统文化又弘扬时代精神、立足本国又面向世界的当代中国文化创新成果传播出去。"这是衡量形式创新是否成功的一条铁定标准。

《意见》特别强调坚持以人民为中心的工作导向的基本原则，指出："坚持为了人民、依靠人民、共建共享，注重文化熏陶和实践养成，把跨越时空的思想理念、价值标准、审美风范转化为人们的精神追求和行为习惯，不断增强人民群众的文化参与感、获得感和认同感，形成向上向善的社会风尚。"

我们今天提到传承与传播中华优秀传统文化，首先想到的是那些文化经典。但是须知，所有的文化经典，一定是来自时代社会生活和

社会实践。这决定着它的未来走向，只有归于社会生活实践，才能获得新生。怎样才能顺利地归于社会生活实践？就是要用民众的语言，传达给民众，取得民众认同，与民众达成共识，并愿意在社会生活中践行。荀子把这个关系讲得尤为清晰："乐者，圣人之所乐也，而可以善民心，其感人深，其移风易俗，故先王导之以礼乐而民和睦。"（《荀子·乐论》）目的是移风易俗，传播只是手段。

中华优秀传统文化来自数千年一代又一代社会实践大浪淘沙般不断地沉淀、积累、筛选、更新，是中华民族最宝贵的历史遗产和珍贵财富，弘扬它，就是要服务于人民，服务于社会实践。所以工作的一切重点要始终坚持为了人民，为了实践。衡量成败的标准也是人民是否满意，实践是否有效可行。

（二）加强典型宣传，增强民众改善社会道德的信心

现在不少的社会矛盾虽然是经济基础等方面的原因所引发的，但往往以道德的面目出现，震动大，影响坏，民众不满。法治建设永远在路上，文化道德建设同样也不能停滞。法治是底线，但是道德标准的建立和遵守才能使社会环境和社会生活变得更加美好。

中华优秀传统文化对国家对民族的重大意义，不仅党和国家干部要有深刻的认识，也要使每一个老百姓能够懂得它的价值。应该有针对性地进行典型事物典型行为的宣传，让老百姓对共产党领导国家进行中华优秀传统文化建设有信心、有盼头。

在调查过程中，我们发现民众在认识方面普遍存在着一些错误倾向。

对错误的认识应该及时地作出反应，予以纠正。

1. 文化上的妄自菲薄

有一种观点认为中华传统文化是封闭的、陈旧的、落后的，不再适应现代化的需要。他们所经常列举的例子就是晚清因为食古不化，恪守传统，不知开放，所以积贫积弱，落后挨打。认为中国要发展，非抛弃传统学习西方不可。

2. 文化上的盲目自大

这种观点，认为中华文化博大精深，任何问题都可以在老祖宗那里找到解决之道。西方的那些思想文化，根本就不适合中国。所以没有必要学习和借鉴西方，只需要中规中矩地按照传统要求认真严格地去做就能实现社会的理想境界。

这两种错误，都在于不能正确客观对待中国传统文化，不能科学地认识外来文化。事实上，中华优秀传统文化从来都不是温室里的花朵，脆弱不堪，也不是凝固不变的纸花绢花，而是具有旺盛生命力，勇于并乐于接受多种外来文化狂风暴雨的冲击，在风浪的淘洗、阳光雨露的滋润之下成长、壮大、丰富起来，并成长为枝繁叶茂、根深蒂固的参天大树的。战国时代的百家争鸣，唐代域外文化的影响，蒙元时期世界多种文化的撞击，恰恰都是中华文化发展最为旺盛、健康的历史阶段。通过不同文化的撞击与交融，启发了新的思想观念，激发出新的人生智慧。中华文化因为激荡而容量更大，更增强了迎接时代风雨的生命活力。那些来自域外的种种文化形态与思想观念，在不断冲击着中国传统文化既有体系的同时，督促、倒逼着中华文化进行自我检视、自我淘汰、自我修复。所以对西方文化的冲击，不能一味采取堵的方式，而应该强身健体，提高分辨力和免疫力。同时要有积极的心态，一个人内在强大了，有生命力了，也就是说文化的支撑力强了，就像大树一样，能从周围汲取营养，而不是被杂草掩没，失去成长的空间。事实上，中国历史上，任何文化大发展大繁荣，都是外来文化冲击时发生的，这恰恰说明中华传统文化具有强大的生命力和再造能力、适应能力。因而，在今日世界，正应该是中华优秀传统文化重生与更广泛传播的时机。所以，要以更为积极的心态，看待文化的冲突、交流、融合。习近平总书记强调文化自信是非常有见地的，实际上要重新认识中国优秀传统文化，所谓传统文化，不仅不是僵化保守的，反而是具有鲜活再生能力的。

3. 过于乐观，认为文化"一抓就灵"

4. 过于悲观，认为以现在社会的道德基础，要实现较为理想的状

态"遥遥无期"

　　我们必须看到两种认识对中华优秀传统文化传承与传播的推进都是不利的。

　　过于乐观者，对这项工程的复杂性和艰难程度认识不足，容易在遇到挫折时陷入悲观。过于悲观者，因为信心不足，则缺乏主动参与的积极性。

　　事实上，中国台湾20世纪60年代开展"中华文化复兴运动"时，基础远远不如今天的条件。当时，一方面是中国台湾从日本的殖民地回归不过20年，在日本侵占台湾近半个世纪的时间内，日本人在台湾推行文化殖民，中华文化受到了彻底的摧残。到60年代，殖民统治虽然已经结束了20年，但日本文化的影响依然十分强大。与此同时，美国又大力扶植"台独"势力，当时大陆移民和台湾土著居民之间冲突激烈，族群分裂极为严重。此时台湾的"中华文化复兴运动"有条不紊、齐头并进、紧锣密鼓地开展起来，从学校教育开始，抓青少年；从整理优秀古籍开始，使之成为全民优秀传统文化普及工程；从移风易俗开始，凝聚全社会对国家和民族的认同感。这场运动，其效果还是显著的。至今人们到台湾旅游，还能深切地感触到民众文明素养程度普遍较高。

　　今天我们有党的坚强领导，有上下一致的文化共识。只要工作方向、目标正确，符合人民群众最根本、最长远、最大多数人的利益，对工作作出科学布局，然后有条不紊地积极开展各种基础有效的工作，那么，效果一定会逐渐显现出来。要告知民众国家的战略部署，让民众对这项工程充满信心，同时具有克服各种困难的心理准备和坚强决心。通过民众积极参与，不断获益，形成良性循环，从而产生持久动力。

（三）用百姓身边事，说明兹事体大，关系每一个人的切身利益

　　中国传统社会中，之所以民间传承能够数千年间保持不变，在于社会生产结构的基本稳定和传承架构的合理以及传承渠道的严密。以民间传承为例，以家庭代际传承为主导，讲究个人的道德修养，在家庭中锻炼立身处世、操持家业的能力，然后管理国家，拥有更为广阔的世界。这就是儒家"修身、齐家、治国、平天下"的基本关系逻辑。当个人生活修养的点滴都与天下密切相连时，就被赋予了宏大的意义。家庭传承中，除了言传身教基本方式，很多教育成功的家庭总结了世代相传的家训和族训。东方朔的《诫子》、韦玄成的《戒子孙诗》、司马谈的《遗训》、刘向的《诫子歆书》、崔瑗的《遗令子实》、陈寔的《训子》、郑玄的《戒子益恩书》、诸葛亮的《诫子书》、《颜氏家训》、《朱子家训》等都是历史上非常著名的家训范本。家训在族内推广，就是族训。在社会生活中处理乡邻、族群等关系时，又有乡规民约。传统社会中还有专门的女训，班昭的《女诫》、荀爽的《女诫》、蔡邕的《女训》《女诫》、《女孝经》、《女论语》、《内训》、《女训集》、《女则要录》等。古代的伦理条例，体现得具体、细致、规范、可操作。不是用概念的东西和空泛化的说教，而是有故事、有条例、有解释、有戏曲等配合，兼顾各方面，具有普世价值和意义。

随着时代变化，许多传统训诫已经无法适应社会发展，如众多古代女训，与现代社会男女平等以及妇女广泛参与社会生产生活格格不入。但是古训中伦理规范等合理的部分还是应该通过现代阐释，传承发扬的。如尊老爱幼的社会风尚，勤劳致富的持家理念，诚实守信的道德品质，对这些中华优秀传统文化的坚守，可以使家庭更为和睦，邻里更加友好，事业发展前景更加广阔。也就是说，当中华优秀传统文化能够极大提高人们的幸福指数，能够给予人们更多的获得感时，民众自觉参与优秀传统文化复兴工作的积极性就会极大高涨。

例如，现在旅游文化是我国的经济增长点和人民群众精神生活的重要内容。"农家乐"已经成为城里人普遍能够接受的一种休闲度假方式。很多农村开辟了乡村旅游，很多家庭开办了"农家乐"。把中华优秀传统文化活动与当地旅游经济结合起来，这不仅有利于乡村优秀传统文化建设，也有利于促进当地经济发展。人们发现那些制定了很好乡规民约的地方，因为管理完善，口碑好，游客就多；哪家"农家乐"待人真诚，服务周到，热情有礼，诚实守信，就能够吸引更多的回头客。而那些欺行霸市、蒙骗顾客的旅游景点，一旦曝光，不仅不会再有人来，甚至会受到管理部门的严惩。这些年旅游产业发展兴旺，人们发现，那些切实贯彻中华优秀传统文化精神，文化内涵丰富的地方，就能持续发展。反之，一旦坏了名声，旅客不再来了，"钱途"也就没了。"农家乐"现在传播的只是一些房屋环境的新奇，可以有意识地在文化上多下功夫，如通过老人剪纸绣花，营造各得其乐的氛围；通过敬老爱亲，宣传尊老爱幼的伦理理念。借鉴国外留驻家庭对生活方式和文化的传播，将环境旅游融入文化旅游，恢复并提供一些文化产品，如读经班、诗词诵读比赛、农业生产生活情境等，由此形成特色，吸引更多的人留驻。

加强优秀传统文化教育，提高国民的人文素养和道德水准。

随着我国经济实力的增强，国民走出国门旅游、经商、留学、文化访学的机会越来越多，这是向世界展示中国和中华民族良好形象的机会。可以说，每个迈出国门的人都是一张行走着的中国名片，是中国文化活生生的载体，这就要求大力提高普通民众的文化素养。由于公民人文精神缺失，我国公民在世界上的形象不佳，如不遵守秩序、公共场所大声喧哗、不能依法办事、行为粗鲁等，这些与中国迅速提升的经济实力和民众在世界各国超强的购买力形成鲜明的对比，往往给人以粗鲁无知的暴发户的印象，与中华文明数千年来形成的勤劳、俭朴、礼貌、守信等传统形象相去甚远。个别人的行为，败坏了整个国家整个民族的形象。要想改变这一现状，就要从源头抓起，从改变自身入手，如此才能赢得世界的尊重。

现在在发扬中华优秀传统问题上之所以较难形成共鸣、达成共识，在于制定政策的国家、负责阐释转换的知识阶层以及文化传承中承担着移风易俗落实的行为主体民众，各有一套话语体系。这也就是习近平总书记反复强调说要讲好中国故事的良苦用心所在。什么是讲好中国故事？就是用百姓身边的人，说百姓身边的事，感动百姓。不一定宏大，但要能够触动人心；不要塑造那种高尚至极可望而不可即的道德楷模，而是要树立让百姓可以学习可以模仿的榜样。

要使人民群众每一个人都在传统文化社会氛围的构建中受益，在传承与传播中有鲜明实在的获得感，唯有利他与利己并存，才能充分调动所有人的积极性和主动性，形成上下共同奋斗的合力。

（四）提高宣传能力，强化民众认知

要使民众懂得中华优秀传统文化并不都是刻板的伦理说教，不是以牺牲人性为代价的，而是生动、活泼、充满感染力能够使生活变得更加美好、幸福的精神力量。

优秀传统文化表现为哲学、政治、道德观念，同样也在诗词歌赋之中，在民族传统的音乐、舞蹈、绘画之中，在园林建筑之中，在风俗习惯之中。它们凝结为民族心理、民族性格、民族审美，无时无刻不在影响着我们今天的生活。它们包含了智慧地处理人与自然、人与社会、人与自身关系，至今依然能够给予我们诸多有益的启迪。要通过具体的实例告诉民众，道德高尚的社会，将给所有人带来福祉。家庭和睦友善，成员彼此帮助，可以愉悦健康，提高幸福指数。社会生活中多了和气，少了戾气，可以减少各种不必要的摩擦，大大降低维持秩序的成本。

三 解读和阐释内容依然是传承与传播基础

（一）阐释的原则

传承中国传统文化，要想取得好的成效，实现可持续发展，必须从政治、经济、科技发展实际出发，与现代文明相结合，进行严格的遴选过滤，批判糟粕，发扬精华。使传统文化能够突破时空局限，成为与时俱进可持续发展、能够完全融入现代生活的优秀文化，这就是中华优秀传统文化的现代阐释。

习近平同志曾经深刻指出，我们在强调继承和弘扬中华优秀传统文化的同时，也要对传统文化作具体的历史的分析。这是因为"传统

文化在其形成和发展过程中，不可避免会受到当时人们的认识水平、时代条件、社会制度的局限性的制约和影响，因而也不可避免会存在陈旧过时或已成为糟粕性的东西。这就要求人们在学习、研究、应用传统文化时坚持古为今用、推陈出新，结合新的实践和时代要求进行正确取舍，而不能一股脑儿都拿到今天来照套照用"。① 这就是说，对待传统文化要坚持科学分析态度，坚持历史唯物主义的批判精神和文化发展的辩证观。对传统文化敬若神明，不敢有所革新发展，与彻底否定中华文化一样有害。有鉴于此，习近平同志提出的要"努力实现传统文化的创造性转化、创新性发展"② 的重要论点，正是依据马克思主义关于社会文化的本质及其发展规律的原理而提出的党对继承和弘扬中华优秀传统文化的根本的指导方针。这就是说，要按照时代的特点和要求，要适应社会主义社会政治、经济发展的变化和需要，对中华优秀传统文化的内涵加以补充、拓展和完善，赋予其新的时代内涵和现代化表达形式，使中华优秀传统文化与现实生活相融相通。

《意见》在关于今后任务的表述中，放在首位的任务就是要深入阐发文化精髓。《意见》指出："加强中华文化研究阐释工作，深入研究阐释中华文化的历史渊源、发展脉络、基本走向，深刻阐明中华优秀传统文化是发展当代中国马克思主义的丰厚滋养，深刻阐明传承发展中华优秀传统文化是建设中国特色社会主义事业的实践之需，深刻阐明丰富多彩的多民族文化是中华文化的基本构成，深刻阐明中华文明是在与其他文明不断交流互鉴中丰富发展的，着力构建有中国底蕴、中国特色的思想体系、学术体系和话语体系。"

现在谈知识阶层的社会担当。其中一个最重要的担当就是社会主义文化建设。

——通过对中国优秀传统文化的深入研究、科学梳理，作出符合时代精神、符合中国发展需要的阐发与诠释，形成全社会普遍认可的

---

① 习近平：《在纪念孔子诞辰 2565 周年国际学术研讨会暨国际儒学联合会第五届会员大会开幕会上的讲话》，《人民日报》2014 年 9 月 25 日。

② 同上。

价值共识。

——要剔除腐朽，提纯精粹。用中华优秀传统文化的有效成分滋养民众心灵，培育美好的、健康向上的社会风气。

——这个阐释，要与社会生活、经济发展、科学进步密切相关，不要避重就轻，避实就虚，回避矛盾。只有直面生活，直面时代，这种阐释才能具有服务民众的作用和意义。城乡差别，贫富差距，这些都是无法回避的社会现实，要勇于面对社会矛盾。鼓舞人们摆清楚眼前利益和长远利益的关系，处理好短暂收益和最终成功的关系，坚持勤劳致富，诚实守信，热心助人。

——这个阐释，应该立足世界，立足人类，才能具有广泛性和普适性。我们一直强调中华优秀传统文化走出去，这是为世界所接受的基本前提。

——这个阐释，要有先进性和前瞻性。立足时代，就是要切实可行；放眼未来，才能够发挥文化引领的作用。

——这个阐释，要具有系统性、完整性。就是要形成一个思想体系，凌乱无序甚至是相互矛盾的阐释，只会造成思想和价值观的混乱。

——阐释的目的，是传承，尤其是大众的文化传承。要善于转换为民众所使用、所熟知的话语体系来完成。

——这个阐释，需要赋予传统事务以文化的理念。例如，如何对待传统节日。中共中央办公厅在印发《关于培育和践行社会主义核心价值观的意见》中指出："重视民族传统节日的思想熏陶和文化教育功能，丰富民族传统节日的文化内涵，开展优秀传统文化教育普及活动，培育特色鲜明、气氛浓郁的节日文化。"中国自古以来就有清明节扫墓祭奠祖先的传统。既是为了"慎终追远"，缅怀祖先功业，表达感恩永志之情；又是为了"民德归厚"，鼓励后代奋发有为，为家族增光。文化的阐释就可因势利导，扩大清明节的内涵，在保留祭祀祖先意义的同时，扩大到祭奠所有为国家富强、民族振兴而作出过贡献的前辈先贤。以此提高民众爱国情感，振奋民族精神。

思想体系和学术体系建设无疑都是理论界和学术界的任务。话语体系虽然也是理论界和学术界的任务，但是由于面向大众，服务大众，所以特别强调调查研究，强调实践性。

所谓的阐释，还有一个重要功能，就是要向民众说明我们传承与传播中华优秀传统文化并不是要倒退，而是为了更好地进步；同时中华优秀传统文化也并不是完美无缺、停滞不前的，每一代人都要为其作出贡献，不断使其完善、进步；而且我们传承中华优秀传统文化，并不是要拒斥世界文化价值，而是要更好地与世界友好相处，融会和谐。

（二）阐释的语系

1. 理论研究和学术探讨方兴未艾

对中华优秀传统文化的理论研究和学术探讨貌似非常热烈。大量论文、专著、系列丛书、杂志期刊出版发行，一派繁荣景象。有人做过统计，仅中国大陆出版的以儒学为专题的研究丛书就有数十种之多，如方克立主编的《现代新儒学辑要丛书》和《现代新儒学研究丛书》，汤一介主编的《国学举要丛书》，南京大学出版社的《中华传统文化丛书》，四川大学出版社的《"二十世纪儒学大师文库"系列丛书》，舒大刚等主编的《四川大学"儒藏"学术丛书》，傅永聚、韩钟文主编的《二十世纪儒学研究大系（全21卷)》，郭齐勇主编的《珞珈中国哲学丛书》，吴光主编的《阳明学研究丛书》等。儒学杂志除了《孔子研究》《朱子文化》等数种专业期刊外，还有数十种"以书代刊"形式定期发行的《国际儒学研究》《炎黄文化研究》《中华文化研究集刊》《儒林》《原道》《中国儒学》《朱子学刊》《阳明学刊》等。[①]

各种著作虽然汗牛充栋，但是实际上很多基本的理论问题并没有解决。例如确立中华优秀传统文化的标准问题。

建立中华优秀传统文化的评价原则，也就是为中华优秀传统文化制定标准。这是一个非常关键但又极为复杂的基础工作。学界已经有

---

① 吴光：《新世纪儒学复兴的十大标志与未来展望》，《衡水学院学报》2011年4月。

诸多的评价原则。归纳起来有以下几种主要原则和标准。有优秀传统文化功能说：主张为大多数人民所接受领会，对于广大人民能够起到熏陶、激励作用，能够促进生产进步，社会发展，对人民生活有益的，就是优秀传统文化。有优秀传统文化特征说：认为能够获得民族广泛认同，体现民族精神健康向上，具有历史传承的稳定性，在当下仍然具有强大的生命力和活力，能够起到激发民族自信心和自豪感的都属于优秀传统文化。另外还有实践说、内容说等。这些说法，各有千秋，还需要反复比较，制定简单明了、为多数人广泛接受的、可操作性的标准。而这项工作，实际上是阐释者必须首先解决的问题。

2. 选择方向正确的阐释语系

中华优秀传统文化传承与传播必须坚持以人民为中心的工作导向。《意见》把"坚持为了人民、依靠人民、共建共享"作为工作的基本原则是非常正确的。我们要明确文化建设包括中华优秀传统文化的复兴发展，是现实民众生活的迫切需要，复兴发展传统文化的最终目的也是通过社会各个层面的共同努力，使全体人民享有更好的自然环境、社会环境和人际关系。从历史上看，民众的文化传承与践行在开始的时候缺乏自觉性、自主性和方向性。在中华优秀传统文化经过了长期各种以"革命"的名义所进行的"运动"式破坏之后，民众对什么是中华优秀传统文化，对其内涵、其神髓、其要求都不甚了了。这个时候需要有人根据他们的需要，一方面进行思想启蒙，另一方面帮助他们制定一个大多数人能够接受并愿意遵守的行为规范和社会准则。当他们认同这个规范和准则，并愿意互相监督、自觉遵守的时候，这就变成了民族文化一个稳固的、有机的组成，在民众层面形成自觉的传承惯性。

3. 阐释标准

中国传统社会知识阶层在进行传统文化对民众的传播中，自觉追求其阐释达到"老妪能解"和"稚子传讴"的水准。

所谓"老妪能解"，就是所传扬的道理和所制定的规范，不仅是给有知识有学问的人或者是给官僚阶层看的，更主要的宣传对象是社会上的农夫农妇，贩夫走卒。让那些一辈子没有受到过教育的人能够听懂、理解，这样的语言表达才是成功的。

所谓"稚子传讴"，就是朗朗上口，合辙押韵，易于记忆，易于传唱。古人把《论语》《孟子》《老子》《庄子》《史记》等经典，变为各种文化普及读本，蒙童读物就有《三字经》《千字文》《弟子规》等，让人牢记中国历史，牢记行为规范，从小培育孩子的道德品行。

现代社会，国民教育已经普及，读书识字已经不是问题。但是理解程度和认识水平的差异还是客观存在的。而此时知识阶层对经典的阐释，却出现了历史上少有的脱离民众现象。无论是理论探讨还是学术追求，都呈现脱离现实、脱离民众的倾向。论文见数字，不见活人；著作见术语，不见人话。受政府委托所概括的城市精神也都是放之四海而皆准的空话、套话。

（三）阐释人

人是文化的主题，人才是文化发展的根本。各国文化实力，很大程度上要取决于文化人才的数量和质量。传统社会，维护道统是儒学家们的天职。他们通过为帝师，做智囊，参与统治，以影响最高统治者的思想文化方向和决策导向；他们从事教育，进行文化经典的传承和后继人才的培养；他们制定规则，进行民间教化。

经过"反右""文化大革命"等历次政治运动对知识分子的无情打击和批判，现代知识分子已经淡化或者彻底遗失了对"道统"进行维护和传承的基本认知，蜕变为利用专业技能谋取生存的自觉定位。但是，作为民族文化传承者，在任何时代、任何社会，知识阶层都不应该推卸肩负的责任。这个责任有人总结为服务国家、振兴民族的责任；发展和传播先进文化的责任；推进民主政治的责任；反映社情民意、建言献策的责任。党和国家应该重新明确地赋予知识分子传承与传播中华优秀传统文化的崇高使命，并给予相应的地位和基本的尊重。

当前中华优秀传统文化传承与传播方面文化人才的现状并不理想。专业人才少、领军人才少、将文化与产业结合的复合型人才少、勇于并善于创新的人才少，远远不能适应文化发展特别是中华优秀传统文化传承与传播的实际需要。文化传承人才、文化发展创意传播人才、文化管理人才都严重不足，成为中华优秀传统文化发展和繁荣的瓶颈。中华优秀传统文化传承与传播发展的迫切要求与人才的严重短缺形成鲜明对比。原有传承传播渠道、途径、方式已经不适应历史发展和新形势的需要，新的培育体系尚未建立，不能适应文化发展需要，必须尽快改革，创新培育机制，大力培养传承与传播人才，为传承与传播的发展繁荣提供人才保障。

第一，制订具有前瞻性、系统性的优秀人才培育工程计划，依托高校的文史哲专业、依托高等研究院所的相关学科研究生博士生点，根据需要，造就一批有着传统文化功底、有文化管理能力、掌握信息科技、熟悉大众流行文化、有大众传播知识的高端文化人才。尤其要重点培育文化产业领军人物，扶持培育一批在国内外有较大影响的文化理论家、文学艺术大师和文化创意领军人物，作为推动优秀传统文化传承传播的重要力量。

第二，营造一个适于人才成长与创新的社会环境，大力推进人事制度改革，建立与文化传播和发展规律相适应的人事管理制度，建立体现尊重精神生产和文化创新价值的分配制度，建设适宜人才发展的社会空间。实际上人才不是完全没有，而是输在了最后一百米的地方。这最后的一百米，就是多种学科的结合，或者是多学科人才与资源的整合。北京是中国文化中心，是人才聚集之地，在人才培养和使用方面都要敢为天下先，这样才能成为人才辈出的福地。

（四）阐释的制度保障和激励机制

通过各种激励机制，激发专业文化工作者的创造活力。加强知识产权保护，为文化创新人才、研究人才、教育普及人才在优秀传统文化传承与传播方面的创新提供制度保障。

当《中国诗词大会》火爆银屏，将流失在互联网上的人们重新拉回到电视机前的时候，人们无不深刻地感触到民众对中华优秀传统文化的渴求。同时也深刻地感慨现在为人民大众所喜闻乐见的优秀传统文化产品供给严重不足。

一本《唐诗三百首》滋养了千千万万的中国人，现在中国有着数以亿计的大学毕业生，民众也都摘掉了文盲的帽子。但是为什么这个"文化人"遍地的时代，却生产不出像《唐诗三百首》那样流芳百世的精神产品呢？

不是因为时代变化，《唐诗三百首》被扬弃了。

不是民众的精神生活不需要享受诗歌之美了。

也不是具备编纂《唐诗三百首》能力的人没有了。

原因何在？在于现有的文化管理体制不完善，激励机制有待于建立。

建立培育、激励创新人才辈出的机制，使更多文化领军人物能够脱颖而出，发挥更大的作用和影响，意义重大。所谓"千军易得，一将难求"，中华文化复兴，需要更多既有深厚传统文化底蕴，又有技术创新、形式创新能力的文化领军人物。元大都有关汉卿，杂剧成就了一代辉煌；汉字录入有王永民，改变了数字化时代世界格局，形成蔚为壮观的产业；电视有了关正文，精神贫乏的低俗娱乐场成为弘扬民族文化、传承中华基因、展现青年蓬勃向上精神的舞台。中华优秀传统文化要想跨越时空，超越国度，广泛传播，就需要更多这样的将帅之才。全社会也应该形成尊崇、学习他们，积极参与优秀传统文化传承的良好风气。王永民、关正文与历史上伟大的文学家，都将成为中华文化史上镌刻着闪光名字的伟大人物。

领军人物建设性的形式创新，往往意味着一种文化品牌的确立，也意味着一波新的文化浪潮的兴起。上海辞书出版社的唐诗宋词鉴赏丛书，掀起了全国出版社辞书鉴赏热潮。《中国汉字听写大会》和《中国成语大会》的成功，也带动了全国电视台同类节目的大批跟进。形势大好，更要规范管理，加强知识产权保护力度。任何一个著名文化品牌的创立，都凝聚着创新的智慧，也意味着人力、物力的大量投入。尊重知识产权人的创新，保护他们的合法权益，维护品牌的品质，才能使之发挥更大作用。

四　重点是要构建完善的传承新渠道

传统社会的传统文化传承基本上保持了稳固恒定的结构，三个主渠道即国家导向、学校教育、民间传承。经过千百年来的实践，证明这个架构是合理的，现在问题是近百年来这个架构下三个渠道遭到破坏后，怎样根据时代变化和社会生产力发展的需要，进行传承渠道的重建。

目前来看，由于中国共产党的坚强领导，以及由我国政治体制所决定，在国家层面上上下统一认识，坚持贯彻执行弘扬中华优秀传统文化的路线还是比较容易实现并执行的，包括宣传教育部门都会统一行动。教育体制也决定了学校教育一旦明确了方向，确立了任务，那么经过努力，一定会有明显的推进。

而最为重要但也存在较大困难的是民间传承。民间传承是文化传承的始点和终点。因为所有的问题来自现实，而所有的传承，最后还要通过现实中民众实践来完成。传承的效果最后都要通过现实来检验，要看民众的参与度。好与坏也要由民众来评判。

传统社会中民间的传承，通过父子母女之间代际传承，通过家庭的家族传承，通过熟人社会的族群乡里传承，通过百业业内的师徒传承，通过行业之内的行规戒律传承，通过城乡民众的节日传承。由于传统社会在漫长的历史中保持着基本的稳定，所以这些传承渠道一旦形成，就比较稳固。所传承的内容，也都经过了多少代的增益、筛选、淘汰、精练，趋于成熟。

随着时代变化，科术进步，现代社会的生产和生活方式发生了天翻地覆的变化。很多社会关系也都随之消亡或者新生。

例如，戏曲过去都是从小入科班，从学徒开始。师父带着徒弟，一带数年。师父教唱戏，更要教做人的道理和演戏的规矩。现在戏曲都是戏校招生，老师课堂上讲完专业课就走，根本就没有传承行规的场合和基础。民间手工业、商业也都有自己的行业规矩。这些规矩随着生产关系的彻底改变，随着现代化生产和管理方式的改变，而一去不复返了。必须看到，这是任何"提倡""宣传"都难以奏效的，可谓"无力回天"。但是，是不是这些传承就必须放弃呢？肯定不是。历史证明，所有有价值的思想，一定会通过其他形式保留并传承下去。例如，店规、厂规，会转化为企业文化而留存下来；行规，会以行业自律守则甚至行业管理办法等多种形式被遵守。离开土地和小生产作坊的农民，在转变为城市居民之后，不再学习"乡规民约"，而要遵守"城市公民公约"。即使依然在乡村，"乡规民约"的内容也会发生极大的变化，例如过去对水利使用的规定，对牲畜管理的规定，都会因为自来水入户、农业机械化生产而失去意义。而随着轿车的普及，出现了乡间道路的拥堵；随着收入的增加和空闲时间的增多，赌博从过去的农业劳作休闲，蔓延成为农村尤其是城郊拆迁群体日常生活常态；婚嫁的彩礼，从过去象征性的礼仪，变为赤裸裸的财产索取；青壮年进城打工，孩子和老人都成了无助的留守者。这些新情况，应该成为中华优秀传统文化阐释中无可回避的重要内容。同时，传承也不仅意味着内容的转变，一定也是传承渠道的重新构建。例如，在乡村，留守儿童的传统文化教育从家庭的传承，变为乡村幼儿园和乡村学校的教育。

由于旧有体系已经基本坍塌，新的体系如何建立尚未明确。《意见》指出："把优秀传统文化思想理念体现在社会规范中，与制定市民公约、乡规民约、学生守则、行业规章、团体章程相结合。弘扬孝敬文化、慈善文化、诚信文化等，开展节俭养德全民行动和学雷锋志愿服务。广泛开展文明家庭创建活动，挖掘和整理家训、家书文化，用优良的家风家教培育青少年。挖掘和保护乡土文化资源，建设新乡贤文化，培育和扶持乡村文化骨干，提升乡土文化内涵，形成良性乡村文化生态，让子孙后代记得住乡愁。"认真读会发现，有主张，无条理；有要求，无保障；且未能全面反映时代变化的要求。

很多主张，要落实，就要有标准，有考核。比如，主张孝文化，就是要将其纳入员工入职升迁考核中。人事部门要有家访，对父母不赡养不关心不探望的，就影响升迁。那样，社会效果会马上显现。

又如，随着中国的城镇化发展，很多的农民定居在城市，乡规民约就变成了城市居民文明公约。新近上楼的拆迁安置居民和老的城市居民所遇到的问题可能就有很大的不同。例如北京拆迁户所普遍遇到的啃老问题、赌博问题、奢侈腐化问题、因为拆迁款分配引发的家庭矛盾突出问题等，对这些问题就要及时制定相应的对策，树立正反典型。

五　目标的实现需要传承与传播手段创新

形式创新并不意味着喜新厌旧，而是要多渠道、多手段、多方法。事实证明，许多新形式、新方法、新渠道，都是在旧有形式、方法、渠道的基础上提高、拓展的。创新的形式，不仅不会彻底取代旧有形式，甚至可能带动传统形式的复苏。如由《阅读与欣赏》栏目主编的同名系列丛书是长销不衰的名牌图书。《百家讲坛》的热播，催生了讲坛明星们图书的热销，动辄十万数十万的销售量，令人叹为观止。《中国汉字听写大会》和《中国成语大会》走向学校，使接力出版社的相关图书出现一书难求的盛况。

既然传播形式如此重要，就应该改变过去普遍存在的重内容轻形式、重目的轻效果的观念，将形式创新提升到文化发展战略的重要地位。

（一）大众喜闻乐见

对中华优秀传统文化的宣传力度不断加强，初见成效，但是还没有实现比较理想的效果。一个很大的缺陷是不懂得使用大众语言，没有切实地立足现实生活。我们的传播者要研究大众心理学，研究他们的需要，研究他们的困境，研究他们的语言。一个人什么时候对你的话会入心入耳入脑？一定是你深刻地了解他的苦恼和困惑，可以通过答疑解惑切实帮助他走出心理困境，找到出路时。在这一点上，宗教传播的有些方式很值得借鉴。

曾任台湾南华大学、佛光大学创校校长的龚鹏程教授是位儒、释、道三教融通并具有理论创新精神的人文学者。他在这个方面很有自己的体会，他主张应该扩大儒学的实践性，让儒学在社会生活中全面活起来，从而提出了"生活儒学"概念。他指出：儒者之学，本来是上下一贯的，故孔子论仁，辄在视听言动合礼之处说。荀子常说礼本于"太一"，而见于饮食衣冠应对进退之间，也是这个意思。但后世儒家越来越强调形而上谓之道的部分，尽在道、仁、心、性上考诠辨析，忽略了视听言动衣食住行等形而下谓之器的部分。……因此，现今应将"生命的儒学"，转向"生活的儒学"，扩大儒学的实践性，由道德实践及于生活实践、社会实践。除了讲德行美之外，还要讲生活美、社会人文风俗美。修六礼、齐八政、养耆老而恤孤独、恢复古儒家治平之学，让儒学在社会生活中全面活起来。

这样的思想理念和逻辑方法，与台湾佛光山的星云法师创立的"人间佛法"是一脉相承的。星云法师的"人间佛法"之所以能够吸引广大信众，一个最重要的原因就是他所涉及的问题和答案都是人们所思、所想、所苦恼、所困惑的。而他使用的语言也都是大众语。翻开《星云法语》，道理讲得深入浅出，语言浅显易懂，清晰明了。没有深奥难懂的道理，没有佶屈聱牙的字词，更不故作高深，将宗教讲得神乎其神，高深莫测。更重要的是，《星云法语》从现实的实际生活出发，告诉人们，应该做什么，不应该做什么，为什么应该这样做，为什么不能那样做。使人能够知其然，并知其所以然。

我们古人在民众教化方面已经表现出了足够的智慧。前面已经讲过，移风易俗是目的，传播是手段，但是这个手段却需要讲求技巧。知识阶层将儒家的文化理念和道德伦理转化为民众在日常生活中的乡规民约。用老百姓听得懂的语言，记得住的方式，可以遵守、可以践行的行为规范展示出来，达到教化黎民，淳厚民风的目的。

古人很早就注意到了这种传播方式的有效性，东汉应劭专门写了

《风俗通义》，对历代名物制度、风俗等作了考证。北宋吕大钧更是一个实践家，精心编写了《吕氏乡约》《乡义》等，予以推广。乡规民约体现在民众社会日常生活的方方面面，包括衣食住行、丧葬嫁娶、生老病死。《礼记·曲礼》算得上此类族训家规、乡规民约行为守则的经典范本，它记载了为人子之礼、长幼之礼、师徒之礼、侍坐之礼、进食之礼、居丧之礼、乘驾之礼、祭祀之礼。体现了儒家"道德仁义，非礼不成，教训正俗，非礼不备"的礼治精神。可以说囊括了一生可能遇到的任何场景和任何问题。从民约到民俗，从相约遵守，到自觉传承，完成了一个完美的循环。

我们的中华优秀传统文化传播，也应该使用这样干净、清新、表达准确、老百姓能够懂得的语言。也应该从实际出发，关切民众生活所思所想，给予人们切实的行为引导。给人们讲清道理，从思想到精神提高人们的认知水平。

（二）明快易记

除了表达上要通俗易懂之外，还应该明快易记。中国知识阶层的毛病是掉书袋，博士买驴三张纸不见一个驴字。近年来有关中华优秀传统文化理论探讨学术研究方面的论文连篇累牍，著作汗牛充栋。但是基本上止于纸上，很少向实践的方向迈进。

古人在这方面比现在的知识分子了解文化规律，也更接地气。他们在深入、精细探究学理以维护道统的同时，更注重承担起"教化"民众的社会责任。传统社会的知识阶层，在民众间传播经典时，非常注意受众的识字水平、理解能力、记忆特点，采用当时最普遍然而最有效的"口耳相传""以数记言"等方式，对文化经典的神髓进行阐释和编纂。在《数说·论语正义卷一引》中阮元就说："古人简策繁重，以口耳相传者多。且以数记言，使百官万民易诵易记。《洪范》《周官》尤其最著者也。《论语》以数记文者，如一言、三省、三友、三乐、三戒、三畏、三愆、三疾、三变、四教、绝四、四恶、五美、六言、六蔽、九思之类，则亦皆口授耳受，心记之古法也。"所以，他们采用便于理解、易于记诵、长于传唱的记述体、格言体、语录体进行民间文化传承。

（三）具体可感，可以检验

大众传播中，要注重民众的认知能力和时代的接受能力，不要有太过于高大上的要求，而是从具体精微处着手。中华优秀传统文化的民众传播，要力求具体可感，真实可信。例如，我们一再强调工匠精神，并总结为精益求精、淡泊名利、不计工费等。但是，如果能够邀请那些工艺大师们来讲解他们的专业技艺，展示他们各自经过时间锤炼而成就的各种"绝活"，那么这种传播就从概括的空洞的号召，变为具体可感、真实可信的生动形象，变为可以让人骄傲的愿意学习模仿的榜样。

其实传统社会在这方面有很多非常成熟的做法。古代商埠的商规就非常具体，有要求，有具体数额，有赏罚措施。例如缺斤短两半两以下道歉警示，半两以上张榜处罚，超过半斤永远逐出市场。这就把诚信二字落到了实处。唯有要求具体，有非常严明的惩戒措施，并且能够真正执行，使商家能够遵守，商客维护权益有法可依，地方由此而商贸昌盛繁荣，市场因为货真价实、讲求诚信而声名远扬，大家共赢，所有利益关系方都获得长久利益，那么这种传播才会有效而持久。

（四）科技助力

网络时代，数字化技术在文化传播方面具有快捷、直观、生动、形象等特点，受到广大受众特别是青少年的青睐。英美等发达国家在利用数字化技术传播文化方面，都收到很好的效果。我国利用数字化技术传播文化开展的时间不长，所以成就不大。关键的问题如下：

1. 解决"内容为王"时代内容匮乏的问题

数字是手段，内容依然是核心。任何时代，无论有怎样的新技术应用，最后的竞争，一定是内容。所谓"内容为王"，我们对中华优秀传统文化的现代阐释没有跟上互联网时代。例如，互联网时代，虚拟的社交空间，应该遵守怎样的道德与规范，就值得及时作出阐释。又如，世界经济文化交往密切，民众走出国门的机会大为增加，进行道德培养，赢得世界尊重，也是亟待通过互联网等技术传播的信息和内容。

2. 丰富数字技术与内容完美结合的文化产品供给

在中华优秀传统文化的数字化生产方面，我们要加大供给侧改革。从中华人民共和国成立后中华优秀传统文化传播的三波高潮看，任何技术革命，都会带来文化传播方式方法的改变。从收音机到电视，从电视普及到电脑普及，再到互联网技术的成熟，每一步都带来文化传播的新浪潮。从《中国汉字听写大会》《中国成语大会》《中国诗词大会》的巨大成功来看，民众急切渴望有新的科技形式的文化传播产品出现。

现在看应该制定政策，鼓励生产更多更好的以中华优秀传统文化为核心、适应不同受众需求、形式灵活多样的数字化文化产品，以保证文化市场的旺盛需求。

3. 健全完善法律法规，加强体制保障，监督制度落实

数字化技术带来了文化传播方式的革命，使传播从点对点进入了"云爆发"时代。但是由于数字化技术特点，复制、剽窃创新成果也都变得易如反掌。当任何一个创新产品问世后，受到利益驱使的人都会大批地进行疯狂的仿冒、复制、剽窃。很多的文化电视好创意，就是因为仿冒的人粗制滥造，而过早地夭折。因而，加强知识产权保护力度刻不容缓。

北京出台了不少鼓励文化技术创新的政策，对文化产业发展起到了很好的促进作用。落实知识产权保护政策，对形式创新、内容创新等，要有切实的保护政策，以保护创新者的合法权益和创新积极性，要制定相应的鼓励政策，将后期奖励改为前期的定向资助。对质量上乘，为民众所喜爱的好栏目、好产品、好创意，要给予最佳频道和黄

金时间段。国家要拨付专门的资金用于对海外华人二代三代进行中华优秀传统文化的传播。

4. 建立非物质文化遗产保护的电子化平台，发挥保留、宣传、交流的作用

非物质文化遗产保护，越来越受到政府的重视，每年有大量的专有资金予以支持，有些已经收到了比较好的成效。但是有些问题也逐渐显现出来，例如保护成了固化，活的东西变成了展览馆里死的东西，缺乏社会交流，从而丧失了发展的活力。另外有的是过分商业化，成为旅游产业化的附庸，越来越失去应有的文化内涵。

文化遗产保护应该探索寻求创新模式，通过建立非物质文化遗产保护的电子化平台，通过给传承人一个平台，使这种传承范围更广，交流更简单易行。

事实上，通过旅游或者展览，展示非物质文化遗产博大精深的丰富内涵以及文化底蕴，无论在时间上还是空间上，都是非常有限的。但是如果通过电子平台，就可以将每一个项目的历史、流传范围、历代杰出的传承人所作出的贡献、传承人对项目的理解、演示过程、关注重点以及保护的意义、文化的内涵等，通过文字、图片、录音、录像、实物等各种形式，将历史发展变化以及制作过程、传承人的具体操作等，更多更完整地记录下来，保存下来，传播出去。这就相当于给每一项传承都建立了一个小型、完备的档案馆和展览馆，24 小时供全世界的人参观，同时也可以增加互动和参与功能，切实将死的保护变为活的传承。

5. 推进文化典籍资源的数字化工作，实现最大范围的资源共享

这方面的推进据传最近有了重大进展。以前阅读中国古代文化典籍和相关的研究文章多是依靠中国知网、读秀等商务电子阅读平台，费用高，资源有限。而国家图书馆等公共服务设施在面临北京交通拥堵、出行不易等"城市病"时，并不能使需求者享受到阅读的便利。而现在开辟了可以共享的阅读平台，大量的古籍经典都能够在线上免费阅读。

6. 借鉴国外经验

美国、英国、法国、日本、韩国在利用数字技术，利用互联网传播民族文化方面都有不少成功的经验。他们通常将文化与文化产业利用新技术结合起来，通过产业化的精心包装，使传统文化不仅能够占领本国市场，而且能够走向世界。例如，韩国的电视剧就成为"韩流"的有力推动者。中国这方面起步比较晚，应该潜心学习，利用中华优秀传统文化资源丰厚的优势，再借鉴国外一些先进的做法，探索新出路。

（五）流行包装

科技发展之迅猛，超出了人们的想象。曾几何时，在中国曾被视为最为先进的电气化设备和手段如电影、广播电视、报业、图书出版、音乐制作、广告等已经沦落成为传统文化产业。

在数字化技术网络化传播的今天，这些传统形式因其具有共享性、时效性、传递性并没有被完全抛弃，在文化传播中依然可以发挥应有的作用。只是在内容和形式上，需要进行一些符合时代审美的必要改造。例如，当电视栏目加入更多时尚元素时，就能将更多的年轻人吸引到电视机前。

通过互联网来获取资讯是当今文化消费的主要方式。网络文化是最有前途、发展最快的新宠。因此，充分利用网络文化资源推动中华民族优秀传统文化的传承与传播，会有非常广阔的前景。将传统媒体与互联网嫁接，往往能够扬长避短，产生"1+1>2"的效果。

（六）喜新不厌旧

形式是否适合内容，与科学技术发展水平密切相关，与人们的生活方式、阅读习惯等相契合。《阅读与欣赏》在电台广播时代一枝独秀，但随着电视的普及，实现了从电台广播到电视广播的转换，更多的新受众被广播电大名师传授知识所吸引。经济发展、人民生活水平提高后，城镇生活进入休闲时代，《百家讲坛》说书式的娱乐性，成为最受欢迎的形式，替代与"学历热"相伴而生的电视大学授课也就成为必然。当电子阅读发展起来之后，人们一度认为纸质图书已经是夕阳产业。但是当人们发现纸质阅读可以带给人一种不可替代的情感愉悦，成为怀旧式的生活方式的重要组成部分时，纸质图书传播再次显现出巨大能量。

应该认真总结历史经验，发现规律，遵循规律，利用规律，创新出更好的传播形式。网络信息时代，方便、快捷、费用低廉的微信的用户达数亿人，这是一个庞大的平台。如何利用好这一阵地，采用什么样的形式和方法，使之成为传播中华优秀传统文化的平台，值得认真研究。

六　中华优秀传统文化传承与传播必须从青少年抓起

教育关系到国家的未来，是中华优秀传统文化传承与传播的主渠道。要充分认识并深刻理解中华优秀传统文化的精神品质，对于民族复兴、国家强盛有着特别重要的意义，是国家和民族的核心利益之一。所以，亟待把建设中华优秀传统文化教育体系提升为国家发展战略的高度来进行总体布局。

（一）制定青少年传承中华优秀传统文化发展纲要

1. 要时刻牢记在青少年中传承中华优秀传统文化的目的

要把中国传统文化教育贯穿于学校正规教育的全过程。我们要时刻牢记在青少年中进行中华优秀传统文化教育是为了培育人。目的不是多背诵几首诗词，多会几项传统技艺，而是要塑造青少年的精神气质，培育他们的道德情操，培养文化自觉性，强化民族认同感、归属感，使他们成为热爱生活，热爱国家，热爱人民，勇于奉献，有益于人类社会的有用人才。我们的学校教育过去强调对知识和技能的掌握，对中国文化的教育重视不够，导致教师、学生文化精神的缺失。要改变这种现象，还必须从教育入手，在国民教育体系中，强化中华优秀传统文化教育学习。通过教育，从小培养青少年的中华传统文化素养，把青少年人生的种子植根于中华传统文化的沃土。要把中华优秀传统文化的教育贯穿于小学、中学和大学教育的全过程，要伴随学校教育的始终。

2. 制定明确目标并用法制保障

对青少年的中华优秀传统文化教育是我们传承与传播工程的重中之重。以前对学校教育中保持中华优秀传统文化内容的比例曾多次提出要求。1993 年，中共中央印发的《中国教育改革与发展纲要》就指出，要对学生进行传统文化教育。《中华人民共和国教育法》也规定教育应该继承弘扬中华民族优秀的历史文化传统，包括之后教育部出台的一系列政策中，都提到要加强学生中华优秀传统文化教育。2006 年发布的《国家"十一五"时期文化发展规划纲要》中就指出："重视中华传统文化教育和传统经典、技艺的传承。在有条件的小学开设书法、绘画、传统工艺等课程，在中学语文课程中适当增加传统经典范文、诗词的比重，中小学各学科课程都要结合学科特点融入中华优秀传统文化内容。"可以说传统文化教育始终在提倡，连续在提倡，不间断地在提倡，但是却没有收到明显成效。认真反思，发现一个重要的原因是传统文化教育没有纳入国民教育体系，缺乏法制的保障。所以首先要制定和完善相关政策法规。将优秀传统文化教育纳入国民教育体系，教育机构和立法机构联合修订、完善相关政策法规，提高中华优秀传统文化在教育结构中的地位和比重，将优秀传统文化教育作为国民教育的基本内容，而不仅是作为其他知识的有益补充。同时相关的教学大纲也要作出相应调整，将中华优秀传统文化教育的内容纳入教学目标与计划。要加快适应不同年龄段和不同学校学生中华优秀传统文化教育教材和课外补充读本的编写。同时要整合理论、学术和教育一线的力量，共同探究适合于传统文化教育的课程结构、课程模式。

教育存在的问题，历来受到党和国家领导人的高度重视。习近平总书记在中共中央政治局第十三次集体学习时讲话："中华文化源远流长——努力用中华民族创造的一切精神财富以文化人、以文育人。"十八届三中全会要求"完善中华优秀传统文化教育"。2014 年 3 月，教育部印发了《完善中华优秀文化教育指导纲要》，强调加强传统文化教育的重要性，总结了传统文化教育的指导思想、基本原则和主要内容，并对传统文化教育进行了实践性、系统性的指导。要在中小学中设立与传统文化相关的课程，例如诗词诵读、书法、围棋等，培养提高青少年对传统文化的兴趣和技艺。现在存在的问题是，学生课业负担太重，知识性的课程分量大，培养道德品质滋养精神方面的要求不具体，难以衡量，教师对于传统文化的教学能力也严重不足。

（二）加强对青少年受众的深入研究

中国传统社会在文化传承方面较为严密、科学。学校教育是传统文化传承的重要渠道，很注意根据学生年龄的不同，认知能力的差异，进行学习内容的调整，由浅入深，循序渐进。《礼记·学记》载："古之王者，建国君民，教学为先。……古之教者，家有塾，党有庠，术有序，国有学。比年入学，中年考校。一年视离经辨志，三年视敬业乐群，五年视博习亲师，七年视论学取友，谓之小成。九年知类通达，强立而不反，谓之大成。"由此可以看出，古人对教育规律的认识是比较科学、客观的，对于青少年的成长过程有清晰认识和把握。非常注重教育的特点，尊重教育的规律，并没有在人的培养这件事情上急功近利，一蹴而就。

汉代学校教材《仓颉篇》《凡将篇》《急就篇》《训纂篇》等，便是让学生先学习一些常识性典籍，再深入学习儒家经典接受系统教育，以体悟德行伦理。现在的教育体系，与中国传统社会的教育体系有着相当大的差别。中国传统社会讲求的是"因材施教"，讲求的是"有教无类"，是个性化定制培养。孔子的《论语》就贯穿并奠定了这种思想理念。孔子的七十二个弟子个性不同，对他们未来的职业规划也是有区别的。西学进入，中国弃中就西，弃古就今，引进西方教育，对学生进行专业化的技能培育。但学其皮毛，遗其神髓。经过了几十年封闭式发展，中国现在的教育虽然取得了很高成就，例如实行强制性的义务教育，消除了文盲，又如在教育部门的统一管理下，系统性、稳定性、完整性得到了绝对的增强，但是还存在着很多令人不满意的地方。高考指挥棒下的分数至上，使我们对青少年的培养，既缺乏中国古代的人文关怀理念，也缺乏西方独立思考的精神。然而学校教育依然是中华优秀传统文化传承与传播的主渠道，占有最为重要的地位。应该在不同层次、不同类型的学校教育中确立不同的传承任务，选择与之相适应的传承内容和传承方式方法。新加坡这方面就采取了不同的措施，在中小学接受了强制性的基本儒学思想教育后，对那些进入大学，并有志于国家管理的，要求必须进行儒学经典的深入学习和研究，为未来管理国家、制定政策做好充分准备。而对于那些将来要进入技术职业生涯的类似于国内职业中学的孩子，就没有这方面的强制要求，而是要求他们必须学好外语，以方便将来进入各类国际公司就业，从事专业技术工作。中国的教育，对此应该有所借鉴，就是学校教育应该因材施教。适合从政，就要按照国家的领导人去培养；适合做专业工作的，就按照技术分类发挥其特长，动手能力强的去做技术性工作，理论性强的就去做研究。要承认人的天性与禀赋，要尊重人的志向与意愿。不能削足适履，更不能千人一面或者搞"一刀切"。

"春江水暖鸭先知"，青少年对时代变化的感知最为灵敏而准确。信息时代成长起来的孩子，他们应用互联网技术熟练，获取信息渠道广泛，真正是"秀才不出门，可知天下事"。他们这代人，与农业社会成长起来的孩子差别之大不可想象；从小跟随父母生长在城市的孩子，与乡村成长起来的留守儿童极不相同；即使是同在城市，从小上贵族幼儿园，上名校的孩子，与那些在民工子弟学校的孩子也有很大差异。现在连始终陪伴孩子成长的父母尚且常常感慨读不懂自己的孩子，不知他们所思所想、所爱所乐，称他们为"新新人类"，说他们是"来自星星的孩子"，这种差异之大，隔膜之深，甚至连以前常使用的"代沟"一词都难以概括了。沧桑巨变的时代，千差万别的孩子，却希冀用古老的一成不变的固定的方法和教材来教育他们、引导他们、培养他们，一定很难获得理想的效果。

现在对青少年中华优秀传统文化教育上上下下都非常重视和关注。党和国家领导人习近平总书记多次作出指示，《意见》与教育部、文化部的《纲要》也都特别予以强调。但是还是有很多工作不深入、不细致。例如：

——做好对青少年不同年龄阶段认知差别的研究，以此为基础，教材选目才能更加科学。

——城市青少年与留守儿童、民工子弟所生活的环境、接触事物的范围、网络等高科技的应用、文化生活的渠道等都有很大差别，不能一个药方治疗所有的病。应该区别对待，细化处理，有的放矢。

——学校教育在传承传统文化方面，内容缺乏系统性、连贯性、递进性，应该充分考虑青少年不同年龄段、不同地区、未来不同职业选择等具体情况，在传承中华优秀传统文化方面，制定长远规划。既有人文精神培养的通识教育，又有内容和方式有所偏重的差异教育，完善政策保障，改善监督管理机制，充分发挥学校教育在传统文化传承中主渠道、主阵地的地位和作用。

——做好对青少年文化传承接受方式的研究，才能有针对性地建立起有效的传承渠道。

——不能闭门造车，要深入到青少年中去，研究他们的思想动态、价值困惑，研究他们的文化消费趋向和使用互联网、新媒体的方式方法，将优秀传统文化的成果以文字、图片、声音、故事、歌曲等形式呈现出来，有效地激发青少年了解传统文化的积极性和学习的主动性。

（三）充分发挥中华优秀传统文化传承与传播中学校教育的主渠道作用

《意见》特别强调要将中华优秀传统文化的教育"贯穿国民教育

始终。围绕立德树人的根本任务，遵循学生认知规律和教育教学规律，按照一体化、分学段、有序推进的原则，把中华优秀传统文化全方位融入思想道德教育、文化知识教育、艺术体育教育、社会实践教育各环节，贯穿于启蒙教育、基础教育、职业教育、高等教育、继续教育各领域"。并且对教材工作作了具体的布置："以幼儿、小学、中学教材为重点，构建中华文化课程和教材体系。编写中华文化幼儿读物，开展'少年传承中华传统美德'系列教育活动，创作系列绘本、童谣、儿歌、动画等。修订中小学道德与法治、语文、历史等课程教材。"并对具体做法提出了一些可行的意见。特别强调了中华语言文字的重要性和教师队伍培育的急迫性。

要建立起有深厚中华传统文化底蕴，又有国际视野的青少年培育体系和教材体系。在教材上加大中华优秀传统文化古代经典诗词和文言文所占比例。这个比例和具体选目，要根据青少年生长阶段认知水平来决定，由浅入深，由易入难，同时要特别强调青少年美好感情的培养，审美水平的逐渐提高。建立完善的中华文化教育考评体系，开设形式多样的传统文化艺术教育训练课程，如书法、绘画、武术等课程。不能停留在过去那种背诵字、词、句、文的简单方式。鼓励开展文化经典诵读，举办古典文化讲座，举办中华文化知识竞赛等。培养青少年对中华优秀传统文化的认知、认同感，培养他们对文化的亲近感、兴趣感，培养他们民族文化的自豪感和自信心。同时要建立相应的考核制度，要将对中华传统文化相关知识的掌握作为重要的考核内容。同时，大学教育阶段，依然要将中国文化作为非中文专业的必修课。只有通过系统科学的民族传统文化教育，培育出必需的人文素养，建立其正确的道德观和价值观，他们所掌握的科学技术知识和技能才能转化为报效国家、服务民众的工具和能力，他们也才能成为合格的国家建设者和民族未来的接班人。

1. 依托大专院校，加强教师培训

以短期专题培训为主，延请高等院校和研究所有研究、善讲课的高等专业人才讲课，传授古典文化的精髓和古代诗词的讲授技巧。

2. 丰富中华优秀传统文化校内的表现形式

过去通常的做法是以书法、音乐、国画、诗词为主，建议可以多些通识教育，例如戏曲进校园活动就是一个很好的举措。为了增强学生体质，可以适当增加传统体育项目，例如武术、摔跤等，可以配合冬运会的召开，在有条件的学校开展滑冰滑雪运动。

3. 寓教于乐

可以通过兴趣小组的形式，有重点地培养一些孩子的专业素质。发挥青少年宫的作用，多组织中华优秀传统文化各种专题的假期夏令营，请专业老师授课，集中学习。

单纯依靠传统的方式方法效果有限，学校教育其实可挖掘的潜力也有限，那么就要充分利用现代科技以及传播手段。一定要研究现代传媒的特点，包括时尚文化流行元素，在其中植入传统文化的因子。

4. 借助公共文化服务设施，将课堂空间扩大

发挥北京博物馆多、图书馆多、古迹多的优势，通过春游、秋游以及定期的社会调查活动，将中华优秀传统文化的熏陶遍布所有年级和课堂内外。

可以启动北京文化志愿者服务行动。动员中小学生利用假期到一些博物馆、古典园林、著名景点、名人故居充当导游、讲解员和志愿者，通过服务提高他们热爱北京、热爱中华文化的热情。

5. 开展丰富多彩的文化竞赛活动

可以有计划地开展以表现中华优秀传统文化为核心内容的适合青少年参与的各种竞赛活动，如摄影大赛、作文比赛、演讲大会、书法展览等。

6. 订立中华优秀传统文化教育检测标准

不订立检测标准，就等于没有要求。没有要求，所有的规划就难以真正落实。尽管说教育的宗旨是培育合格、优秀人才，但是"百年树人"，怎样才算是达到了阶段性的培育标准了呢？就要针对不同年龄段青少年认知能力和记忆特点，订立出符合实际的评价标准。例如，对于学前到小学三年级的孩子，要求其能够熟诵传统经典，不求理解，

贵在坚持；小学四年级到初中的阶段，要求阅读、理解；到了高中，就要求深入理解内在含义；而到了大学，有了一定的社会常识和阅历，就要求融会贯通，不仅要知其然，而且要知其所以然了。

（四）从小培育青少年的社会责任意识

在传统社会中，家庭传承是中华优秀传统文化传承中最重要的形式之一。家庭是对青少年进行传统文化习俗、文明礼节和家庭伦理观念教育的重要渠道，家长理所当然地成为孩子人生道路的第一个老师。

但是由于历史原因，造成了老一辈传统文化教育的缺失，实际上许多家庭的家长是根本没有能力和水平来承担这一重任的。所以中华优秀传统文化的传承与传播，在中国现阶段是一个非常特殊的时期。需要通过青少年在学校接受系统的传统文化教育，启动"反哺"模式，影响家长，进而影响全社会。由在学校受教育的孩子，反过来帮助和教育家长提高文明意识，增强公民道德水准。如教育孩子遵守规则秩序，那么孩子在陪同家长过马路时就会严格要求家长"红灯停，绿灯行"，就会在旅游时告诫家长"不要随地吐痰""不许乱扔垃圾"；有关春节、元宵节、清明节等传统民族节日的习俗、作用、礼仪，也需要通过学校教育来重新进入百姓的日常生活。

这样不仅使学生有了将所学进行实践的机会，加深印象，而且能培养青少年的社会责任感，使得他们具有主人翁的意识。

（五）加强对中国海外留学生及后代的中华传统文化传播

改革开放四十年，中国人走出国门，商贸文化交流日趋频繁，出国留学从少数人的专利，成为所有经济实力强大阶层的普遍福利。由于对中国教育制度的不满和对空气污染等环境恶化以及食品安全的担忧，越来越多的人开始海外置业并将孩子送到海外接受教育。近年来这一趋势日渐加剧，且出国留学生日趋低龄化，有些甚至连小学初中的国内教育都没有完成。这种从小就脱离母语的文化教育，会给孩子的未来带来非常大的影响。越来越多的媒体报道了小留学生们由于精神空虚、世界观扭曲所带来的严重问题。有的空虚无聊，无心课业；有的整日沉迷于购买名牌，比拼富有；有的无视法律，欺压同学；已经结婚生子的留学生把父母当成免费保姆，既要享受中国式亲情的福利，但又口口声声说养老是个人的事，不肯承担赡养老人的义务。还有的好不容易将孙辈孩子带大，但是只说外语的孩子却看不起自己这个说中文的祖辈，感情上不亲，关系上不近。所有这些，都给那些望子成龙，拼其一生积蓄将孩子送到国外希望他们有个美好未来，自己也能在海外无忧无虑地享受天伦之乐的父母以沉重的打击。许多家长都不无感慨地说，本来把孩子送出去，是希望他们有个美好的未来，自己也能老来有靠。谁知道，送出去孩子就等于丢了孩子，受西方影响，人家只认权利，不认义务。在他们的辞典里就没有"孝敬"这些词。到第三代更是连中文都不会讲了，对中华传统文化完全不了解，没认识，我们这等于是自断根脉呀。

损失惨重的不仅是家长，更大的是国家。中国家长穷其一生积蓄，把本应养老的本钱大部分支付了孩子海外的学费和生活费、置业费，这本就是国家资产最大的流失。何况青少年是祖国的未来，是民族的希望。家庭文化较高、经济能力较强、资质优秀的孩子大批量地出走海外，将会造成潜在优秀人才的严重流失。

这些海外留学生，是华夏子民，国家应该给予他们更多的关爱。除了从小加强中华优秀传统文化的熏陶和培育，对他们的海外生活也要时时关怀，要不间断地对他们进行中华文化的滋养。这种滋养要从语言开始，起码不能让这些孩子和他们的后代忘掉母语。

世界上语言阵地的争夺极为激烈，每个主要语言国家，都把本国语言的使用率当作国际影响力的重要指标。英国、法国、日本都在全世界的其他国家和地区建立了自己的语言中心。几种强势语言的国际推广，其背后是文化"软实力"的较量，各国将此视为是一场没有硝烟的战争，也是没有终点的赛跑。汉语国际化的推广，近年多是依托"孔子学院"。据统计，我国在海外设立了 303 个孔子学院，其中，亚洲 30 个国家和地区设立了 75 所孔子学院，欧洲 31 个国家设立了 100

所孔子学院，美洲 12 个国家设立了 90 所孔子学院，非洲 18 个国家设立了 28 所孔子学院，而大洋洲 2 个国家设立了 10 所孔子学院。[①] 但是这些孔子学院对中国文化的传播大多是停留在剪纸、书法、武术这些肤浅的中国文化符号的层面，而且针对面过于空泛。既没有制订主要针对中国海外留学生的计划，也缺乏系统传承传播中华优秀传统文化的纲领。

建议尽快开展针对中国海外留学生中华优秀传统文化传承的研究，制订相关的工作纲领和计划。在北美、澳洲和欧洲这些中国留学生比较集中的地方，通过能够接受并受到欢迎的方式，传扬中华文化，使他们保有中华文化的根脉，增强民族认同感，始终心向祖国。

---

① 孙汝建：《汉语国际教育与中国优秀传统文化教育体系的重建》，《海外华文教育》2014 年第 4 期。

参考文献

习近平：《习近平谈治国理政》，外文出版社 2014 年版。

习近平：《习近平谈治国理政》（第二卷），外文出版社 2017 年版。

（晋）张华：《博物志》，文渊阁《四库全书》本。

（晋）张华：《神异经注》，《龙威秘书》本。

（唐）卢照邻：《卢昇之集》，文渊阁《四库全书》本。

（唐）贾岛：《长江集》，《全唐诗》本。

（辽）王鼎：《焚椒录》，群学社 1936 年版。

（宋）叶隆礼：《契丹国志》，上海古籍出版社 1985 年版。

（宋）沈括：《梦溪笔谈》，中华书局 1985 年版。

（宋）陈准：《北风扬沙录》，商务印书馆 1927 年版。

（宋）许亢宗：《宣和乙巳奉使金国行程录》，吴县王氏铅印本，
    1939 年。

（宋）浩皓：《松漠纪闻》，上海古籍出版社 2001 年版。

（宋）楼钥：《北行日录》，上海古书流通处，1921 年。

（宋）范成大：《揽辔录》，中华书局 1985 年版。

（宋）周辉：《北辕录》，见《说郛》，商务印书馆本。

（宋）彭大雅：《黑鞑事略》（中华书局点校本），中华书局 1976 年版。

（宋）耐得翁：《都城纪事》，中国商业出版社 1982 年版。

（宋）徐梦莘：《三朝北盟会编》（《四库全书》本），上海古籍出版社
    1987 年版。

（元）佚名：《元朝秘史》，齐鲁书社 2005 年版。

（元）陶宗仪：《南村辍耕录》（中华书局点校本），中华书局 1976
年版。

（元）陶宗仪：《书史会要》［明洪武九年（1376）刻本］，上海书店
1984 年版。

（元）熊梦祥：《析津志辑佚》（北图善本部辑佚本），北京古籍出版
社 1983 年版。

（元）苏天爵：《元朝名臣事略》（《畿辅丛书》本），中华书局 1996
年版。

（元）周密：《武林旧事》，上海古籍出版社 1983 年版。

（元）周密：《癸辛杂识》（《四库全书》本），中华书局 2010 年版。

（元）刘一清：《钱塘遗事》，上海古籍出版社 1985 年版。

（元）鲜于枢：《困学斋杂录》（《知不足斋丛书》本），上海古籍出版
社 1993 年版。

（元）孔齐：《至正直记》（《粤雅堂丛书》本），上海古籍出版社 1987
年版。

（元）释念常：《佛祖历代通载》，北京图书馆出版社 2005 年版。

（元）佚名：《元朝秘史》，中华书局 1985 年版。

（元）佚名：《圣武亲征录》，《续修四库全书》，上海古籍出版社 2002
年版。

（元）佚名（陶宗仪）：《元氏掖庭记》，群学社 1936 年版。

（明）朱棣：《神僧传》，《续修四库全书》，上海古籍出版社 2002
年版。

（明）释如惺：《大明高僧传》，《续修四库全书》，上海古籍出版社
2002 年版。

（明）释明河：《补续高僧传》，《续修四库全书》，上海古籍出版社
2002 年版。

（明）蒋一葵：《尧山堂外纪》，《四库丛刊》本。

（明）陈邦瞻：《元史纪事本末》（中华书局点校本），中华书局 1979
年版。

（清）李元度：《国朝先正事略》，岳麓书社 2008 年版。

（清）厉鹗：《辽史拾遗》，中华书局 1985 年版。

喻谦：《新续高僧传四集》，北洋印刷局 1923 年版。

徐世昌：《清儒学案小传》，《清代传记丛刊》，台湾明文书局 1986
年版。

王钟翰点校：《清史列传》，中华书局 1987 年版。

王文才编著：《元曲纪事》，人民文学出版社 1985 年版。

陈恒：《元典章校补》（《励耕书屋丛刊》本），中国书店 1979 年版。

（金）元好问：《遗山先生文集》（《四部丛刊》本），上海书店 1989
年版。

（金）元好问：《中州集》（点校本），中华书局 1959 年版。

（金）王寂：《拙轩集》，文渊阁《四库全书》本。

（金）元好问：《中州集》，中华书局 1959 年版。

（金）赵秉文：《滏水集》，文渊阁《四库全书》本。

（金）刘祁：《归潜志》，文渊阁《四库全书》本。

（金）元好问：《元遗山集》，文渊阁《四库全书》本。

（金）元好问：《续夷坚志》，山西人民出版社 1990 年版。

（宋）文天祥：《文山先生全集》（《四部丛刊》本），上海商务印书馆
1936 年版。

（元）丘处机：《丘处机集》，赵卫东集校，齐鲁书社 2005 年版。

（元）耶律楚材：《湛然居士文集》（点校本），中华书局 1986 年版。

（元）耶律铸：《双溪醉隐集》，文渊阁《四库全书》本。

（元）刘秉忠：《藏春集》，文渊阁《四库全书》本。

（元）胡祇遹：《紫山大全集》，文渊阁《四库全书》本。

（元）李治：《敬斋古今黈》，文渊阁《四库全书》本。

（元）鲜于枢：《困学斋集》，《元诗选》本。

（元）陈孚：《陈刚中诗集》，文渊阁《四库全书》本。

（元）刘敏中：《中庵集》《平宋录》，文渊阁《四库全书》本。

（元）程钜夫：《雪楼集》，文渊阁《四库全书》本。

（元）赵孟頫：《松雪斋集》，文渊阁《四库全书》本。

（元）袁桷：《清容居士集》，文渊阁《四库全书》本。

（元）吴澄：《吴文正公集》，文渊阁《四库全书》本。

（元）揭傒斯：《文安集》，文渊阁《四库全书》本。

（元）虞集：《道园学古录》《道园类稿》。

（元）黄溍：《金华黄先生文集》。

（元）欧阳玄：《圭斋集》，《四部丛刊》本。

（元）许有壬：《至正集》，文渊阁《四库全书》本。

（元）马祖常：《石田文集》，文渊阁《四库全书》本。

（元）萨都剌：《雁门集》，文渊阁《四库全书》本。

（元）廼贤：《金台集》，文渊阁《四库全书》本。

（元）高克恭：《房山集》，《元诗选》本。

（元）卢挚：《疏斋集》，《元诗选》本。

（元）宋本：《至治集》，文渊阁《四库全书》本。

（元）宋褧：《燕石集》，文渊阁《四库全书》本。

（元）何失：《得之集》，《元诗选》本。

（元）张昱：《可闲老人集》，文渊阁《四库全书》本。

（元）赵孟頫：《松雪斋集》（《四部丛刊》本），西泠印社出版社 2010
　　年版。

（元）许衡：《鲁斋遗书》（《四库全书》本），上海古籍出版社 1987
　　年版。

（元）郝经：《陵川集》（《四库全书》本），山西古籍出版社 2006
　　年版。

（元）姚燧：《牧庵集》（《四部丛刊》本），上海书店 1989 年版。

（元）吴澄：《吴文正公文集》（文渊阁《四库全书》本），台北商务
　　印书馆 1983 年版。

（元）刘因：《静修先生文集》（《四部丛刊》本），北京图书馆出版社
　　2006 年版。

（元）虞集：《道园学古录》（《四部丛刊》本），上海中华书局 1935

年版。

（元）苏天爵：《滋溪文稿》（《适园丛书》本），中华书局 1997 年版。

（元）黄溍：《金华黄先生文集》（《四部丛刊》本），上海商务印书馆
　　1929 年版。

（元）胡祗遹：《紫山大全集》（《三怡堂丛书》本），浙江古籍出版社
　　1986 年版。

（元）王恽：《秋涧文集》（《元人文集珍本丛刊》本），台北新文丰出
　　版公司 1985 年版。

（元）王恽：《玉堂嘉话》（《守山阁丛书》本），（元）杨瑀：《山居新
　　语》，中华书局 2006 年版。

（元）程钜夫：《雪楼集》（文渊阁《四库全书》本），台北商务印书
　　馆 1983 年版。

（元）元明善：《清河集》（《藕香零拾》影印本），上海书店 1995
　　年版。

（元）赵孟頫：《松雪斋文集》（附外集）（《四部丛刊》本），上海商
　　务印书馆 1930 年版。

（元）袁桷：《清容居士集》（《四部丛刊》本），中华书局 1985 年版。

（元）张养浩：《为政忠告》（《四部丛刊》本），辽宁教育出版社 1998
　　年版。

（元）张养浩：《归田类稿》（《四库丛刊》本），商务印书馆 1972
　　年版。

（元）虞集：《道园学古录》（《四部丛刊》影印本），上海古籍出版社
　　1995 年版。

（元）程钜夫：《雪楼集》（《四库丛刊》影印本），上海书店 1994
　　年版。

（元）周权：《此山集》（《四库丛刊》影印本），台北商务印书馆 1986
　　年版。

（元）范梈：《范德机集》，北京图书馆出版社 2006 年版。

（元）柳贯：《柳侍制文集》（《四部丛刊》本），商务印书馆 1929

年版。

（元）揭傒斯：《揭文安公全集》（《四部丛刊》初编本），商务印书馆
　　1929 年版。

（元）胡助：《纯白斋类稿》（文渊阁《四库全书》本），上海古籍出
　　版社 1997 年版。

（元）张可久：《小山乐府》，上海中华书局 1931 年版。

（元）李庭：《寓庵集》（影印本），上海古籍出版社 1995 年版。

（元）杨维桢：《东维子集》（点校本），上海古籍出版社 1987 年版。

（元）萨都剌：《萨天锡诗集》（《四部丛刊》本），上海商务印书馆
　　1919 年版。

（元）贡奎：《云林集》（北图藏清刻本）。

（元）马祖常：《石田先生文集》（影印本），中华书局 2001 年版。

（元）叶颙：《樵云独唱》（《四库丛刊》本）。

（元）危素：《危太仆集》（文集）（文续集）（吴兴刘氏嘉业堂刊本），
　　1914 年。

（元）杨维桢：《东维子文集》（《文渊阁四库全书》本），上海古籍出
　　版社 1997 年版。

（明）萧洵：《故宫遗录》，北京古籍出版社 1980 年版。

（明）李开先：《李开先集》，中华书局 1959 年版。

（明）佚名：《北平录》，《丛书集成初编》本。

（明）姚广孝：《逃虚子诗集》《逃虚类稿》，《四库全书存目丛书》，
　　齐鲁书社 1997 年版。

（明）李贽：《李贽全集》，中华书局 1974 年版。

（明）胡侍：《真珠船》，台北艺文印书馆 1968 年版。

（明）朱右：《白云稿》（《四库丛刊》本），上海古籍出版社 1991
　　年版。

（明）李贽：《焚书》（影印明刊本），中华书局 1974 年版。

（清）孙承泽：《元朝人物略》，《清代稿本百种汇刊》第二十八册，
　　台湾文海出版社 1974 年版。

（清）孙承泽：《元朝典故编年考》，文渊阁《四库全书》本。

（清）孙承泽：《藤阴札记》，《四库全书存目丛书》子部第十九册，齐鲁书社 1997 年版。

（清）孙承泽：《杉树》，《续修四库全书》史部第三百六十七册，上海古籍出版社 2002 年版。

（清）谈迁：《北游录》，中华书局 1960 年版。

（清）顾炎武：《日知录》，文渊阁《四库全书》本。

徐珂：《清稗类钞》，中华书局 1984 年版。

（元）苏天爵编：《国朝文类》（即《元朝文类》），中华书局 1962 年版。

（元）苏天爵编：《国朝文类》（《四库丛刊》本），上海古籍出版社 1993 年版。

（元）夏庭芝撰：《青楼集笺注》，孙崇涛、徐宏图笺注，中国戏剧出版社 1990 年版。

（明）臧懋循编：《元曲选》，隋树森校，中华书局 1979 年版。

（明）王骥德撰：《王骥德曲律》，陈多、叶长海注释，湖南人民出版社 1983 年版。

（清）陈梦雷等：《古今图书集成》，上海中华书局 1934 年版。

（清）纪昀等：《四库全书总目提要》，中华书局 1965 年版。

（清）陈焯：《宋元诗会》，文渊阁《四库全书》本。

（清）张金吾辑：《金文最》，中华书局 1990 年版。

（清）顾嗣立：《元诗选》，中华书局 1987—2001 年版。

（清）乾隆：《御定佩文斋咏物诗选》，文渊阁《四库全书》本。

（清）乾隆：《御定历代题画诗类》，文渊阁《四库全书》本。

（清）乾隆：《御定宋金元明四朝诗》，文渊阁《四库全书》本。

《清代稿本百种汇刊》，台湾文海出版社 1974 年版。

（清）永瑢、纪昀主编：《四库全书总目》（影印清杭州刻本），中华书局 1956 年版。

（清）顾嗣立：《元诗选》（初集）（二集），中华书局 1987 年版。

（清）顾嗣立编：《元诗选》（癸集），席世臣辑补，中华书局 1987
　　年版。

（清）李渔撰：《李笠翁曲话注释》，徐寿凯注释，安徽人民出版社
　　1981 年版。

隋树森编：《全元散曲》，中华书局 1981 年版。

隋树森编：《元曲选外编》，中华书局 1980 年版。

宋浩庆：《元明散曲》，上海古籍出版社 1980 年版。

续修四库全书编委会编：《续修四库全书》，上海古籍出版社 1995
　　年版。

唐圭璋编：《全金元词》，中华书局 1995 年版。

程毅中：《宋元话本》，中华书局 1964 年版。

陶秋英编：《宋金元文论选》，人民文学出版社 1984 年版。

徐征、张月中、张圣洁等主编：《全元曲》，河北教育出版社 1998
　　年版。

程树德等撰：《新编诸子集成》，中华书局 2009 年版。

周良霄、顾菊英：《元史》，上海人民出版社 1993 年版。

韩儒林、陈得芝、邱树森等主编：《元史》，中国大百科全书 1974
　　年版。

韩儒林主编：《元朝史》，人民出版社 1986 年版。

曹子西主编，于光度、常润华撰著：《北京通史》（第四卷·金代卷），
　　中国书店 1994 年版。

曹子西主编，王岗撰著：《北京通史》（第五卷·元代卷），中国书店
　　1994 年版。

北京大学历史系北京史编写组：《北京史》，北京出版社 1999 年版。

林传甲：《中国文学史》，武林谋新室出版，日本宏文堂印刷，1910
　　年版。

钱基博：《中国文学史》（整理本），中华书局 1993 年版。

郑振铎：《插图本中国文学史》，北京出版社 1999 年版。

容肇祖：《中国文学史大纲》，开明书店 1949 年版。

朱希祖：《中国文学史要略》，北京大学刊本，1920 年。

郑振铎：《中国俗文学史》，作家出版社 1957 年版。

刘大杰：《中国文学发展史》，中华书局 1963 年版。

游国恩等主编：《中国文学史》，人民文学出版社 1983 年版。

郭预衡：《中国古代文学史》，上海古籍出版社 1998 年版。

袁行霈主编：《中国文学史》，高等教育出版社 1999 年版。

傅璇琮、蒋寅总主编：《中国古代文学通论》，辽宁人民出版社 2005
年版。

郭绍虞：《中国文学批评史》，商务印书馆 1934—1947 年版。

朱东润：《中国文学批评史大纲》，上海古籍出版社 1983 年版。

罗根泽：《中国文学批评史》，上海古籍出版社 1984 年版。

张少康：《中国文学理论批评发展史》，北京大学出版社 1995 年版。

李昌集：《中国古代散曲史》，华东师范大学出版社 1997 年版。

李修生：《中国文学史纲》（宋辽金元文学卷），北京大学出版社 1987
年版。

周贻白：《中国戏曲发展史纲要》，上海古籍出版社 1979 年版。

周贻白：《中国戏剧史长编》，人民文学出版社 1960 年版。

孟瑶：《中国戏曲史》，台湾传记文学出版社 1979 年版。

王永宽、王钢：《中国戏曲史编年》（元明卷），中州古籍出版社 1994
年版。

张庚、郭汉城主编：《中国戏曲通史》，中国戏剧出版社 1981 年版。

蔡源莉、吴文科：《中国曲艺史》，文化艺术出版社 1998 年版。

刘荫柏：《元代杂剧史》，花山文艺出版社 1990 年版。

邓绍基主编：《元代文学史》，人民文学出版社 1991 年版。

杨镰：《元代文学编年史》，山西教育出版社 2005 年版。

王国维：《宋元戏曲史》，商务印书馆 1915 年版。

吴梅：《辽金元文学史》，商务印书馆 1934 年版。

顾易生、蒋凡、刘明今：《宋金元文学批评史》，上海古籍出版社 1996
年版。

范文澜、蔡美彪：《中国通史》，人民出版社 1983 年版。

傅璇琮、蒋寅总主编，张晶本卷主编：《中国古代文学通论》（辽金元卷），辽宁人民出版社 2004 年版。

侯外庐主编：《中国思想通史》，人民出版社 1960 年版。

朱耀廷主编：《北京文化史研究》，光明日报出版社 2008 年版。

朱明德、梅宁华主编：《蓟门集——北京建都 850 周年论文集》，北京燕山出版社 2005 年版。

吴海航：《元代法文化研究》，北京师范大学出版社 2000 年版。

首届元曲国际研讨会组委会编：《首届元曲国际研讨会论文集》（上、下），河北教育出版社 1994 年版。

李修生、查洪德：《辽金元文学研究》，北京出版社 2001 年版。

陆林：《元代戏剧学研究》，安徽文艺出版社 1999 年版。

幺书仪：《元代文人心态》，文化艺术出版社 1993 年版。

傅秋爽：《北京元代文学》，知识产权出版社 2012 年版。

陈得芝主编：《中国通史》（第 8 卷 "中古时代·元时期"），上海人民出版社 2013 年第 2 版。

袁行霈主编，莫砺锋、黄天骥本卷主编：《中国文学史》（第 3 卷），高等教育出版社 2005 年第 2 版。

张晶：《辽金诗史》，东北师范大学出版社 1994 年版。

张晶：《辽金元诗歌史论》，吉林教育出版社 1995 年版。

杨镰：《元诗史》，人民文学出版社 2003 年版。

郭预衡：《中国散文史》，上海古籍出版社 1999 年版。

孙楷第：《元曲家考略》，上海古籍出版社 1981 年版。

梁乙真：《元明散曲小史》，商务印书馆 1934 年版。

苏雪林：《辽金元文学》，商务印书馆 1934 年版。

张晶：《辽金元文学论稿》，北京广播学院出版社 2003 年版。

陶然：《金元词通论》，上海古籍出版社 2001 年版。

唐文标：《中国古代戏剧史》，中国戏剧出版社 1985 年版。

任崇岳主编：《中国文化通史》（辽西夏金元），中共中央党校出版社

2000 年版。

李凭、全根先总纂:《中华文明史》(第七卷·元代),河北教育出版社 1999 年版。

内蒙古社科院历史所蒙古族通史编写组编:《蒙古族通史》,北京民族出版社 2001 年版。

李劼:《满族文化史》,辽宁民族出版社 1999 年版。

陈高华、张帆、刘晓:《元代文化史》,广东教育出版社 2009 年版。

柳诒徵:《中国文化史》,上海古籍出版社 2001 年版。

田建平:《元代出版史》,河北人民出版社 2003 年版。

郑士德:《中国图书发行史》,高等教育出版社 2000 年版。

杜哲森:《元代绘画史》,人民美术出版社 2000 年版。

郭因:《中国绘画美学史稿》,人民美术出版社 1981 年版。

周传家、程炳达主编:《北京戏曲通史》,北京燕山出版社 2001 年版。

郑士德:《中国图书发行史》,高等教育出版社 2000 年版。

李泽厚、刘纲纪:《中国美学史》(多卷本),中国社会科学出版社 1987 年版。

万安伦:《中国文学奖励史》,北京出版集团公司北京出版社 2013 年版。

陈高华、史卫民:《中国经济通史》(元代经济卷),经济日报出版社 2000 年版。

王岗总主编:"北京专史集成"系列。

王岗:《北京政治史》,人民出版社 2008 年版。

尹钧科:《北京建置沿革史》,人民出版社 2008 年版。

李宝臣:《北京风俗史》,人民出版社 2008 年版。

刘仲华:《北京教育史》,人民出版社 2008 年版。

郑永华:《北京宗教史》,人民出版社 2010 年版。

章永俊:《北京手工业史》,人民出版社 2011 年版。

齐大芝：《北京商业史》，人民出版社 2011 年版。

孙冬虎：《北京交通史》，人民出版社 2012 年版。

赵雅丽：《北京著述史》，人民出版社 2012 年版。

吴文涛、王岗：《北京水利史》，人民出版社 2013 年版。

许辉：《北京民族史》，人民出版社 2013 年版。

王建伟：《北京文化史》，人民出版社 2014 年版。

傅秋爽：《北京文学史》，人民出版社 2010 年版。

朱耀廷、顾军主编："北京文化史"系列。

朱筱新：《文苑英华》，中华书局 2016 年版。

李颖伯：《格致之路》，中华书局 2015 年版。

周晓翔等：《贾道燕蕴》，中华书局 2015 年版。

朱祖希：《营国匠意》，中华书局 2007 年版。

陈恒：《元西域人华化考》，上海古籍出版社 2000 年版。

张慧芝：《天子脚下与殖民阴影：清代直隶地区的城市》，生活·读
　书·新知三联书店 2013 年版。

王福利：《辽金元三史乐志研究》，上海音乐学院出版社 2005 年版。

箭内亘：《元代蒙汉色目待遇考》，中华书局 1962 年版。

蒙思明：《元代社会阶级制度》，中华书局 1980 年版。

方志远：《明代城市与市民文学》，中华书局 2004 年版。

侯仁之主编、唐晓峰副主编：《北京城市历史地理》，北京燕山出版社
　2000 年版。

陈高华：《元大都》，北京出版社 1982 年版。

王灿炽：《燕都古籍考》，京华出版社 1995 年版。

孙昌武：《北方民族与佛教·文化交流与民族融合》，中华书局 2015
　年版。

孙昌武：《佛教文学十讲》，中华书局 2014 年版。

北京市社会科学院历史所编：《北京与中外古都对比研究》，北京燕山

出版社 1992 年版。

吴建雍等：《北京城市生活史》，开明出版社 1997 年版。

忻剑飞：《世界的中国观》，学林出版社 1991 年版。

尹钧科选编：《侯仁之讲北京》，北京出版社 2003 年版。

宁宗一、陆林、田桂民编著：《元杂剧研究综述》，天津教育出版社 1987 年版。

叶德均：《戏曲小说丛考》，中华书局 1979 年版。

吴梅：《吴梅戏曲论文集》，中国戏剧出版社 1983 年版。

王国维：《王国维戏曲论文集》，中国戏剧出版社 1983 年版。

姚文放：《中国戏剧美学的文化阐释》，中国人民大学出版社 1997 年版。

赵景深：《中国古典小说戏曲论集》，上海古籍出版社 1985 年版。

钱钟书：《谈艺录》，中华书局 1984 年版。

程毅中：《古体小说钞》（宋元卷），中华书局 1995 年版。

胡适：《胡适古典文学研究论集》，上海古籍出版社 1986 年版。

王国维：《人间词话》，江苏文艺出版社 2007 年版。

郑振铎编：《中国新文学大系·文学论争集》（影印版），上海文艺出版社 2003 年版。

王昆吾：《隋唐五代燕乐杂言歌辞研究》，中华书局 1996 年版。

幺书仪：《元代文人心态》，文化艺术出版社 1993 年版。

幺书仪：《元人杂剧与元代社会》，北京大学出版社 1997 年版。

赵义山：《元散曲通论》，巴蜀书社 1983 年版。

王星琦：《元曲艺术风格研究》，江苏文艺出版社 1996 年版。

王星琦：《元明散曲史论》，南京师范大学出版社 1999 年版。

门岿：《元曲管窥》，天津人民出版社 1993 年版。

门岿：《元曲百家纵论》，教育科学出版社 1990 年版。

门岿：《粉墨功名：元代曲家的文化精神与人生意趣》，济南出版社 2002 年版。

徐扶明：《元代杂剧艺术》，上海文学出版社 1981 年版。

黄克：《关汉卿戏剧人物论》，人民文学出版社 1984 年版。

顾肇仓：《元明杂剧》，上海古籍出版社 1979 年版。

陈益源：《元明中篇传奇小说研究》，华艺出版社 1997 年版。

陆林：《元代戏剧学研究》，安徽文艺出版社 1999 年版。

奚海：《元杂剧论》，河北教育出版社 2001 年版。

宁宗一：《教书人手记》，大象出版社 2002 年版。

季国平：《元杂剧发展史》，河北教育出版社 2005 年版。

罗斯宁：《元杂剧和元代民俗文化》，广东高等教育出版社 2007 年版。

郭英德：《元杂剧与元代社会》，北京师范大学出版社 1996 年版。

高益荣：《元杂剧的文化精神阐释》，中国社会科学出版社 2005 年版。

黄卉：《元代戏曲史稿》，天津古籍出版社 1995 年版。

李真瑜：《北京戏剧文化史》，北岳文艺出版社 2004 年版。

梅新林：《中国文学地理形态与演变》，复旦大学出版社 2006 年版。

朱耀廷、赵连稳：《元世祖忽必烈传》，北京大学出版社 2009 年版。

侯仁之、邓辉先：《北京城的起源与变迁》，北京燕山出版社 2007
　年版。

丁守和、劳允兴主编：《北京文化综览》，北京师范学院出版社 1999
　年版。

侯仁之主编：《北京城市历史地理》，北京燕山出版社 2000 年版。

李淑兰：《北京史稿》，学苑出版社 1994 年版。

姜立勋、富丽等：《北京的宗教》，天津古籍出版社 1995 年版。

冯秉文主编：《北京方志概述》，吉林地方志编委会，1985 年。

王灿炽：《王灿炽史志论文集》，北京燕山出版社 1991 年版。

王灿炽：《燕都古籍考》，京华出版社 1995 年版。

阎崇年：《燕史集》，北京燕山出版社 1998 年版。

《北京地区文学历史及现状》课题组：《北京文学研究史料》，北京燕
　山出版社 1998 年版。

李建盛：《北京文化 60 年（1949—2009）》，北京大学出版社 2010
　年版。

李建盛：《首都网络文化发展报告》，人民出版社 2017 年版。

李建盛等：《中国特色社会主义文化之都建设研究》，知识产权出版社 2012 年版。

李建盛、陈玲玲主编：《北京公共文化服务体系与惠民工程建设》，知识产权出版社 2013 年版。

王岗主编：《北京历史文化资源调研报告》，中国经济出版社 2013 年版。

毛希圣：《北京历史文化学术讲座——元代的大都》，内部出版，北京市社会科学院历史所、北京社会函授大学辅导部联合主办，1986 年。

何岩巍：《京韵西风：北京历史文化与法国人笔下的中国》，线装出版社 2006 年版。

季剑青：《北平的大学教育与文学生产（1928—1937）》，北京大学出版社 2011 年版。

季剑青、张春田编著：《传灯——当代学术师承录》，北京大学出版社 2010 年版。

季剑青：《重写旧京》，生活·读书·新知三联书店 2017 年版。

宋立卿、邢树森：《倚法治世〈韩非子〉》，中国民主法治出版社 2010 年版。

申建军、李丽娜：《21 世纪首都文化发展研究》，中国科学文献出版社 2006 年版。

刘瑾：《首都文化竞争力研究》，中国社会科学出版社 2015 年版。

史明正：《走向近代化的北京城——城市建设与社会变革》，北京大学出版社 1995 年版。

赵园：《北京：城与人》，北京大学出版社 2002 年版。

赵云乡：《京派海派总论》，中国社会科学出版社 2002 年版。

罗哲文主编：《北京历史文化》，北京大学出版社 2004 年版。

孟国祥：《大劫难：日本侵华对中国文化的破坏》，中国社会科学出版社 2005 年版。

北京市城市规划设计研究院、首尔市政开发研究院主编：《北京、首尔、东京历史文化遗产保护》，中国建筑工业出版社2008年版。

陈平原、王德威主编：《都市想象与文化记忆》，北京大学出版社2005年版。

陈平：《燕文化》，文物出版社2006年版。

许慧琦：《故都新貌——迁都后到抗战前的北平城市消费》，台湾学生书局2008年版。

李申申等：《传承的使命：中华优秀文化传统教育问题研究》，人民出版社2011年版。

中国戏曲研究院编：《中国古典戏曲论著集成》，中国戏剧出版社1959年版。

第一集：（元）燕南芝庵：《唱论》。

　　　　（元）周德清：《中原音韵》。

第二集：（元）夏庭芝：《青楼集》。

　　　　（元）钟嗣成：《录鬼簿》。

　　　　（明）无名氏：《录鬼簿续编》。

第三集：（明）朱权《太和正音谱》。

　　　　（明）徐渭：《南词叙录》。

　　　　（明）李开先：《词谑》。

第四集：（明）何良俊：《曲论》。

　　　　（明）王世贞：《曲藻》。

　　　　（明）沈德符：《顾曲杂言》。

　　　　（明）王骥德：《曲律》。

　　　　（明）徐复祚：《曲论》。

第五集：（明）魏良辅：《曲律》。

第七集：（清）李渔：《闲情偶寄》。

第八集：（清）李调元：《雨村曲话》。

　　　　（清）李调元：《剧话》。

（清）焦循：《剧说·花部农谭》。

吴庚舜、吕薇芬主编：《全元散曲：广选·新注·集评》，辽宁人民出版社 2000 年版。

北京古籍出版社"北京古籍集成"系列。

第一册：《长安客话》。

第二册：《宛署杂记》。

第三册：《帝京岁时纪胜　燕京岁时记　人海记　京都风俗志》。

第四册：《京师五城坊巷胡同集　京师坊巷志稿》。

第五册：《明宫史　金鳌退食笔记　昌平山水记　京东考古录》。

第六册：《清代北京竹枝词》（十三种）。

第七册：《天府广记》（上）。

第八册：《天府广记》（下）。

第九册：《琉璃厂小志》。

第十册：《北平考　故宫遗录　京城古迹考　日下尊闻录》。

第十一册：《帝京景物略》。

第十二册：《宸垣识略》。

第十三册：《日下旧闻考》（一）。

第十四册：《日下旧闻考》（二）。

第十五册：《日下旧闻考》（三）。

第十六册：《日下旧闻考》（四）。

第十七册：《日下旧闻考》（五）。

第十八册：《日下旧闻考》（六）。

第十九册：《日下旧闻考》（七）。

第二十册：《日下旧闻考》（八）。

第二十一册：《藤阴杂记　道咸以来朝野杂记》。

第二十二册：《北京风俗杂咏　北京风俗杂咏续编》。

第二十三册：《天咫偶闻》。

第二十四册：《析津志辑佚》。

第二十五册：《养吉斋丛录》。

第二十六册：《石渠余纪》。

第二十七册：《梦蕉亭杂记　旧京遗事　旧京琐记　燕京杂记》。

第二十八册：《清宫词》。

第二十九册：《明宫词》。

第三十册：《国朝宫史》（上）。

第三十一册：《国朝宫史》（下）。

第三十二册：《光绪顺天府志》（一）。

第三十三册：《光绪顺天府志》（二）。

第三十四册：《光绪顺天府志》（三）。

第三十五册：《光绪顺天府志》（四）。

第三十六册：《光绪顺天府志》（五）。

第三十七册：《光绪顺天府志》（六）。

第三十八册：《光绪顺天府志》（七）。

第三十九册：《光绪顺天府志》（八）。

第四十册：《光绪顺天府志》（九）。

第四十一册：《光绪顺天府志》（十）。

第四十二册：《光绪顺天府志》（十一）。

第四十三册：《光绪顺天府志》（十二）。

第四十四册：《光绪顺天府志》（十三）。

第四十五册：《光绪顺天府志》（十四）。

第四十六册：《光绪顺天府志》（十五）。

第四十七册：《光绪顺天府志》（十六）。

第四十八册：《辽金元宫词》。

第四十九册：《清宫述闻》。

第五十册：《雪桥诗话》。

第五十一册：《雪桥诗话续集》。

第五十二册：《雪桥诗话三集》。

第五十三册:《雪桥诗话余集》。

第五十四册:《百哀诗　驴背集》。

第五十五册:《西关志》。

第五十六册:《燕都丛考》。

第五十七册:《朝市丛载》。

第五十八册:《恩福堂笔记诗钞年谱》。

第五十九册:《春明梦余录》(上)。

第六十册:《春明梦余录》(中)。

第六十一册:《春明梦余录》(下)。

第六十二册:《大清畿辅先哲传》(上)。

第六十三册:《大清畿辅先哲传》(中)。

第六十四册:《大清畿辅先哲传》(下)。

第六十五册:《佳梦轩丛著》。

第六十六册:《酌中志》。

第六十七册:《国朝宫史续编》(上)。

第六十八册:《国朝宫史续编》(下)。

第六十九册:《人海诗区》(上)。

第七十册:《人海诗区》(下)。

第七十一册:《燕市积弊　都市丛谈》。

第七十二册:《话梦集　春明梦录　东华琐录》。

第七十三册:《水曹清暇录》。

第七十四册:《三海见闻志》。

第七十五册:《鸿雪因缘图记》(一)。

第七十六册:《鸿雪因缘图记》(二)。

第七十七册:《鸿雪因缘图记》(三)。

第七十八册:《鸿雪因缘图记》(四)。

第七十九册:《鸿雪因缘图记》(五)。

第八十册:《鸿雪因缘图记》(六)。

（明）吕毖：《明宫史》，北京古籍出版社 1980 年版。

（明）史玄：《旧京遗事》，北京古籍出版社 1986 年版。

（明）于燕芳：《燕市杂诗》，《丛书集成初编》本。

（明）张爵：《京师五城坊巷胡同集》，北京古籍出版社 1983 年版。

（明）刘侗、于奕正：《帝京景物略》，北京古籍出版社 1982 年版。

（明）沈榜：《苑署杂记》，北京古籍出版社 1982 年版。

（明）蒋一葵：《长安客话》，北京古籍出版社 1982 年版。

（明）徐昌祚：《长安里语》，见《燕山丛录》，浙江巡抚采进本。

（明）徐贞明：《潞水客谈》，中华书局 1985 年版。

（明）冯梦龙：《燕都日记》，《记载会编》本。

（明）郭造卿：《燕史》，钞本，首都图书馆藏。

（明）叶子奇：《草木子》，中华书局 1959 年版。

（清）孙承泽：《春明梦余录》，北京古籍出版社 1993 年版。

（清）孙承泽：《天府广记》，北京古籍出版社 1983 年版。

（清）孙承泽：《畿辅人物志》，《四库全书存目丛书》史部地一百一
十九册。

（清）顾炎武：《昌平山水记》，北京古籍出版社 1982 年版。

（清）查慎行：《人海记》，北京古籍出版社 1989 年版。

（清）励宗万：《京城古迹考》，北京古籍出版社 1981 年版。

（清）王世祯：《池北偶谈》，中华书局 1982 年版。

（清）朱彝尊：《曝书亭集》，《四部丛刊》本。

（清）高士奇：《金鳌退食笔记》，北京古籍出版社 1980 年版。

（清）戴璐：《藤阴杂技》，北京古籍出版社 1982 年版。

（清）吴长元：《宸垣识略》，北京古籍出版社 1982 年版。

（清）震钧：《天咫偶闻》，北京古籍出版社 1982 年版。

（清）潘荣陛：《帝京岁时纪胜》，北京古籍出版社 1981 年版。

（清）富察敦崇：《燕京岁时记》，北京古籍出版社 1982 年版。

（清）杨米人：《都门竹枝词》，北京古籍出版社 1981 年版。

（清）孔尚任：《燕九竹枝词》，北京古籍出版社 1982 年版。

（清）杨静亭：《都门杂咏》，北京古籍出版社 1982 年版。

（清）孙殿起：《贩书偶记》，上海古籍出版社 1980 年版。

《清宫词》（上下卷），台北纯文学出版社 1986 年版。

张次溪：《燕京访古录》，北平中华印书局 1934 年版。

夏仁虎：《旧京琐记》，台北纯文学出版社 1970 年版。

瞿宣颖：《北平史表长编》，国立北平研究院史学研究会 1934 年版。

陈宗藩：《燕都丛考》，北京古籍出版社 1991 年版。

汤用彬：《旧都文物略》，北京古籍出版社 2000 年版。

陶亢德：《北平一顾》，宇宙风社 1936 年版。

陈莲痕：《京华春梦录》，广益书局 1925 年版。

林传甲：《大中华京兆地理志》，京师中国地理学会 1919 年印行。

田树藩：《西山名胜记》，西山八大处柳西山房 1936 年版。

胡乃庸：《京西名胜汇编》，1928 年，出版社不详。

吴质生：《香山名胜录》，北平斌兴书局 1934 年铅印本。

吴质生：《玉泉山名胜录》，北平斌兴书局 1931 年铅印本。

张肇松：《燕京纪游》，1914 年发行，出版社不详。

侯仁之编：《故都胜迹辑略》，燕京大学历史系，1940 年。

周作人编：《北京城》，开明图书公司 1942 年版。

张次溪：《清代燕都梨园史料》，北平邃雅斋书店 1934 年版。

张次溪：《清代燕都梨园史料续编》，北平松筠阁书店 1937 年版。

王利器：《元明清三代禁毁小说戏曲史料》，上海古籍出版社 1981
  年版。

沈子丞编：《历代论画名著汇编》，文物出版社 1982 年版。

陈高华：《元代画家史料》，上海人民美术出版社 1980 年版。

北京大学、北京师范大学编：《陶渊明资料汇编》，中华书局 1962
  年版。

张星烺：《中西交通史料汇编》（第一册），中华书局 1977 年版。

《北京志》，北京出版社 2007 年版。

瞿宣颖编辑：《北京历史风土丛书》，北京广雅书社 1925 年石印本。

瞿宣颖编辑：《同光间燕都掌故辑略》，上海世界书局 1936 年铅印本。

张次溪主编：《中国北京史迹风土丛书》，中国中华风土学会 1934 年
　　印行。

李家瑞等主编：《北平风俗类征》，上海商务印书馆 1937 年版。

《北平史迹丛书》二种，国立北平研究院史学研究会 1937 年版。

《北平岁时志》，国立北平研究院史学研究会 1936 年版。

《京津风土丛书》，北京中华风土学会 1938 年印行。

吴廷燮等纂：《北京史志稿》，北京燕山出版社丛书，全 15 册，1998
　　年版。

邓绍基、杨镰：《中国文学家大辞典》（辽金元卷），中华书局 2006
　　年版。

曹道衡、沈玉成编著：《中国文学家大辞典》，中华书局 1996 年版。

吕薇芬：《全元散曲典故辞典》，湖北辞书出版社 1985 年版。

袁世硕主编：《元曲百科辞典》，山东教育出版社 1989 年版。

李修生主编：《元曲大辞典》，凤凰出版社 2003 年版。

许道龄：《北平庙宇通检》，国立北平研究院史学研究会 1936 年版。

王灿炽：《北京史地风物书录》，北京出版社 1985 年版。

首都图书馆北京地方文献组编：《北京地方文献报刊资料索引（地理、
　　名胜古迹部分 1904—1949)》，1985 年。

郗志群主编：《北京史百年论著资料索引（1900—1999)》，北京燕山
　　出版社 2000 年版。

谭烈飞主编：《北京方志提要》，中国书店 2006 年版。

韩朴主编：《北京地方文献工具书提要》，中国书店 2010 年版。

韩朴主编：《北京历史文献要籍解题》（上、下册），中国书店 2010
　　年版。

曹子西主编：《北京史志文化备要》，中国文史出版社 2008 年版。

查洪德、李军：《元代文学文献学》，中国社会科学出版社 2002 年版。

［意］马可·波罗：《马可·波罗行记》，冯承均译，上海书店 2001
　　年版。

［意］马可·波罗：《马可·波罗游记》，陈开俊等译，福建科学技术
　　出版社 1981 年版。

［英］道森：《出使蒙古记》，吕浦译，周良霄注，中国社会科学出版
　　社 1983 年版。

［美］牟复礼（Mote，Frederick W.）、［英］崔瑞德（Twitchett，Den-
　　is）编：《剑桥中国明代史》，张书生等译，中国社会科学出版社
　　1992 年版。

［葡］费尔南·门德斯、平托等著：《葡萄牙人在华见闻录》，王锁英
　　译，海南出版社 1998 年版。

［西班牙］胡安·冈萨雷斯·德·门多萨：《中华大帝国史》，何高济
　　译，中华书局 1998 年版。

［美］M. G. 马森：《西方的中华帝国观（1840—1876）》，杨德山等
　　译，时事出版社 1999 年版。

［美］德龄：《清宫夜谈录》，上海百新书店 1949 年版。

［瑞典］多桑：《多桑蒙古史》，冯承钧译，上海书店 2001 年版。

［意］利马窦、［比］金尼阁：《利玛窦中国札记》，何高济、王遵仲、
　　李申译，中华书局 2010 年版。

［美］马士：《中华帝国对外关系史》，张汇文等译，生活·读书·新
　　知三联书店 1957 年版。

后　记

　　党的十八大以来，党中央反复强调中华优秀传统文化在"五位一体"战略布局中的地位，习近平同志在系列讲话中更是多次作出重要指示。中共中央办公厅、国务院办公厅印发了《关于实施中华优秀传统文化传承发展工程的意见》，并发出通知，要求各地区各部门结合实际认真贯彻落实。

　　北京是国家首都，也是全国文化中心、国际交流中心，在中华优秀传统文化传承与传播方面理应走在全国的前列。北京文化，是首都文化，是国家文化的标尺，北京对优秀传统文化传承的态度以及传播效果的追求，会成为国家文化发展的风向标；作为首善之区，北京对优秀传统文化的发掘与传承，将对整个国家产生引领示范作用；将对在世界范围内广泛传播中华文化产生巨大影响，极大地提高中华民族的文化自信和中国在崛起和复兴过程中的文化软实力。

　　本书是北京市社会科学院的重点课题"北京中国优秀传统文化传承与传播创新研究"的成果展现。该课题2015年4月立项，历时两年完成。立项过程中，得到了院所两级领导尤其是赵弘副院长和李建盛所长的大力支持和帮助，在此表示衷心的感谢。同时，还要特别感谢来自宝岛台湾的著名历史文学家、资深文化学人、"中华文化复兴运动"的亲历者林佩芬女士。多次访谈，她始终不吝赐教，详细地介绍了当时台湾面临的文化困境，民众的中华传统文化程度，开展文化复兴运动时所遇到的困难、出台的解决方案以及最终的效果，为本课题提供了鲜活生动的案例。研究过程中，课题组成员季剑青、陈玲玲、宋立卿、忻梅、高福美、邢树森、叶言材、李海霞等 13 人通力协作，方有项目得以以"优秀"等级结项，方有今日成果得以顺利出版面世。

课题主体共分为十个部分，分别以十个章节来论述。

第一章《传统文化传承与传播的现状及其成因》主要是说明在中国发展特殊历史关口传统文化传承发展的重要意义，指明其必然性和紧迫性。

第二章《中华优秀传统文化的内涵和外延》，从概念到具体内容上阐释什么是中华优秀传统文化，包括它的内涵、外延、特性、表现形式以及核心本质。对社会上认识不清和模糊的概念进行了全面的梳理和解决。

第三章《历史上，中华文化传承与传播的特点、途径》，是由四部分组成。第一部分是中华优秀传统文化传承与传播的体系架构。第二部分是以元代为例，看中华优秀传统文化传承与传播的内容以及渠道、方式创新。第三部分对历史上中华优秀传统文化传承与传播的成功范例及其规律进行了总结。第四部分以陶渊明的元代影响为例，说明时代文化的繁荣，必是对优秀传统文化的发掘与创新。

第四章《中华传统文化在世界成功的传承传播经验》。主要分析了新加坡的"文化再生运动"、中国台湾的"中华文化复兴运动"以及儒学在日本和韩国的保留和传播。同时从立法保护的角度，介绍西方国家对于本国传统文化遗产保护的做法。结尾总结归纳为 12 条规律。

第五章《传统文化历史性失落及当代传播三次创新》。首先回顾了中华优秀传统文化百年来的境遇。其次回顾总结了当代中华优秀传统文化复兴的新气象。这是整个课题的核心部分，首次全面介绍并提出了中华优秀传统文化普及的"三次高潮"，探讨了其发生的社会、科技、文化根源。比较了三次高潮之间的异同。最后通过前边具体实例分析，得出了中华优秀传统文化的出路在于传承与传播形式不断创新的论点，并进行了具体阐释。

第六章《历史之北京——传统文化之集大成者》。主要谈北京历史文化之优势。

第七章，从现实角度来谈《当今北京传承传播中华优秀传统文化优势》。第一部分，从首都地位、城市定位、文化实力几个方面论证了北京是中华优秀传统文化传承与传播的引领者。第二部分，从法治环境、人才优势、文化产品生产、品质优势以及首都吸纳优势、辐射优势、创新优势具体分析了北京文化政策与文化环境优势。第三部分，认为北京发挥弘扬中华优秀传统文化优势还有极大现实空间，并进行了分析论证。

第八章，具体分析《当下传统文化传承与传播面临的主要问题》。总结了内容认识、传承、传播、借鉴、政策、规划六个方面存在的问题。

第九章是为了解决问题寻求办法，强调《创新是中华优秀传统文化传承与传播的必由之路》。从六个方面进行了论述。第一，认为创新是时代发展变化的需求；第二，认为创新是世界文化相互交流的必然和需要；第三，认为创新是科技进步的需求；第四，认为创新是顺应世界新的文化消费潮流的需要；第五，强调创新而不舍旧；第六，提出了优秀传统文化传承与传播创新的基本思路。

第十章《建言献策》。这一章是对整个项目研究成果的总结，全面梳理了中华优秀传统文化传承与传播工作进程的思路。提出了如下建议：第一，把中华优秀传统文化传承与传播提升到国家发展战略的高度来规划，包括顶层设计、机构设置、建立完整架构等具体要求；第二，成败的关键在于获得民众高度认同与广泛参与；第三，认为解读和阐释内容依然是传承与传播基础；第四，认为重点是要构建完善的传承新渠道；第五，目标的实现需要传承与传播手段创新；第六，中华优秀传统文化传承与传播必须从青少年抓起。

本课题的重点：优秀传统文化传承需要通过创新的传播形式来承担。重点有两个，首先是认识层面上，论述传播形式创新关乎传承的成败；其次，提出可行性强的具体操作方案，全方位鼓励传承内容传播形式的创新，涉及内容涵盖政府引导、政策保障、经费支持、法律保护以及形式创新的多种思路、具体建议。

主要观点：在实施中华优秀传统文化传承发展工程中所遇到的问题，可以通过对传统文化阐释的大力推进和传承传播创新解决，制度创新、解放文化生产力是关键。

在研究和撰写的过程中，我们始终强调成果的学术价值、应用价值以及社会影响和效益。

在具体撰稿分工上，第一章由忻梅教授撰写，第二章由宋立卿研究员撰写。其他章节包括《导论》均由项目负责人、首席专家傅秋爽负责撰写。全书由傅秋爽负责前期统筹、设计、构架，后期统稿。季剑青教授发表于《读书》2015 年 2 月的《民国北京的现代经验》和发表于《北京观察》2015 年 6 月期的《罗信耀和他的北京旗俗书写》，陈玲玲发表于《外国文学评论》2015 年 5 月期的《战争时期石川达三的创作在中国的流播与变异》等则以观点的形式散布于书中得以体现。

在此，对课题组全体同仁以及对给予帮助的领导、同事、友人表示诚挚的谢意。对本书责任编辑刘艳表示衷心的感谢。

2017 年 9 月 9 日